U0522480

课程治理新范式丛书

杨四耕 丛书主编

金 虹 ◎ 著

高具身性课程实施

路径、策略与方法

华东师范大学出版社
·上海·

图书在版编目(CIP)数据

高具身性课程实施:路径、策略与方法/金虹著.
上海:华东师范大学出版社,2024.—(课程治理新范
式丛书).—ISBN 978-7-5760-5158-2
Ⅰ.G63
中国国家版本馆 CIP 数据核字第 20245ZY835 号

课程治理新范式丛书

高具身性课程实施:路径、策略与方法

丛书主编　杨四耕
著　　者　金　虹
责任编辑　刘　佳
项目编辑　林青荻
特约审读　陈晓红
责任校对　刘伟敏
装帧设计　卢晓红

出版发行　华东师范大学出版社
社　　址　上海市中山北路 3663 号　邮编 200062
网　　址　www.ecnupress.com.cn
电　　话　021-60821666　行政传真 021-62572105
客服电话　021-62865537　门市(邮购)电话 021-62869887
地　　址　上海市中山北路 3663 号华东师范大学校内先锋路口
网　　店　http://hdsdcbs.tmall.com
印 刷 者　浙江临安曙光印务有限公司
开　　本　787 毫米×1092 毫米　1/16
印　　张　16.5
字　　数　174 千字
版　　次　2024 年 10 月第 1 版
印　　次　2024 年 10 月第 1 次
书　　号　ISBN 978-7-5760-5158-2
定　　价　54.00 元

出版人　王　焰

(如发现本版图书有印订质量问题,请寄回本社客服中心调换或电话 021-62865537 联系)

丛书总序

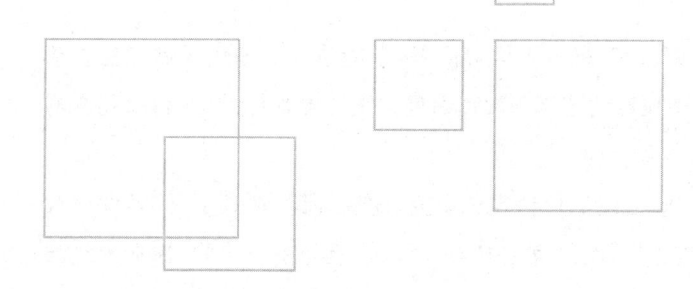

当前，基础教育高质量发展面临着内部要素和外部关系协同治理不足的挑战。面对复杂多变的环境，区域课程改革要推动职能创新，全面提高治理能力。

从空间社会学角度看，区域是物质空间、精神空间和社会空间的合体，内含关系、权力、情感、价值等诸多空间形态。区域课程改革是以特定区域为空间，由教育主管部门统筹组织实施的，以课程改革推动区域内学校发展，促进区域教育高质量发展的关系、权力、情感和价值运作体系；协同治理是强调治理主体多元化、治理方式协作化、治理目标一致化和治理行为一体化的治理体制。因此，区域课程改革协同治理是立足特定区域范围，由区域教育主管部门组织多元治理主体，依据相关价值理念和制度规范，通过多种方式对区域课程改革进行统筹治理、达到一体化治理要求的任务组合与要素协同。

区域课程改革基于区域发展需求，在区域内通过政策推动、专业引领、机制保障，落实国家课程治理体制，促使区域内各校推进国家课程方案落实。从纵向来看，有利于构建多层协同治理机制，形成区域课程改革合力；从横向来看，有利于构建多元协同工作机制，形成分工合理的协同育人格局。区域课程改革是强化课程改革国家意志的重要方法，是课程治理国家体制的场域实践。为此，"课程治理新范式丛书"聚焦以下基本问题。

一是区域课程改革协同治理的现实问题研究。区域课程改革协同治理水平决定着区域教育质量的高低。当前，国家、地方、学校三级课程管理更多地指向三类课程设置，国家、地方、学校在课程治理中的地位、权限及逻辑关系还不够明晰。伴随着《义务教育课程方案（2022年版）》和各学科课程标准（2022年版）落地，课程改革出现理念言说对标化、形态门类丰富化、主体介入多元化、技术运用智能化之格局，但不少区域课程治理还存在着理念理解失偏、系统设计失察、方法运用失当、主体参与失律、部门协同失调、行动推进失效等问题，未能建立一体化区域课程改革治理体系和专业规范，这不仅制约着义务教育课程方案和课程标准的落地，还影响了区域教育高质量发展。

二是区域课程改革协同治理的价值定位研究。在新课程背景下，区域课程改革是国家课程改革赋权的结果，是国家主导与统筹、多级分工与协同、标准规约与多样特色相结合的课程协同治理实践。区域课程改革是强化课程治理国家体制的重要方法，是课程的政治治理与专业治理协同共进的价值定位和场域选择。构建多元协同治理体制，是区域课程改革的基本立场，是落实新时代国家课程治理体制的基本路径，是区域课程改革协同治理的价值定位。换言之，区域课程改革是在政府统筹基础上多层参与治理体系的重要环节，是彰显国家课程治理主导地位的重要场域。

三是区域课程改革协同治理的路径设计研究。区域课程改革是融合"区域—学校—教研组—教师—学生"等课程治理主体、事件和活动的系统运作过程。区域课程改革协同治理有"自上而下""自下而上""平行共治"三种基本路径。不管是哪一种治理路径都有其优缺点。取长补短、聚焦质量，是区域课程改革协同治理路径设计的实践智慧。作为区域课程改革的主要参与力量，国家、区域、学校、教师和学生是课程协同治理的在场者，政府、学校、社会和家庭共同构成了区域课程改革协同治理主体。课程治理要素的合理组合，可以形成聚焦高质量发展的区域课程改革协同治理模式。

四是区域课程改革协同治理的机制建构研究。多主体参与课程治理，包含基于统筹协调的行政主体、基于民主协商的教师主体、基于家校合作的家长主体、基于社会发展的多方主体和基于智力资源的专家主体。多主体适时、合理、有序介入课程改革，是区域课程改革协同治理的标志。在新课程背景下，聚焦教育高质量发展的区域课程改革协同治理，需要借助决策机制，建立共同协商的课程治理文化；需要完善动力机制，赋予可持续发展的课程治理动能；需要建立协同机制，建设多主体合作的课程治理架构；需要巧用监控机制，制订高质量运行的课程治理标准；需要运用迭代机制，落实转换性进阶的课程治理创新；需要设计研修机制，建立跟踪性指导的课程治理系统。

五是区域课程改革协同治理的策略凝练研究。区域课程改革协同治理可采取以德治理与依法治理协同、民主治理与集中统一治理协同、内部治理与外部治理协同、全面治理与专项治理协同、横向治理与纵向治理协同等方式。在区域课程改革治理过程中，可根据治理的问题难度、治理的主体组合、治理的过程复杂性等，采取灵活多样的协同治理策略，实现课程治理方式的优化组合与功能互补，推进教育高质量发展。

总之，区域课程改革是一种理念、路径、机制和方法，是从区域层面强化课程改革国家意志、落实课程治理国家体制的价值理念、关键路径与重要方法，对于基础教育高质量发展有重要意义。

杨四耕
2023 年 7 月 21 日于上海市教育科学研究院

目 录

前言　激活学校课程变革能量　/ 1

第一章　课堂教学的意味　/ 1

　　如春雨,润物细无声;如繁星点点,照亮学生探索知识的道路;如春意盎然,充满生机和活力;如琴瑟和鸣,相互配合,共同演奏出知识的乐章;如一泓清泉,流淌在学生心田;学生在课堂教学中如饥似渴,吸收着知识的养分。

　　第一节　目标设计策略:直抵核心素养　/ 3
　　第二节　教学内容生成:以素养为导向　/ 13
　　第三节　活动推进智慧:转变教学方式　/ 20
　　第四节　主体参与谋略:培养主体意识　/ 32
　　第五节　增值评价探索:尊重个体差异　/ 40

第二章　特色学科的旋律　/ 49

　　人类创造的艺术形式、严密的逻辑思维、探索未知的精神以及沟通和表达的方式……它们像一颗颗璀璨的明珠,都有其独特的特色和魅力,熠熠生辉,光彩夺目。

　　第一节　醇美语文:踏足美美与共的语文世界　/ 51

第二节　智慧数学：建构思维逻辑的数学框架　/ 61

第三节　灵动英语：探索活力四射的语感之旅　/ 69

第四节　磁性物理：感悟神秘自然的物理王国　/ 80

第五节　魅力化学：醉心启思教学的化学魅力　/ 91

第三章　社团活动的色彩　/ 99

　　五彩斑斓的社团，在孩子们的成长过程中留下了浓墨重彩的一笔，这是他们青春的色彩，是他们青春的力量，是他们未来美好生活里的绚烂回忆。

第一节　戏剧社团：展现舞台的魅力　/ 101

第二节　美术社团：追溯艺术之源　/ 107

第三节　3D打印社：创享未来之印　/ 111

第四节　水火箭社团：箭指苍穹　/ 118

第五节　啦啦操社团：展现优美的舞姿　/ 123

第六节　棒垒球社团：激情对决的快乐　/ 130

第七节　法治社团：弘扬法治精神　/ 136

第八节　辩论社团：辩以明思　/ 142

第四章　节庆文化的体验　/ 149

　　有味道的节日，学生欢聚一堂，充满了欢乐和温馨，发现阅读的魅力，展示创新的力量，点燃艺术的激情，一串串绽放的烟花，让学生充满期待，并为此感到兴奋。

第一节　科技节：独具匠心　创意无限　/ 151

第二节　艺体节：艺术润心　运动强身　/ 158

第三节　读书节：阅读致远　书香悠长　/ 163

第四节　英语节：中西交流　开阔视野　/ 168

第五章　生涯发展的细腻　/ 175

你是目标导向、喜欢竞争和挑战的军事家？你是善于表达、热情且有说服力的教育家？你是喜欢规则、注重细节的建筑家？还是喜欢和谐稳定、情感细腻的和平家？让我们看到自己的优势，扬长发展。

第一节　职业生涯规划：课堂教学的设计与渗透　/ 177
第二节　探索自我特性：性格测评与营养课程　/ 179
第三节　讨论美好人生：开展职业生涯主题班会　/ 183
第四节　家校双向合作：家庭教育咨询的技巧　/ 189
第五节　心理健康教育：全力守护学生的健康　/ 191

第六章　因材施教的实现　/ 199

每个人都有自己的特点、兴趣和爱好，因材施教就是要用心琢磨每个学生的需求，用细心描摹的方式点燃他们的火焰。

第一节　类分教学：促进全面发展　/ 201
第二节　协商学习：激发学习动力　/ 209
第三节　补救教学：发现个性差异　/ 216

第七章　校园文化的熏陶　/ 225

阳光透过百年香樟，洒在大地上，一片宁静而和谐的环境；爬满围墙的月季，不停地向学生们招手；红白相间的教学楼，具有现代派的学术风格；漫步在校园里，你可以听到鸟儿在树枝间歌唱,看到蝴蝶在花丛中翩翩起舞……

第一节　广场文化:香樟浸润童心　/ 227

第二节　廊道文化:弘扬传统文化　/ 233

第三节　教室文化:注重品格塑造　/ 239

后记 / 245

前言

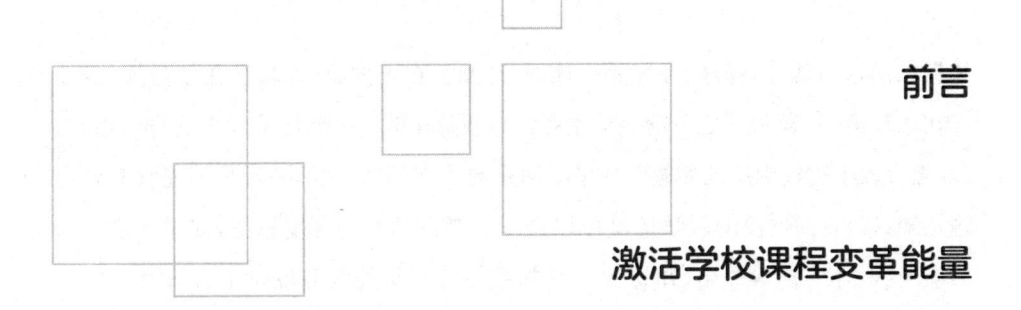

激活学校课程变革能量

教育是一门科学,也是一门艺术。"春兰秋菊各芬芳,夏荷冬梅独韵长。百花园中花自异,各自吸取不同养。"植物的生长需要阳光、水分、空气,但又各不相同,人的成长也需要不同的"养分"。教育承载着一个人的未来和命运,因此,学校教育就需要为实现人的成长而设计课程。

上海市闵行区浦航实验中学(原名上海市闵行区浦航第二中学)是2014年创建的公办初级中学,位于浦江镇,是上海市大型保障性居住区的配套学校。在建校初期,生源不足百人,且存在明显的差异性和复杂性;70%的教师为非上海生源的硕士研究生,存在着教学经验不足的现象,他们对课程的理解及实施能力亟待提高;学校的软硬件均在建设中,资源也相对匮乏。此外,学校初建时期的课程体系很不完善:(1)课程中心不够明确,虽然确立了以学生为中心,但实施过程中仍以知识为中心,学生的主体性没有得到充分的发挥;(2)学生学习方式单一,以课堂教学为主,缺少综合性和趣味性,不利于学生对知识的全面掌握,并且学生所学内容与丰富的社会现实出现偏差;(3)环境条件艰苦,由于硬件还在购买及建设中,环境、氛围未能满足学生的需要,学生的体验与感受不足;(4)课程不够丰富,生源差异大,且师资有限,难以满足学生的个性化需求及创新能力的培养。如何基于校情找到一条适合学校发展的课程路径,是学校发展的重要课题。

以具身认知为代表的第二代认知科学发展于哲学界对"身心二元论"的批判与反思,它的出现使得认知科学获得了新的发展。具身认知(embodied cognition)也被译为"涉身"认知,强调了身体对于认知的作用,其中心含义包括:(1)认知过程的进行方式和步骤实际上是被身体的物理属性所决定的;(2)认知的内容是身体提供的;(3)认知、身体、环境是一体的,认知存在于大脑,大脑存在于身体,身体存在于环境。[1] 其视域之下的教学主张:(1)教师在教学中要注重学生的身体参与;(2)教育教学过程中所处的教学环境必须是与认知相协调的,并且环境能够有效促进认知;(3)教师创设的教学情境可以进一步激发学生的深度思考,促进深度学习的实现。[2] 李志河等提出,知识源于认知主体与其所处的环境发生有效互动的过程,带有"境脉化"的特征,他们构建了具身认知学习环境的境脉图。[3]

从"具身认知"理论可知,人的思维和认知很大程度上是依赖和发端于身体的,身体的构造、神经的结构、感官和运动系统的活动方式决定了我们怎样认识世界、看世界的方式。因此,"具身认知"理论主张学生的认知过程是体知合一的,认知者和认知对象始终是一体的。学生通过主体与环境的交互作用,形成一种具象认知。这种具象认知让学生对所学知识的理解不再停留于模糊、记忆层面,而是产生一种方法,形成一种思想。由此,达到"具身认知"的状态,这是学生学习走向自觉和成熟的标志,也是核心素养有效形成的途径。

"具身认知"理论的内涵及教学主张,对于我们进行课程建设有如下几个重要启示:(1)聚焦主体,突出以学习者为中心,强调学习者在学习过程中的"身体参与";(2)注重学习者的认知体验,要创新多元学习方式,分别适合学习者身体的构造、神经的结构、感官和运动系统的活动方式,学习者才能对事物有深入的认识和理解;(3)为了让学习者得以充分体验,认知事物的发展,还需要创设真实场景,营造氛围。氛围不是单一的,既包括物质层面,还包括精神层面。首先是物理环境、空间的设计、技术支持,让学生有体验、有感触,还可以通过社会环境,即人际交互、学习氛围、活动组织等,使学习者与学习环境之间互相影响、耦合发展;(4)为了推动学习者的发展,个性化成长,还必须了解每个个体的需求和特点,师生共同研发创生课程,实现因材施教、精准教学。

在"具身认知"理论的指引下,结合学校实际,在"逐梦远航"这一核心价值观的

---

[1] 叶浩生.具身认知:认知心理学的新取向[J].心理科学进展,2010,18(5):705—710.
[2] 范蔚,孙榕谦,杨霞.教育数字化背景下的课堂教学结构改革——以具身认知理论为视角[J].石家庄学院学报,2024,26(1):50—57.
[3] 李志河,王元臣,陈长玉,等.深度学习的困境与转向:从离身学习到具身学习——兼论一种深度具身学习环境的构建[J].电化教育研究,2023,44(10):70—78.

引领下,学校开发了"启航教育"系列,走向"高具身课程"的实践。在实践中,学校主要做了以下四方面的尝试。

一、唤醒主体自觉:让学生站在课程的中央

在高具身性课程中,我们追求的是以学生为中心,通过师生共建"协作目标"来唤醒学生的自觉。这一设定在课程目标层面上突出学习状态与行为的激活,明确表达课程的育人取向,即促进学生在知识、技能和情感方面的融合发展,实现增值效应。

基于校情,学校首先确立了以"逐梦远航"为核心价值观,"启航教育"为学校教育哲学,"向着梦想远航"为办学理念,坚守"健身心,广兴趣;乐学习,能实践;有理想,明事理"的培养目标。核心价值观的确立,是基于每位师生的实际情况,让每一位师生看到希望,憧憬未来,并唤醒全校师生为梦想而努力奋斗的决心与信心。

围绕学生的培养目标,设置合适的课程是至关重要的。根据课程内容和学生特点,我们通过选择各种不同的活动方式,例如,主题式活动、实践操作活动、互动交流活动、跨学科联合活动等,为学生提供适切的学法支持,引导学生深度参与,焕发学习的主动性。

围绕办学理念及学生培养目标,立足校内外资源和学生实际,学校构建"启航"课程体系。这一课程体系包括科学与数学类课程、艺术与健康类课程、自我与社会类课程、语言与交流类课程四大部分,内容多元,以"学科+"为主要方式,以项目化、主题式进行课程实施,开发学生智慧与潜能,发展学生个性,促进学生生长且注重实践的课程体系。在课程实施中,注重激活学生前知、设计具身活动、促进交互合作、关注情感体验、及时反馈调整。

在高具身性课程实践中,我们强调学生的主动性。学生不再是被动接受知识的对象,而是积极参与学习活动的主体。教师需要引导学生主动探索、思考和实践。通过这种方式,学生可以更好地理解和应用所学知识,提高他们的学习效果。

学校构建"启思课堂",教师充分了解学生的需求和个性特点,提供适合他们的学习资源,设计适合他们的活动,以问题为线索,激活他们的学习潜力和创造力,"启思课堂"经历了最初提出的关键元素(质疑、对话、反思),到总结出关键词(活

动、思考、思维、生长),目的是通过教学活动的设计和实施,激发学生思考,培养学生的思考意识和能力,提升学生的思维品质,实现最终生长。

本书的第一章探讨了课堂教学的意义。通过精心设计目标,可以更好地引导学生学习,围绕核心素养的培育,使学生增知益智,重点关注培养学生的认知,使学生能够在学习中获得全面发展的基础能力;探索如何通过改变传统的教学方式,以及活动的多维度展开与深化,来推进学生的学习;探讨如何培养学生的主体意识,使学生在一系列活动的参与过程中,成为学习的主动者;介绍如何进行增值评价,以满足不同学生的需求,发现与发挥优势,真正尊重个体差异。

通过这些探讨和挖掘,我们希望能够为师生提供一个全面而深入的理解渠道,使他们能够更好地借助和应用《高具身性课程实施:路径、策略与方法》一书中提出的理念和方法。同时,我们也希望能够激发教与学的思考,促使师生在实际课堂中进行探索和创新。

二、优化学习方式:从"坐而论"到"起而行"

在高具身性课程实践中,教师必须要注重学生的身体参与,倡导学生在实践中获得知识与经验。

"启思课堂"关注学生的学习过程,激发学生的学习主动性以及提升教学的效果。教师需要根据教学目标和教学方法,设计多样化的课程活动。同时,通过不同的活动形式(小组讨论、案例分析、实践操作等),激发学生的主动学习和参与度,培养他们的合作能力和创造力。

在"启思课堂"推进的过程中,尤其需要注重知识的实际应用。教师需要结合实际案例进行教学,帮助学生更好地理解和掌握知识。通过实际应用的教学,学生可以将所学知识与实际情境相结合,提高他们的问题解决能力和创新能力。

通过梳理和挖掘这些内容,我们可以构建一个充满活力和实践的课程环境,帮助学生更好地理解和应用所学知识。其中,特色学科的旋律就是"启思课堂"对每个学科的实践与探索,从学生的实际出发,根据学科的特点,从不同的角度,探索优化学生学习的不同方式,丰富学生的学习经历和视野。

在第二章"特色学科的旋律"中,介绍了一些独具特色和魅力的学科。醇美语文,培养学生的语言表达能力和文学鉴赏能力,通过阅读、写作和演讲等活动,帮助学生感受语文的美妙和力量,踏足美美与共的语文世界;智慧数学,注重培养学生的数学思维和问题解决能力,通过探究、实践和应用等活动,帮助学生理解数学的本质和应用,建构思维逻辑的数学框架;灵动英语,注重培养学生的英语交流能力和文化理解力,通过游戏、讨论和实践等活动,让学生感受英语的活力和魅力,探索活力四射的语感之旅;磁性物理,注重培养学生的物理思维和实验能力,通过实验、观察和模拟等活动,帮助学生理解物理的奥秘和应用,感悟神秘自然的物理王国;魅力化学,注重培养学生的化学思维和实验技能,通过实验、探究和创新等活动,帮助学生感受化学的魅力和实际应用,醉心启思教学的化学魅力。

社团活动也是高具身性课程中不可或缺的一部分。社团活动不仅可以充实学生的课余生活,还可以让学生在其中锻炼个人能力和技能,提高团队协作和沟通能力。例如,戏剧社团让学生通过表演来展现自己的才华和实现自我价值;美术社团让学生在艺术创作中感受到文化的魅力;3D打印社团让学生亲自动手制作自己的作品;水火箭社团则让学生在体育竞技中锻炼身体,提高自身素质;法治社团让学生了解法律知识,树立法治观念;辩论社团则让学生通过辩论的形式提高自己的逻辑思维和语言表达能力。

在第三章"社团活动的色彩"中,我们以翔实的案例和较为细致且深入的分析和探讨,反映了开发社团活动在高具身性课程实施中的重要性。社团活动是学生发展个性和培养综合素养的重要途径。通过提供系统而多样的社团活动,学生可以自主设计和深度参与各种丰富多样的活动,展示自己的才华和能力。

课堂教学、特色学科与社团活动的开展,学段贯通和有机衔接的学习,用多种方式激活学生的潜能,帮助学生全方位提升,实现高具身性课程的发展目标。

三、创设支持氛围:构建"物、人、境"多重互动境脉

身体所在环境也会对学习造成非同一般的影响。绝大部分人认为自己能控制自己的行为,而实际上,个体的行为无时无刻不受那些看似毫不相干的环境和体感的影响。在高具身性课程中,营造一个有利于学习的环境是非常重要的。这不仅包括教室布置、教学设备、学习资源等方面的规划,还包括学生的心理和情感

状态。

在"校园文化的熏陶"这一章中,我们描述了一个宁静和谐的校园环境。阳光透过百年香樟,洒在大地上,而红白相间的教学楼则具有现代派的学术风格。在这样的环境中,学生们可以感受到自然的美好,体验到传统文化的魅力。我们注重广场文化、廊道文化和教室文化的建设,以塑造学生的品格和价值观。

为了创造更加生动、逼真的学习环境,现代技术的发展为高具身性课程提供了更多的可能性。教师可以利用多媒体、虚拟现实等技术手段,使学生更好地理解和掌握知识。例如,在"星空馆"里,学生抬头仰望球形投影,仿佛置身于苍穹,关于星空区域划分及特征,一目了然;在"危化品教育体验馆"里,哪些生活用品是危化品、如何穿防护服、针对不同可燃物选择哪种灭火器,都可以借助虚拟现实(VR)技术,让学生通过感官传递到大脑神经,实现认知。这种身临其境的体验学习,能够提高他们的学习效果和兴趣。

高具身性课程需要智慧地营造学习境脉,合理规划校园节庆文化,让学生进入社会环境,实现人际交互,让他们得到全面发展。校园四大节日,正是为学生营造一个积极向上、健康和谐的校园氛围,有利于学生身心健康成长。在科技节中,学生们可以充分发挥自己的创造力,动手制作各种科技作品,如机器人、模型火箭等;在艺体节中,通过参与绘画、音乐、舞蹈等艺术活动以及各类运动比赛,学生能够充分展现自己的个性和特长;读书节鼓励学生深入阅读各类书籍,包括经典文学作品、科普知识等,通过阅读,学生不仅能够拓宽知识面,还能培养自己的文化素养和审美能力;英语节为学生提供了与外国文化交流的机会,如开展英语角、英语演讲比赛等,通过与外国学生的交流互动,学生能够锻炼自己的英语口语和听力能力,同时了解不同文化的特点。活动的同时,教师还可以准确把握学生各方面的能力,为下阶段的教学及每一个学生的更好发展,提供有利的依据,这也是"高具身性课程"所倡导的。

《高具身性课程实施:路径、策略与方法》所倡导的课程实施,需要构建具身环境,既包含基本设施、场所布局、技术支持的"物的因素",还包括个体层面的主体环境与共同体层面的社会环境,即"人的因素"。学校通过外部环境的创设,社会环境的共建,形成具身境脉,学生与学习环境之间互相影响,耦合发展。我们相信,随着这种理念的深入实践,我们的教育将会更加充满活力与创新。

四、走向因材施教：以差异化教学促进个性化发展

本书中，我们强调了课程的多维特征与对应的"精准"建构和持续调整。这意味着我们会根据评估和反馈的结果，不断改进课程，以提高课程的质量和效果。这种持续优化的过程，是基于对学生的尊重和包容，关注他们的个体差异，提供具身课程，确保每个学生都能得到充分的发展。

具体在"生涯发展的细腻"这一章中，我们呈现了不同的职业类型，例如目标导向的军事家，善于表达、有说服力的教育家，注重规则和精准的建筑家，以及追求和谐稳定的和平家。我们鼓励学生认识到自己的优势并加以发展，以便能够在未来的职业生涯中取得成功。

在"因材施教的实现"这一章中，我们强调了个性化教育的重要性。我们提倡用心琢磨每个学生的需求，并用细心描摹的方式培养他们的潜能。根据每个学生的个人特点、学习程度和兴趣爱好，我们提供适合他们的教学方法和资源。通过这种个性化教育的方式，我们可以更好地满足学生的需求，促进他们的全面发展。

在高具身性课程的实施过程中，我们不断强调"精准定制"，并通过持续改进、关注个体差异和因材施教等方法实现，尊重与包容是这一理念的核心。我们相信，这样的课程可以帮助学生们在未来的职业生涯中取得成功，同时也为培养具有创新精神和实践能力的人才作出贡献。

综上所述，通过近十年高具身性课程的实施，学校在推进高质量办学的过程中，实现了跨越式进步。教育教学品质也不断提升，学生的核心素养和综合素质都得到了长远发展，不仅升入高中阶段的学生的竞争力逐年增强，而且因为注重全面、全域、全人发展，在市、区级各类比赛中获奖的人数也逐年增加，每年的各级各类获奖人数已达到百余人次。近年来，教师专业素养也得到了增速性提高。同时，学校的社会声誉正日益提升，赢得较广泛的认可，已发展成为家门口的好学校。

上海市闵行区浦航实验中学　金虹

第一章
课堂教学的意味

如春雨,润物细无声;如繁星点点,照亮学生探索知识的道路;如春意盎然,充满生机和活力;如琴瑟和鸣,相互配合,共同演奏出知识的乐章;如一泓清泉,流淌在学生心田;学生在课堂教学中如饥似渴,吸收着知识的养分。

课堂教学是学校课程实施的主渠道,是师生之间心灵相遇的重要场所,是一种特殊的社会交往活动,这不仅是一个知识传授的过程,更是一个情感交流、智慧创造和思想分享的过程。我国基础教育进入了核心素养的新时代,课堂教学要以提高学生的综合素质与能力为最终目标。在这样的交往中,师生都能够获得成长和发展,从而共同推动教育事业的进步。

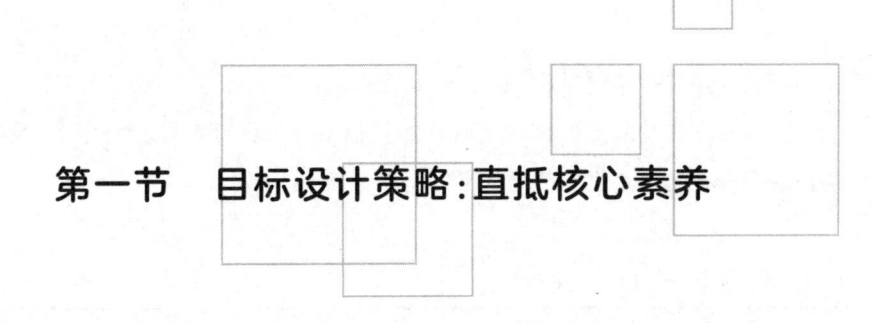

第一节 目标设计策略：直抵核心素养

教学目标是教学活动的指南针，确立教学目标是教学设计的第一步。因此，核心素养导向下的教学改革首先应从教学目标的转变开始。

一、学科核心素养

教育部印发的《关于全面深化课程改革 落实立德树人根本任务的意见》指出，学生发展核心素养主要是指"学生应具备的，能够适应终身发展和社会发展需要的必备品格和关键能力"[①]。如何在实际教学中培养学生的核心素养？因为中学教育是按照学科进行的，"每个学科不仅都有自己的研究范畴、符号表达、概念体系和思维方式，同时也都有自己内含的价值性和道德意义，它同样是学科知识的一种内在属性，是与学科知识相伴随的内在特征，是人的世界观、人生观和价值观的构成性因素。"[②]为此，我们不得不提到学科核心素养。

（一）学科核心素养的内涵

学科核心素养就是核心素养在特定学科（或学习领域）的具体化，是学生学习一门学科后所形成的、具有学科特性的成就（包括必备品格和关键能力）。[③] "学科核心素养"是"核心素养"落地生花的途径，也就是说，核心素养是教育的总方向和目标，学科核心素养则是实现目标的途径。

---

① 中华人民共和国教育部. 义务教育课程方案(2022年版)[M]. 北京：北京师范大学出版社，2022：3.
② 孙彩平，蒋海晖. 知识的道德意义——兼论学科教学中道德意义的挖掘[J]. 中小学德育，2012(10)：13—17.
③ 余文森. 核心素养导向的课堂教学[M]. 上海：上海教育出版社，2019：38.

（二）初中各门学科核心素养

不同课程在育人方面体现出各自的价值。为了更好地比较和学习，现将初中阶段各门课程的核心素养梳理如下（见表1）：

表1　初中阶段各学科核心素养[①]

学科	核 心 素 养
语文（4）	文化自信、语言应用、思维能力、审美创造
数学（3）	会用数学的眼光观察现实世界，会用数学的思维思考现实世界，会用数学的语言表达现实世界
英语（4）	语言能力、文化意识、思维品质、学习能力
物理（4）	物理观念、科学思维、科学探究、科学态度与责任
化学（4）	化学观念、科学思维、科学探究与实践、科学态度与责任
地理（4）	人地协调观、综合思维、区域认知、地理实践力
道德与法治（5）	政治认同、道德修养、法治观念、健全人格、责任意识
历史（5）	唯物史观、时空观念、史料实证、历史解释、家国情怀
科学（4）	科学观念、科学思维、探究实践、态度责任
信息科技（4）	信息意识、计算思维、数字化学习与创新、信息社会责任
生物学（4）	生命观念、科学思维、探究实践、态度责任
体育与健康（3）	运动能力、健康行为、体育品德
劳动（4）	劳动观念、劳动能力、劳动习惯和品质、劳动精神
艺术（4）	审美感知、艺术表现、创意实践、文化理解

根据上表可知，义务教育阶段学科核心素养都能体现各学科独特的育人价值。学科核心素养把学科课程和教学引向人的核心素养，而不仅仅是学科本身。此外，各学科核心素养互相补充，共同绘制出"核心素养"的蓝图。

[①] 根据2022年版义务教育各学科课程标准整理而成。

二、核心素养导向下的教学目标设计策略

核心素养是新时代一线教师的教学任务,是我们期待的理想教学成果,更是教学的方向和目标。因为教学目标的设计是教学设计的基础,是教学活动的核心,所以高质量的教学实践离不开以正确、清晰的教学目标为导向。接下来,笔者将结合本校具体的教学案例,分析基于核心素养制定教学目标的七条策略。

(一)具化素养策略

所谓具化素养策略,即在设计单元目标时融入素养理念,使学科核心素养嵌入目标、融入教学的策略。

比起核心素养,学科核心素养与具体教学内容的相关性更高。而单元目标作为教学目标的下位概念,更贴近课堂,是将学科核心素养落实于课堂教学的一种更具化的载体。

各科教师在设计教学目标时,应该具化学科素养,先将其植入单元目标中,再根据单元目标设计课时目标,一步步将学科核心素养目标转化为具有可操作性的课时教学目标。简而言之,具化素养策略要求教师立足"核心素养",关注"学科核心素养",制定"单元目标",并依此确定"课时目标"。

例如,《义务教育语文课程标准(2022年版)》指出,第三学段(5—6年级)阅读表现人与社会的优秀文学作品,要学习品味语言、欣赏艺术形象,复述印象深刻的故事情节,积累多样的情感体验,交流自己获得的启示。① 这是对语文学科核心素养的具化,但在实际教学中,教师仍需将其进一步细化。部编版语文六年级上册第四单元为小说单元,我们可使用具化素养策略将单元目标以及课时教学目标设定如下(见表2):

表2 部编版语文六年级上册第四单元教学目标

单元教学目标	1. 学会梳理情节,初步感受人物形象,认识小说所反映的社会生活,开阔视野,增	课时教学目标
	《桥》	1. 梳理主要情节,体会情节的跌宕起伏和扣人心弦。 2. 感知人物形象的特点,分析作者在塑造人物形象时的技巧。

---

① 中华人民共和国教育部. 义务教育语文课程标准(2022年版)[S]. 北京:北京师范大学出版社,2022:27.

续表

		3. 品味小说的语言，体会语言的表达效果。
长知识。 2. 在阅读这些生动感人的小说故事的同时，接受情感的熏陶和心灵的启迪。 3. 注意品味叙述和描写的语言，丰富自己的语言积累。	《穷人》	1. 感知人物形象，理解写作手法对于刻画人物形象的重要作用。 2. 把握课文的结果和感情线索。
	《在柏林》	1. 理解文章以小见大的写法，体会文章对于残酷战争的控诉。 2. 领会这篇微型小说蓄势和铺垫的重要性，以及结尾无声胜有声的效果。

如果教学目标过于宏观，则不能对教学形成有效的指导。[①] 因此，教师在设计教学目标时，要树立从宏观到微观的理念，层层落实育人目标。

(二) 吃透教材策略

所谓吃透教材策略，即在设计教学目标时吃透教材，挖掘教材中能体现学科核心素养的各种要素进行目标设计的策略。

教材是学科知识的载体，是教与学最重要的工具。采用吃透教材策略进行目标设计，是教师准确把握教学内容广度和深度的有力保障。

例如，我校钟霞老师在新课程理念的引导下，为了丰富学生的学习生活，在充分研究《音乐》（六年级第一学期　试用本）教材第一单元"活动与练习——游览民俗村"的内容后，拓展并建构了以"民俗村嘉年华"为主题的项目化学习单元。钟霞老师的教学目标设计如下：

1. 通过对四个民族（傣族、瑶族、蒙古族、黎族）的民俗文化、音乐舞蹈特点的探究，编创出具有民族风格的舞蹈。

2. 通过学习、模仿、编创等活动，运用小组合作、探究学习等方法，聚焦少数民族音乐舞蹈特点，体会到音乐、舞蹈创编的乐趣。

3. 在自主创编的过程中，提升创编能力、沟通合作能力，学会尊重理解不同民族的文化，培养多元文化价值观，热爱中华大家庭。

上述教学目标基于音乐学科核心素养，关注培养学生的审美感知、艺术表现、

---

① 刘徽,蔡潇,李燕,等. 素养导向：大概念与大概念教学[J]. 上海教育科研,2022(1):5—11.

文化理解三个方面。教师在充分挖掘教材中能体现学科核心素养的要素后,组织学生通过一系列音乐实践活动,了解了少数民族的音乐、舞蹈、民俗知识,培养了学生对少数民族歌舞音乐艺术的认同和对中华大家庭的热爱之情。

(三) 聚焦本质策略

所谓聚焦本质策略,即在设计教学目标时基于学科本质,有意识地培养学生用本学科的思维方式思考问题并逐步组建学科思维体系的策略。

核心素养时代,教育已进入到从"获取知识的教育"到"通过知识获取教育"的转折期,知识是教育活动中促进学生发展的一种文化资源和精神养料。[1] 学科核心素养不仅包括学科知识,实际上,还包括学科知识所内含的学科思想方法。因此,基于学科本质的教学就是基于学科思想方法的教学。

基于核心素养的教学,教师不仅要引导学生掌握学科知识和技能,还应在教学中帮学生养成学科特有的认识世界的思维方式。

例如,我校张沈尧老师在设计《溶解度曲线》一课的教学目标时,就有"经历对溶解度和溶解度曲线的分析过程,感悟科学研究中的数据表达方法"这一条。这样的目标设计正是教师有意识地培养学生的"化学观念、科学思维"。学生通过对溶解度和溶解度曲线的图像分析,提高了自己用数形结合的方法分析问题、解决问题的能力。

在教学目标设计的过程中,教师应自觉地使用聚焦本质策略,有意识地培养学生的学科思维,并引导他们用学科思想的方法看待问题、解决问题。

(四) 兼顾差异策略

所谓兼顾差异策略,即在设计教学目标时以学生为中心,符合学生认知特点,关注学生个体差异,注重学生的参与度和个性发展的策略。

"教育的最终目的是人性的实现,是让人成为人而不是把人变成工具。"[2]我们不是教语文、教数学,而是用语文、数学教人。"核心素养目标",相较于"双基目标"或"三维目标",其实质是由关注学科知识逐步过渡到关注学科整体育人价值,凸显"以人为本"的育人观。因此,学习目标层次既要与学生认知特点相一致,还要关注

---

[1] 余文森. 从三维目标走向核心素养是课改深化的标志[J]. 人民教育,2016(19):27.
[2] 王建华. 论人类的教育[J]. 清华大学教育研究,2014,35(2):27—34.

学生的个体差异性。

第一，学习目标层次要与学生认知特点相一致。教师在制定教学目标时，若只是机械性地照搬教学参考书上的教学建议，将其作为课堂教学目标，脱离了学情，则会使课堂产出低效甚至无效。反之，充分的学情调查，则能让教师根据学生的知识、能力掌握情况，准确找到学生的最近发展区，并进行有效的教学设计。

例如，我校信息技术老师刘露丹在设计《走进计算机病毒博物馆》这节课前，对学生进行了计算机病毒基础知识前测问卷调查。问卷主要涉及"计算机病毒"的实质、危害，感染病毒的原因及对应措施。刘老师在分析问卷结果后知道：大多数学生对计算机病毒有一定的了解，而对"计算机病毒"概念的了解失之片面，不少学生无法区分计算机病毒的部分特征，不完全了解计算机病毒的传播方式以及防范方法，没有很强的自我防范意识。针对问卷结果，刘老师对本课的知识点做了难度系数的区分，具体如下（见表3）：

表3 《走进计算机病毒博物馆》知识点难度系数

概念知识点	难度系数分级
病毒概念	☆☆
病毒特征	☆☆☆☆
传播方式	☆☆
病毒危害	☆☆
防御方式	☆☆☆
杀毒软件实质	☆☆☆☆

刘老师基于前期掌握的学生情况，结合本课知识点，将教学目标设计为：1. 通过讨论和杀毒软件性能测试，了解病毒的实质，分析并总结出计算机病毒的概念；2. 通过类比游戏机制和分析真实计算机病毒历史事件，理解计算机病毒的特征；3. 能通过分析真实计算机病毒历史事件，制定防范计算机病毒的方法，提高自我防范计算机病毒的能力。

第二，教师还应重视学生的差异性，制定有利于个人发展的教学目标。基于核心素养的教学目标必须关注个人发展,要满足个体在多元情境中成长、适应情境的需要,从而帮助个体解决现实问题、进行人际互动、实现自我价值。教师在设计教学目标时,要针对每个学生的优势与不足,进行有针对性的教学目标设计,将教学目标落实到每一个学生身上,促进每一个学生的发展。

例如,我校蒋圣楠老师针对随班就读的学生设计了一节有意义的美术课《在平面与立体之间——纸巾盒的四季变装》,她制定的教学目标如下:1. 通过欣赏、比较平面和浮雕作品,了解浮雕的概念、类型及其主要的创作方法,感受浮雕的质朴和起伏的空间美感;2. 以小组为单位,学会在废旧物品上构思和表现具有层次美的浮雕。蒋老师将特殊教育与美育融合,基于学生的差异性来微调教学目标,设计教学环节。这样操作性强且富有趣味的美术课,给随班就读的学生带来了审美愉悦和自我成就感,有利于促进学生健康发展。

(五) 双向对照策略

所谓双向对照策略,即利用双向细目表设计教学目标的策略。双向细目表,原多用于考试命题,是一种考查目标(能力)和考查内容之间的关联表。我们也可以用来设计教学目标,直观地呈现教学内容及其所对应的学科素养级水平。

例如,我校施圣杰老师在教授"How to look for and deal with the factual information"一课时,便使用了双向细目表直观地呈现教学目标,具体设计如下(见表4)。

表4 "How to look for and deal with the factual information"教学目标水平层级双向细目表

Learning activities	Core literacy in English subjects				Teaching aims
	1. language skills	2. cultural awareness	3. quality of thinking	4. ability to learn	
Brainstorm: think of the possible information of making a travel plan.		2、3			To activate the prior knowledge and lead into the topic.
Match the common question words with the purpose.	1				
Do pair-work to discuss the given questions.			3、4		

续表

Learning activities	Core literacy in English subjects				Teaching aims
	1. language skills	2. cultural awareness	3. quality of thinking	4. ability to learn	
Find the key words from the questions.			3		To generalize and practice commonly used techniques of dealing with factual information through context.
Read the passage and answer the questions with the help of the key words.			1、3		
Share the answers and the ways of dealing with the factual information.			3、4		
Read passages then answer the questions.			1、3、4		To consolidate what they have learned through peer evaluation.
Analyze the mistakes from the students' work.			1、3、4		

利用双向细目表对教学内容和教学目标进行对应和关联,不仅可以帮助教师明确每一教学环节需达到的目标及途径,还可以对学生的知识、能力掌握情况乃至品格发展程度进行实时把控,以便对自己的教学目标和设计做出及时调整。

(六) 循序渐进策略

所谓循序渐进策略,即在设计教学目标时立足学科的逻辑系统和学生认识发展的顺序,使学生逐步掌握基础知识、技能和品格的策略。

学生的能力和品格不是一蹴而就的,教学也应循序渐进。因此,在设计教学目标时,教师要能做到前后纵向关联。

例如,《义务教育语文课程标准(2022年版)》指出,第三学段(5—6年级)学习优秀诗文,要注意通过语调、韵律、节奏等体味作品的内容和情感。[①] 第四学段(7—9

---

① 中华人民共和国教育部. 义务教育语文课程标准(2022年版)[S]. 北京:北京师范大学出版社,2022:12.

年级)阅读文言文时,要能借助注释和工具书理解基本内容。注重积累、感悟和运用,提高自己的欣赏品位。[①] 根据《义务教育语文课程标准(2022年版)》,我们可以将六年级第一篇文言文《学弈》和七年级第一篇文言文《咏雪》的教学目标分别设计如下(见表5)。

表5 《学弈》《咏雪》的教学目标设计

语文学科核心素养	《学弈》的教学目标	《咏雪》的教学目标
语言运用	1. 正确流利地朗读课文。 2. 在诵读中感知故事内容。 3. 初步了解学习文言文的方法。	1. 正确流利地朗读课文。 2. 积累常见的文言词语,如"俄而、欣然、拟、未若"等。
文化自信	4. 背诵优秀文言文。 5. 培养学生学习文言文的兴趣。 6. 体会学习必须专心致志,不可三心二意的道理。	3. 背诵优秀文言文。 4. 通过对古代诗礼簪缨之家和谐融洽、书香味浓郁的家庭氛围的感知,陶冶情操,培养生活雅趣。
思维能力		5. 欣赏咏雪名句,明确比喻之精妙在于神似而非形似。
审美创造		6. 发挥想象,学习用比喻的修辞描写事物。

在文言文学习中,各学段都应注重朗读并背诵优秀文学作品。第三学段重点在于诵读与感受,激发学习文言文的兴趣;第四学段则强调在诵读的基础上,还应积累文言词语,尝试借助工具书阅读浅易的文言文,品味作品富于表现力的词语并尝试仿写。

在平时的教学中,教师要有意识地将前后知识、能力相勾连,这样不仅可以帮助学生温故知新,还能帮助他们逐渐建立起自己的知识体系。

(七) 适时调整策略

所谓适时调整策略,即在课堂教学时关注学生的掌握情况,灵活调整教学目标

[①] 中华人民共和国教育部. 义务教育语文课程标准(2022年版)[S]. 北京:北京师范大学出版社,2022:15.

的策略。

课堂生成并不会完全按照我们的预设发生，当课堂生成偏离我们原本的教学目标时，教师要当机立断，根据学生的学习反馈情况及时调整教学目标。

例如，我校任筱伟老师《做诗心少年，品赤子深情——〈艾青诗选〉读后提升课》的原定教学目标如下：通过荐读、选评价语、配解说词等活动，激发阅读诗歌的兴趣，提升审美鉴赏力，进一步感受艾青诗歌的艺术魅力，在此基础上形成自己对艾青诗歌更深入的理解。

在实际教学中，任老师发现这样的安排过于紧凑，情境设计虽新颖丰富，但如果坚持按照原定目标进行教学，有些精彩的教学环节只能匆匆而过。因此，在执教时，任老师当堂对教学目标做了及时的改变，将教学目标修改为"通过荐读、修改朗读解说词、为插图撰写解说词等活动，激发阅读诗歌的兴趣，提升审美鉴赏力，进一步感受艾青诗歌的艺术魅力，在此基础上形成自己对艾青诗歌更深入的理解"。任老师认为，临时删除"选评价语"这一环节，增加"修改朗读解说词"这一活动，可以使各教学环节的时间安排更为合理，且"改解说词"到"配解说词"，有能力层面的递进，更能促进学生读写能力的提升。

总之，教师在设计教学目标时，须立足学科核心素养，真正意识到教学的根本目的是人的发展，素养的提升。课堂教学目标的七条设计策略，在一定程度上为打破学科核心素养的困境提供了解决路径。

第二节 教学内容生成:以素养为导向

课堂教学内容不是一成不变的,而是学生、教师与教材在课堂对话中产生特殊的碰撞偶然生成创造性的教学资源,根据已有的教材或课程内容进一步扩展和创造新的教学素材和教学资源,以丰富教学内容、提高教学质量和效果。由此,提供更全面、更深入的教学资源和机会,以促进学生的综合发展,提升学生的学习兴趣。高效运用课堂生成性资源既是新课标教学理念下的教学要求,更是有效提升教学活动质量、深度关注学生思维建构、契合核心素养发展目标的着力点。[1]

一、教学内容生成的重要意义

课堂教学内容的生成,可以更好地满足学生的学习需求,提高教学的水平和效果;提供个性化教学,促进学生的个人发展;增强教学的灵活性和多样性;推动教育创新与变革,开拓教育的边界,为教学带来新的可能性,推动教学从传统的教师主导向学生主导的教学方式转变。

(一) 教学内容的生成促进了学生的学习效果

教学内容是学生进行学习的基础,它的质量和合理性直接影响着学生的学习效果。如果教学内容设计得恰当,符合学生的认知规律和学习需求,能够激发学生的学习兴趣和主动性,提高他们的学习积极性。相反,如果教学内容缺乏趣味性或难易程度不合适,学生可能对学习失去兴趣,导致学习效果不佳。因此,优质的教学内容对于提高学生的学习效果至关重要。

---

[1] 薛永娟.语文课堂有效生成性教学资源的开掘和应用[J].教育研究与评论(中学教育教学),2021(9):48—53.

（二）教学内容的生成有助于教师教育能力的发展

教师在进行教学的过程中,不仅要具备扎实的学科知识和教育理论,还需要具备良好的教学设计能力。此外,教学内容的生成正是展示教师教学设计能力的重要途径之一。教师通过对教学内容进行有意义和创新的设计,能够激发学生的学习兴趣和创造力,提高教学的针对性和有效性。同时,教师也需要对现有教学内容不断进行反思和优化,不断提高自己的教育能力。通过教学内容的生成,教师能够不断探索与实践,从中积累经验和教训,发展自己的教育能力。反思课堂生成资源能够促进教师的专业理念和师德、专业知识和专业能力的不断积累与革新,亦能促进教师的课堂问题解决和决策能力的不断发展与提高。[①]

（三）教学内容的生成对教育改革和创新具有重要意义

随着社会的发展和变化,教育领域也在不断追求创新和改革。而教学内容的生成正是教育创新和改革的重要一环。通过对教学内容的创新和优化,教师能够更好地适应时代需求和学生需求,培养具有创新思维和实践能力的人才。同时,教学内容的生成也推动了课堂的变革和教学模式的创新,使教育更加符合现代社会的需求和趋势。

总之,教学内容的生成具有重要的意义。它不仅影响学生的学习效果,还促进了教师教育能力的发展,同时,也推动了教育改革和创新。因此,在教育领域中注重教学内容的生成和优化,对于提高教学质量和教育效果具有重要意义。

二、教学内容生成的有效方法

丰富、拓展和生成教学内容需要教师有持续的学习和创新意识,不断更新自身的知识和方法。教师要重视教学资源的研究和利用,积极与同行交流,获得新的思路和灵感,拓展教学内容;关注学生的需求和兴趣培养,鼓励学生主动学习,互动式教学、小组合作学习和项目式学习等方法能激发学生的主动性和创造性,学生的积极参与和贡献可以丰富和拓展教学内容;培养学生的跨学科思维,将不同学科的知

[①] 杨亚平,孔德宏. 基于课堂生成资源促进数学教师专业发展的个案研究[J]. 数学教育学报,2022,31(1):85—90.

识、概念结合起来,创造跨学科的教学内容,让学生更好地理解和应用知识;将课堂教学与实际生活和社区实践相结合,设计与学科相关的实地考察、实验和项目,使学生能够更好地应用所学知识解决实际问题。下面将从三方面说明我校课堂教学是如何丰富、拓展和生成教学内容的。

(一)立足课堂,活用教材资源

教师在教学时,要确立教材的中心地位,既不能把教材神圣化,也不能把教材边缘化。在教学中,教师可以结合自己的教学风格对教材进行裁剪、重组,加工再创作,使它更符合学生的实际和需求。

1. 整合教学内容,使之实用化

教学内容是教学活动最主要的组成部分,它是达成教学目标的载体。在实际教学活动中,教学内容常常会被裁剪、重组。如简单内容的合并、部分内容的改编与补充、相关内容先后顺序的调整等。

本校吴嘉琦老师的一节道法课《民法"典"亮生活——我是小小宣讲员》,以初中道德与法治七年级第二学期第四单元《走进法治天地》的教材内容为基础,从被誉为"社会生活的百科全书"的《中华人民共和国民法典》(以下简称《民法典》)入手,开展以"民法'典'亮生活——我是小小宣讲员"为主题的课堂学习。本节课以"如果你是学校法治宣讲员,你打算讲述一个怎样的法律故事来展现《民法典》对我们的保护?"为驱动问题。学生需要扮演研究者和宣讲员的角色,以小组为单位通过改编创作法律故事来宣讲《民法典》。首先,学生通过查阅资料,学习《民法典》中的相关法律及法治理念,思考《民法典》与自己日常生活的关系。其次,各小组观看法律案件纪录片,并结合生活中有关《民法典》的案例,通过小组讨论和合作探究形成一个法律故事,以故事为基础共同撰写宣讲稿,各组从不同角度回答上则驱动问题。最后,学生以小组为单位在班级内进行宣讲展示,供全班同学欣赏并交流评价,在展示后总结经验,并参与创建校园法治宣传栏。学生在课堂各环节中,学会搜集整理资料,理解并阐述《民法典》的重要意义,提升合作探究能力和道德与法治核心素养,树立法治观念和责任意识。

在道德与法治课堂,对教材内容进行取舍、扩充和改造时,把与学生日常生活紧密相关的话题搬进课堂,既能印证教材的核心知识,又增强了道德与法治课的说服力和感染力,培养了学生关注社会发展、关心国家大事的习惯,体现了道德与法治教学的时代性。在本节课创作和宣讲法律故事的过程中,学生树立了适时分析研判、明辨是非的法治观念,提高了法治思维能力,养成了守法用法的思维方式和行为习惯。

2. 开发教学方法,使之多样化

俗话说,常变常新。经常变换教学方法,能够引起学生的学习兴趣。经过适度裁剪和重组,能够创新出多样化的教学方法,使它们互相填补短板,让学生的学习兴趣更浓,效果更好。通过采用互动式教学、小组合作学习和项目式学习等方法,可以激发学生的主动性和创造性。学生的积极参与和贡献可以丰富和拓展教学内容。学生应该被鼓励提出问题、表达自己的观点和构建自己的知识体系。通过问题驱动的学习,学生可以主动思考、探索和解决问题,从而培养他们的批判性思维和创新能力。在这个过程中,教师扮演着引导者的角色,给予学生适当的支持和指导,帮助他们解决问题和取得进步。

本校张沈尧老师进行了以化学学科为基础的《探秘造纸"黑液"》项目化教学。造纸术起源于我国,属四大发明之一,各种各样的纸张是我们日常生活与工作中必不可少的东西,在我们享受着纸张使用带来的便利之时,鲜少有人知道造纸工业的污染比较大,尤其是造纸过程中产生的黑液,因此本项目立足于真实的造纸工业情境,旨在让学生利用酸碱盐的核心知识去探究"黑液"的成分并进行处理。本项目的驱动问题是:假如十年后,你成了某造纸厂的"造纸工程师",如何设计一份绿色化造纸"黑液"的处理方案?在此项目中,学生通过扮演"造纸工程师",查阅资料了解古代造纸和现代造纸的流程,探究造纸加碱的原因,分析黑液的成分;在了解了"黑液"的成分后,查阅废液处理标准,运用实验探究测定废液是否达标的方法,对不同的方案进行比较;根据不同的处理方案,结合化学计算和工业生产的实际情况,对工厂的选址提出合理建议。通过实验探究、查阅资料和实地考察调研等方式解决问题,最终提出一份关于造纸工业中"黑液"成分的绿色化处理方案。

在本项目中,学生根据酸碱盐的相关性质,通过小组合作,运用分析、归纳、实验等方法,初步形成物质检验的一般思路。通过废硫酸处理造纸废水的实际计算,运用化学反应原理解决简单的实际问题,培养变化观念,形成合理利用物质的意识,树立人与自然和谐共生的科学自然观和绿色发展观。能根据废液的成分设计不同的处理方案,并就不同的观点和方案提出自己的见解,发展创新思维能力。选择符合学生年龄特点的教学方法,能够调动他们参与课堂活动的积极性,在项目化学习活动中,学生不仅能够获得全面发展,也能获得乐趣。活动问题的解决过程也促进学生化学观念的形成,培养学生的科学思维,帮助学生掌握科学探究的基本方法,探寻科学本质,树立正确的科学态度与社会责任感。[1]

(二)关注生活,利用学生资源

学生是课程资源开发的主体,是课堂学习的主人,学生在课堂中与教师、教材进行对话产生特殊的碰撞,他们的一言一行无不蕴含着丰富的教学资源。学生个性化的生活经验、出人意料的见解,往往超出教师的预先设想,这就是珍贵的教学资源。教师通过点拨启发,合理利用,就会形成课堂亮点。学生个人的知识和经验不仅对其本人的成长有重要的作用,而且对于学习伙伴也是一种资源。在班内展开互帮互学活动,利用优秀生资源帮助学困生理解知识、完成实践活动,既有利于学生之间的团结合作,又促进了优秀生、学困生的共同进步。

本校徐静雯老师的信息科技课——《我们的梦想机房》,从"如何设计一个便捷的、智慧的、富有创意的机房?"这个问题展开,学生化身为设计师,通过图形化编程软件和硬件设计并制作出智慧机房,模拟智慧机房的各种功能。首先,学生通过查阅资料,知道什么是智慧教室,然后通过讨论分析机房的特点,结合现有智慧教室能够达到的程度,总结出智慧机房的功能,并以此为依据改造机房。其次,学生进行功能分析,再实现方案,使用图形化编程软件和硬件模拟智慧机房的功能,再手绘智慧机房的平面图。最后,学生以小组为单位,在班级内演讲展示,最终完成智慧机房方案的设计。班级里很多学生系统学习过编程,他们在利用在线平台和工具方面显示出了比其他学生更出色的才能。因此,在本节课中,教师开展互帮互学活动,学生在实践中学习文字处理软件、图形化编程软件等工具,合作完成智慧机房的功能整理、设计等任务。学生在各实践环节中,学会搜集整理资料和不同软件的使用。教师在项目过程中引导学生思考,帮助学生发散思维,培养学生创新能力。

本校钟霞老师的音乐课《民俗村嘉年华》,结合《音乐》(六年级第一学期　试用本)教材第一单元"活动与练习——游览民俗村"中的内容,进行拓展并建构了以

---

[1] 田沛瑶,丘月婷,柏奕,等.STEM视域下初中化学跨学科实践活动的项目化设计与实践——以"走近污水处理厂"为例[J].化学教学,2023(6):40—46.

"民俗村嘉年华"为主题的项目化学习单元。基于音乐学科核心素养,关注培养学生的审美感知、艺术表现、文化理解三个方面,以"如何创作并表演不同民族风格的音乐、舞蹈"为驱动问题,学生扮演不同民族的歌者、舞者,为游客创作并演出一台体现不同民族风情、不同民族风格的音乐、舞蹈节目,让游客们感受少数民族歌舞音乐的魅力。首先,学生通过查阅资料,了解不同民族音乐、舞蹈的特点,然后确定本小组要表现的民族,通过学习该民族的音乐、舞蹈,制作民族服饰等活动,排练出完整的音乐、舞蹈节目,最后以小组的形式进行展示。学生通过一系列音乐实践活动,了解少数民族音乐、舞蹈、民俗知识,培养对少数民族歌舞音乐艺术的认同和对中华大家庭的热爱之情。在本节课中,教师引导动手能力强的学生用旧报纸、旧挂历和家用废弃材料等,制成五颜六色的时装和道具,并推选几名有舞蹈功底的学生穿戴和使用,模仿傣族、瑶族、蒙古族、黎族,通过小组合作编创出具有民族风格的舞蹈,体会音乐、舞蹈创编的乐趣。

引导学生热爱生活、用心体验生活,利用学生的个性化生活经验和才艺资源开展教学,将学生生活中的知、情、行等方面的经验结合起来,加深学生对学科知识的认识,收获意想不到的教学效果。

(三)关注特色,开发校本资源

校本课程具有独特性、多样性和可选择性等特征,它关注学生的现实生活,用学生身边的事、身边的人说话,让每个主题活动做到有针对性和实效性,有效补充国家课程和地方课程的不足。本着"开发校本资源、深化校本研究、形成校本特色"的精神,我校在低年级学生群体中进行棒垒球特色项目教学,在课堂中为学生创设浓厚的学习氛围以激发学生的学习欲望,给学生充分展示自我的空间,提高学生的参与意识,在互帮互助中主动学习。

棒垒球是我校学生十分喜欢的一项体育活动,它是一种以上肢运动为主,下肢协调配合的竞技运动,适合不同的年龄和性别,是非常适合中小学生进行的体育教学内容。作为我校的特色体育项目,它在学生中间有着良好的氛围和基础。我校唐志成老师有一节主题为《运动数据 精准打击》的棒垒球展示课,在不改变棒垒球运动本质的情况下,对棒垒球运动项目和器材进行改造,把棒垒球技术普及化、规则简单化、战术游戏化。并且利用多种手段激发学生练习的兴趣,加深其对动作的理解,积极地投入到练习中去,以激发学生喜欢棒垒球,培养对棒垒球的兴趣爱好。同时,也将棒垒球中的礼仪文化融合到整节课中,并将思维和体育运动结合在一起,使学生在整节课中不仅锻炼了身体素质,而且还提升了思维能力。唐老师在热身操的设计中,结合了体育品德,加入了棒球的礼仪动作和裁判手势,在热身的同时,提升了学生的核心素养。此外,在本节课中,唐老师融合信息技术,将学生们的挥棒轨迹以图像的形式呈现出来,并与自己的挥棒轨迹进行对比。学生经过唐老师的讲解示范以及对比轨迹,很好地改善了挥棒动作。同时,唐老师在本节课中加入了心率手环,密切关注学生的身体情况。整节课"学、练、赛、评"完整,受到了观课老师的一致好评。

此外,体育课堂具有灵活、多变的特点,在体育课堂教学中会出现很多生成性的教学资源,充分利用这些生成性教学资源进行教学,可以有效提升学生对体育锻炼和体育学习的积极性,加强学生身体锻炼的有效性。因此,体育教师应重视体育课堂中的生成性教学资源,对其加以科学挖掘和优化利用,使其服务于学生的身心全面发展和健康水平的提升。

综上所述,拓展和生成课堂教学内容不仅可以提高学生的综合素质,提升教师的教学能力与课堂掌控能力,还对课堂教学资源的深度开发及立德树人的教学目标,产生积极的推动作用。

第三节　活动推进智慧：转变教学方式

为了有效促进学生核心素养的发展，我校的教学活动从多个方面进行实践，以探求最适合学生发展的教学方式。在教学活动中，实践、情境、任务和迁移是四个关键的概念，它们相互交织，共同构成有效的学习和知识迁移的过程。我校在近十年的教学实践中，从以上四个方面进行了积极探索。

一、实践取向的教学

实践取向的教学是一种重要的教学方法，它强调学习和实践相结合，将课堂知识与实际应用相结合，培养学生的综合能力。这种教学方法在现代教育中得到了越来越多的认可和应用。王磊教授认为，在当前的课程和教学条件下，学生学科课程的学习理解能力表现较好，应用实践能力表现有待提高，迁移创新能力表现水平较低。[1] 因此，我校在培养学生综合能力的教学活动中积极开展了实践取向的教学。

（一）实践取向的教学有什么优势？

实践取向的教学有众多优势，例如，提高学习兴趣和动力、加强知识的理解与记忆、培养解决问题的能力、增强团队合作意识。

1. 提高学习兴趣和动力

实践取向的教学可以让学生在实际操作中感受知识的实用性和重要性，激发学习的兴趣和动力。相比于传统的理论灌输式教学，实践取向的教学更贴近学生

---

[1] 王磊.学科能力构成及其表现研究——基于学习理解、应用实践与迁移创新导向的多维整合模型[J].教育研究，2016,37(9):83—92+125.

的生活和需求，让学习不再枯燥乏味。

2. 加强知识的理解与记忆

通过实际操作，学生可以将抽象的概念转化为具体的实践经验，加深对知识的理解与记忆。实践取向的教学注重学生的参与和体验，帮助他们在动手实践中更好地消化和吸收所学知识。

3. 培养解决问题的能力

实践取向的教学注重培养学生的动手能力和解决问题的能力。在实际操作中，学生需要面对各种情况和挑战，培养了他们分析和解决问题的能力，使他们在日后应对实际工作和生活时更加从容。

4. 增强团队合作意识

很多实践取向的教学活动都需要学生进行团队合作，这有助于增强学生的团队合作意识和沟通能力。在合作中，学生学会了倾听他人意见、尊重他人观点，并学会了在团队中发挥自己的优势，形成了良好的团队合作习惯。

(二) 实践取向的教学有哪些方式？

实践取向的教学方式有探究式学习、项目化学习和社会实践三种类别。

1. 探究式学习

探究式学习是实践取向教学的重要组成部分，它强调学生在探索中自主发现知识，培养学生的学习兴趣和求知欲。教师可以通过提出问题、组织实验和活动等方式，引导学生主动参与，从而激发他们对知识的好奇心。例如，张沈尧老师在项目化教学《探秘造纸"黑液"》中充分展示了实践取向的教学活动，张沈尧老师执教的内容主要是让学生通过探究造纸"黑液"，思考造纸废液对环境的影响。在课堂上，学生共同探究，明确黑液的危害以后思考黑液的处理方法，交流讨论黑液的处理标准与方法，思考除去水中有机物的方法，组间进行交流讨论，并把自己的方法写在老师提供的便利贴上，粘贴于黑板上的"方法树"中，充分体现以学生为主体。活动的高潮部分是设计一份造纸黑液的处理流程图，学生依据量规设计方案，这个活动是发展学生创造性思维的重要节点，同时呼应了基本问题：化学如何为社会开辟一条可持续发展的道路？解决黑液问题的最优解就是将黑液进行资源化利用，那么将哪些资源进行利用自然就成了重中之重。然而，这个问题却没有最优解，只有更优解。因此，在这个环节中，学生可以尽情发挥想象，将自己认为合理的物质进行再利用，设计出方案并进行交流讨论。

2. 项目化学习

项目驱动学习是实践取向教学的一种重要形式，它以项目为载体，让学生在实践中学习知识和技能。学生通过完成一个个真实的项目，不仅可以将所学知识应用到实践中，还能培养解决问题的能力和团队合作精神。例如，我校在近十年的教学活动中积极开展了实践取向的教学活动的尝试。其中，项目化学习活动是一大特色。从2022年开始，我校在全校范围内开展了项目化学习，教师充分利用学校提供的各项资源，从学科出发，以活动为载体，以学生为主体进行积极实践。钟霞老师在项目化学习中为学生搭建了不一样的音乐舞台。在项目开展的过程中，学生积极参与，热烈讨论，自发地组织编排和练习，做好每一次的过程性记录，自己发现问题并解决问题。通过本次项目化学习，学生不仅对少数民族的民俗文化、音乐舞蹈有了一定了解，更重要的是，通过整个项目化学习，提升了小组合作能力、编创能力，提高了学习积极性，学会尊重其他民族的文化，热爱中华大家庭。

3. 社会实践

社会实践是实践取向教学的重要组成部分，它让学生走出校园，走进社会，参与到社会实践中去。在社会实践中，学生可以拓宽视野，增长见识，培养社会责任感和公民意识。例如，我校每年都会为学生组织社会实践活动。在2023年的4月23日，浦航实验中学七年级全体学生在老师的带领下，开启了一场别开生面的社会实践之旅。他们先来到了上海汽车博物馆，参观了那些经典的古董车，这些古董车历经岁月洗礼，却依旧闪耀着那份永恒的光辉。随后，在博物馆内举行的铭言宣誓仪式，更是让同学们倍感庄严肃穆。鲜红的领巾在胸前飘扬，星星火炬指引我们方向。去年，同学们从小红领巾换成了大红领巾，今天还将在这里重温少先队的理想信念，勉励自己争做一名更优秀的少先队员！在雄壮的国旗下，同学们庄严地向祖国宣誓："我们是祖国的未来，是祖国未来的建设者和接班人。我们一定要牢记铭言，以饱满的精神战胜困难，从小学先锋、长大做先锋，努力成长为一名出色的社会主义事业接班人！"这是每个少先队员的庄严承诺，也是他们的使命和担当。通过这次社会实践活动，同学们不仅增长了见识，还体验了团结、合作、勇敢、自信等许多美好的品质。大家明白了作为新时代的少年，应该立志勇攀登，做一名有理想、有担当、有信仰的少先队员，为祖国的发展贡献力量。

实践取向的教学是培养学生综合能力的有效途径。通过实践取向的教学,学生可以在实际操作中提高学习兴趣和动力,加强对知识的理解与记忆,培养解决问题的能力,增强团队合作意识。

二、情境嵌入的教学

情境嵌入的教学是指"在教学过程中,教师有目的地引入或创设具有一定情绪色彩的以形象为主体的生动、具体的场景,以引起学生一定的态度体验,从而帮助学生理解教材,并使学生心理机能得到发展的方法。情境教学法的核心在于激发学生的情感"[①]。

情境嵌入的教学是一种基于认知心理学和教育学理论的教学方法,强调将学习置于真实的环境和实际情境中,以促进学生的学习效果、提升学生的实际运用能力。它与传统的课堂教学相比,具有许多优势和有效途径。接下来,将详细介绍情境嵌入的教学的优势以及我校在开展情境嵌入的教学时的有效途径。

(一) 情境嵌入的教学有什么优势?

情境嵌入的教学的优势颇多,例如,激发学习动机、增强学习效果、培养合作意识、促进终身学习、培养创新思维和促进知识迁移。

1. 激发学习动机

情境嵌入的教学强调学习与现实生活紧密联系,学生可以在真实场景中运用所学知识,增强学习的现实意义,从而激发学习动机,使学生更加主动、积极地参与学习。

2. 增强学习效果

学习环境与实际情境的匹配可以帮助学生更好地理解和应用所学知识。通过将知识应用于实际问题的解决过程中,学生能够深入理解概念,并培养实际解决问题的能力,从而提高学习效果。

3. 培养合作意识

情境嵌入的教学通常是以小组或团队合作的方式进行的,学生在合作中相互

---

① 米俊魁.情境教学法理论探讨[J].教育研究与实验,1990(3):24—28.

交流和协作，共同解决问题。这有助于培养学生的合作意识和团队精神，为日后工作和生活中的团队合作奠定基础。

4. 促进终身学习

情境嵌入的教学注重学习与实践相结合，培养学生主动探究和解决问题的能力，这种学习方式有助于学生形成终身学习的习惯和意识，使其在日后的学习和职业生涯中能够不断适应、成长。

5. 培养创新思维

在情境教学中，学生常常需要面对现实生活中的复杂问题，这要求他们具备创新思维和解决问题的能力。通过实际情境的学习，学生可以培养创新意识和解决问题的能力。

6. 促进知识迁移

情境教学注重将学习应用于实际情境，这有助于学生将所学知识迁移到不同的情境和领域中去。学生在不同情境中应用所学知识，能够更好地理解知识的本质以及灵活运用。

（二）情境嵌入的教学有哪些方式？

情境嵌入的教学方式有课程设计与实践结合、借助技术手段以及合作学习与角色扮演。

1. 课程设计与实践结合

情境嵌入的教学要求教师将学习内容与真实情境相结合，在课程设计中融入实际案例、问题和场景，使学生在实践中学习，从而提高学习的有效性。在中学阶段，情境嵌入的教学可以更加深入，通过结合学科内容，组织学生进行综合性的项目学习。例如：在我校的一堂历史公开课上，老师设计了历史考古项目，让学生通过实地勘探和考古发掘，了解历史文明的发展与变迁。这样的学习方式不仅增强了学生对历史知识的掌握，还培养了学生的合作能力和问题解决能力。

2. 借助技术手段

现代技术为情境嵌入的教学提供了丰富的资源和手段。教师可以利用虚拟实境、模拟软件、网络资源等技术手段，创设更加真实和贴近实际的学习情境，增强学生的学习体验和参与度。例如：在 2023 年 5 月，我校积极引入了智慧笔项目。应何涛老师在一次区级公开课上将智慧笔融入课堂教学进行实践演示。在这堂课上，教师根据网页上的实时作答看到每个学生的答题过程,更有针对性地去辅导个别的学生。此外,该技术还可以统计题目的准确率,从而可以选择性地去讲解错误率较高的题目。应老师在开展该课的练习2时,选择将两个学生的答案进行对比讲评,展示给学生,说明答题要写到关键点。不仅如此,通过思维再现的功能可以精准判断出学生答题思路中存在的问题,更便于面向大多数学生来讲解经典的错误做法,不是只让会的学生再听一遍,而是让学生们去发现错误,使做错的学生知道为什么错,错在哪里,应该如何去思考这道题才是正确的。在课堂上,学生的注意力更加集中,也更加愿意思考。不仅如此,课堂气氛也会更加活跃,学生想要将自己书写答案的过程和内容投影在屏幕上,并且对比讲评时也积极探究两种答案之间的差别,看错误答案的错法在哪里。在投屏讲评时,让学生来讲,可以培养学生直观观察和数学表达的能力,也能很好地实现师生互动和生生互动。

3. 合作学习与角色扮演

合作学习是情境嵌入的教学的重要组成部分,教师可以组织学生进行小组讨论、角色扮演等活动,让学生在合作中相互学习和启发,从而加深对知识的理解。在2023年5月"浦江语文大教研"中,我校尹倩倩老师为大家带来了一堂名为《核心素养立意下的整本书阅读〈骆驼祥子〉》的公开课。在这一堂课中,尹老师将情境嵌入到课堂之中,让学生身临其境,核心素养也得到了极大的提升。尹倩倩老师围绕《骆驼祥子》的中心人物——祥子,展示了一节整本书阅读的总结课。尹老师不仅使用了清晰、直观的图形,带领学生梳理了《骆驼祥子》中围绕"车"展开的重要情节的"三起三落",还让学生们自主探究文本,结合平时名著阅读时在书中的个性化批注,一起探讨、分析了祥子前后期形象的多角度变化。尹老师创设生活情境,巧用模拟访谈的形式,让学生们深入研究祥子在小说中悲剧的多重原因,成功地激发了学生在名著阅读中的辩证思维,从小说人物的分析中把握小说的主题。最后,尹老师以《骆驼祥子》为例,类推及小说类文本,总结了学生阅读此类文本时可以关注的五要素,引导学生学习小说主题的阅读方法。

简单来说,情境嵌入的教学作为一种贴近生活和实际的学习理论,对于提高学生的学习动机和学习效果有着显著的促进作用。它强调将学习置于具体情境中进行,通过问题解决和实践应用,逐步构建知识和技能。在不同的教育阶段和领域中,情境嵌入的教学都有着广泛的应用价值,能够培养学生学习的主动性、创新能力和实践能力,促进终身学习的发展。

三、任务驱动的教学

教育是社会进步和个人成长的关键要素。随着时代的发展和社会的不断变化,教学方法也需要不断更新与完善。任务驱动的教学作为一种创新的教育理念,逐渐受到教育者和学者的重视。"'任务驱动'是以建构主义理论为基础的一种教学方法,具有紧密联系学生的'生活实际',易于选择更有利于学生掌握科学知识的'学习资源',突出'自主探索'和'互动协作'的学习方式,高效地解决问题、完成任务等价值。"[①]

(一) 任务驱动的教学有什么优势?

任务驱动的教学有以下优势,例如,学习动机的提升、语言运用能力的发展、学习内容的内化、情境交际能力的培养。

1. 学习动机的提升

任务驱动的教学能够激发学习者的学习兴趣和主动性,因为学习者在完成任务的过程中会感受到学习的实用性和成就感,从而更愿意参与学习。任务驱动的教学还能够增强学习者的学习动机,因为任务通常与学生的兴趣和需求相关,有助于激发学生学习的主动性。

2. 语言运用能力的发展

任务驱动的教学注重学习者在真实交际情境中的语言运用能力。通过完成任务,学习者需要积极运用所学的语言知识和技能,从而加深学生对语言的理解和应用。

3. 学习内容的内化

任务驱动的教学将语言知识与实际任务相结合,使学习者在完成任务的同时不知不觉地掌握语言知识,从而加深对知识的理解和记忆。

4. 情境交际能力的培养

任务驱动的教学注重学习者在真实情境下进行交际。这有助于培养学习者在

---

① 刘建强.任务驱动:科学探究教学的重要策略[J].教育研究与实验,2015(1):81—85.

不同情境中的语言运用能力,提高他们的交际技巧。任务驱动的教学强调学习的实践性,学生能够在实际情境中应用所学知识,增强学习的应用价值。

(二) 任务驱动的教学有哪些方式?

任务驱动的教学方式有以下分类,例如,设计明确的任务、提供适当的支持、鼓励合作学习。

1. 设计明确的任务

任务的目标要明确,与学习者的水平和学习目标相匹配。任务应该是实际可行的,并具有一定挑战性,能够激发学习者的学习兴趣和动力。在语言学习中,任务驱动的教学可以以任务为导向,让学生在实际语境中进行交流和表达,例如,2022年12月8日,浦江镇各初中语文教师相约云端,开展"核心素养下的整本书阅读"教研活动。我校任筱伟老师为大家带来了一堂主题为《做诗心少年,品赤子深情》的有关《艾青诗选》的读后提升课。在这堂课上,任老师将任务驱动的教学展现得细致生动!任老师以"少年诗心"公众号举办的《艾青诗选》荐读活动为任务背景,带领学生们一起给读者推荐6首诗,修改朗读解说词,为配画撰写解说词。任老师的课堂环节清晰,重在指导学生如何阅读选集类作品,如何进行选择,如何有重点地阅读。在阅读的基础上进行朗诵,朗诵之前带领学生标重音、停顿等,既能再次领会诗歌意境,又能提升自我品读能力。诗配画的活动可以训练学生的读写能力,帮助学生提升审美鉴赏力,进一步感受艾青诗歌的艺术魅力。

2. 提供适当的支持

教师在任务设计和执行过程中,应提供必要的语言支持和学习资源,帮助学习者完成任务,充实语言输入和输出的环节。在数学学科中,可以设计各种数学问题或情境,让学生通过探索和解决问题来理解数学知识,培养解决实际问题的能力。例如,2022年9月28日,新学期的第一次浦江物理大教研如期举行,本次大教研的主题是"基于新课标的课堂教学实践"。我校杨锡芳老师的《阿基米德原理应用》一课将教学重点落在对密度计的理解和使用上,并从学生自制的密度计出发,使学生进一步理解了密度计的制作原理和工作原理,然后,以我国自行设计的第一艘装备直升机库的非军事船舶——海巡31号海事巡逻船为例,帮助学生理解轮船的排水量,巩固阿基米德原理在实际生活中的运用。根据《义务教育物理课程标准(2022年版)》要求,发展学生的核心素养是物理教学的根本目标,杨老师加强了课程内容整体设计的思路,在教学目标环节中层层递进,引导学生运用已学的阿基米德原理进行综合分析和解决问题。

3. 鼓励合作学习

任务驱动的教学鼓励学生与他人合作,培养学生的团队合作和交流能力。为此,教师将学习者分成若干小组,让他们在小组内共同合作完成任务,以促进学习者之间的互动和合作,增强语言实际运用的能力。在科学教育中,任务驱动的教学可以通过实验设计和科学探究来培养学生的科学思维和实验操作能力。例如,我校郭桃英老师的《生活中的解直角三角形问题举例》一课,以浦江郊野公园为背景,让学生进行合作学习,学生共同对情境一和情境二进行学习探究。情境一通过无人机的测高、测距、测角和奇迹花坛直径的长度之间的联系建立几何模型,并通过系列的变式将模型的已知长度条件和求解的长度对调归纳出不同的解题方法,情境二关注时事热点,从"梅花"台风的新闻报道入手,计算出台风对浦江郊野公园的影响及影响的时间。整堂课采用了"情境教学"和"合作探究体验式"的创新教学法,主要是教给学生一种学习方法,使他们学会自己主动探索知识并发现规律。让学生通过观察、体验、合作、探究、建模等途径在生活化的情境中学会知识、提升能力,充分发挥学生的主观能动性。

总体而言,任务驱动的教学是一种以学习者为中心的教学方法,通过设计合适的任务和提供有效的支持,帮助学习者在实际情境中积极、主动地学习和运用语言,从而取得更好的学习效果。任务驱动的教学作为一种创新的教育理念,以任务为核心,注重学习者的主动参与和实践应用。在不断变化的时代中,任务驱动的教学为培养学生的综合素养和创新能力提供了新的途径。

四、变式迁移的教学

"基于认知心理学的相关理论和学习的认知规律,学习迁移主要是指两种或多种学习之间产生的相互影响,有正迁移和负迁移两种形式。"[1]

随着科学技术的飞速发展,单一学科的知识已经不再能够满足复杂多变的社

---

[1] 李晓琴.学习迁移理论在中学数学教学中的应用[J].教育理论与实践,2017,37(2):60—61.

会需求。因此，跨领域思维成了当今教育的重要目标。变式迁移的教学作为一种跨学科教学方法，可以帮助学生将在一个学科中学到的知识和技能应用到另一个学科中，从而培养学生的跨领域思维，提高学习成果。我校教师也积极学习了变式迁移的教学的概念和原理，并探讨在教学中如何应用变式迁移的教学来促进学生跨领域思维的发展，最后也进行了一些变式迁移的教学的尝试。

（一）变式迁移的教学有什么优势？

变式迁移的教学是指在学习和教育过程中，将知识、技能、经验从一个领域或情境迁移到另一个领域或情境的教学方法。这种教学方法有许多优势，下面是其中一些主要的优势。

1. 丰富学习经验

变式迁移的教学可以让学生在不同的情境中应用所学的知识和技能，从而丰富他们的学习经验。这样一来，学生能够更深入地理解和掌握所学内容，并能够更好地将知识运用到实际生活中。

2. 培养灵活性和适应能力

通过在不同情境中学习，学生能够培养灵活性和适应能力。他们可以学会在不同的环境中解决问题，并能够应对各种挑战，这对于他们未来的学习和职业发展都非常有益。

3. 提高创造力

变式迁移的教学可以激发学生的创造力。当学生将知识从一个领域迁移到另一个领域时，他们可能会产生新的想法和创新，从而促进创造性思维的发展。

4. 增强学习的持久性和稳固性

通过在不同情境中反复应用所学知识，学生的学习可以变得更加持久和稳固。这是因为在多个环境中应用知识可以帮助学生将其深深地融入他们的长期记忆中。

5. 提高问题解决能力

变式迁移的教学鼓励学生将已有的知识和经验应用到新的问题和挑战中。通过变式迁移的教学，学生可以学会综合运用不同学科的知识和技能，形成更加全面和复杂的思维方式，提高问题解决能力。因为他们可以学会从不同角度思考，找到切实可行的解决方案。学生可以培养独立思考和创新能力，为未来的发展奠定坚实基础。

6. 增强跨学科学习

变式迁移的教学促进了跨学科学习的发展。当学生在不同的学科领域中进行知识迁移时，他们能够建立起不同学科之间的联系，形成更为综合和全面的学习视野，变式迁移的教学使学生在学习中体验到多样性和趣味性，从而提高学习兴趣和动力。

变式迁移的教学可以帮助学生在更广泛的情境中应用所学的知识和技能，从而培养他们的综合素养和解决问题的能力。这是一种强大的教学方法，有助于学生在不断变化的世界中保持竞争力。

（二）变式迁移的教学有哪些方式？

变式迁移的教学方式包括：设计跨领域学习任务、引导学生发现共通点、提供充分支持和鼓励。

1. 设计跨领域学习任务

教师可以有意识地设计跨领域学习任务，将不同学科的内容融合在一起。通过变式迁移的教学，学生可以学会综合运用不同学科的知识和技能，形成更加全面和复杂的思维方式，提高问题解决能力。例如，通过让学生在历史课上了解数学家的生平，将历史和数学知识联系起来，激发学生对数学的兴趣，同时培养学生对历史事件的深入理解。例如，2023 年 5 月 6 日，我校开展了以"智慧笔在初中数学教学中的运用"为主题的区级公开课研讨。在此次研讨中，杜晗笑老师带来了一堂名为"基于《九章算术》中的方程（组）应用"的公开课。在这堂课中，杜老师采用了跨学科以及变式迁移的教学方法。这是一节数学拓展课，鼓励学生探究《九章算术》中的方程（组）应用问题，能够正确理解古文题意，合理设未知数并列方程或方程组解决问题；通过语文与数学的跨学科融合，促进学生核心素养的提升；通过设未知数列方程（组）的过程，渗透数学中的方程建模思想。

2. 引导学生发现共通点

变式迁移的教学可以打破传统学科的界限，使学生在学习中体验到多样性和趣味性，从而提高学习兴趣和动力。在教学中，教师应该引导学生发现不同学科之间的共通点和联系。通过开展讨论和互动，学生能够更好地认识到学科之间的相互关联，增强他们的跨领域思维能力。例如，在杜老师的这节公开课上，杜老师先通过一则买田的问题让学生在翻译古文、审题、列方程(组)、解方程(组)等完整的过程中,比较了列一元一次方程和列二元一次方程组去解应用题的区别和联系,再让学生练习一道列二元一次方程组更加方便的题目,以体会列方程组会更加直观。接下来,通过一道行程问题中的相遇问题以及变式,培养学生分析问题的能力,达到学列方程解应用题的目的。

3. 提供充分支持和鼓励

由于变式迁移的教学需要学生跨越不同学科的边界,可能会让学生面临一定的挑战和困难。因此,教师应该给予学生充分的支持和鼓励,帮助他们克服困难,激发他们的学习潜力。学校可以创造积极的学习环境,鼓励学生跨学科探索和学习。例如:可以设立跨学科交流活动,邀请专业人士来学校分享知识和经验,激发学生的学习热情。变式迁移的教学是培养学生跨领域思维的重要途径。通过设计跨领域学习任务,引导学生发现共通点,并提供支持和鼓励,培养学生综合运用知识的能力,提高学生的学习兴趣和动力,培养学生的创新能力。在实施变式迁移的教学时,学校和教师需要共同努力,克服可能面临的挑战,为学生跨领域思维的发展创造良好条件。只有这样,我们才能更好地应对未来社会的挑战和变化。

总之,任务和情境相关联,任务需要在一定的情境中完成,情境可以提供任务的背景和目标。实践和任务密切相关,通过实践完成任务,学习者可以提高技能水平和解决问题的能力。

第四节 主体参与谋略:培养主体意识

主体参与是建设高质量教学的重要环节。在日常课堂教学中,学生积极参与课堂是发挥其主体性的直接体现,也是影响课堂效率的重要因素之一。因此,主体参与教学具有重要的意义。

一、主体参与教学的意义

主体参与是指师生双方在教学活动中,自主、自在、创造性地达成教学目标的一种倾向性行为。在传统的教学中,教学目标、教学重点、教学过程、教学评价都由教师预设和设计,学生只需按部就班地"参与"。这种参与,不是真正意义上的参与,这种参与不可能发挥学生的主观能动性。而主体参与的教学,则是指师生双方在民主、开放、平等的学习氛围中,学生充分发挥其主体性,师生通过互动交流,达到认识共振、思维同步、情感共鸣,有效完成教学目标,创造性地完成教学任务的一种教育实践活动。[①] 与传统的课堂相比,主体参与课堂具有鲜明的特点。

(一)主体性:激活学生的思维

主体性是主体参与教学的基本特征。人的主体性是在实践活动中生成和发展的。在具体的社会实践和交往活动中,个体只有通过自身对客观对象本质的理解,消化、吸收各种文明成果,才能使主体的能力得以提高,个性获得丰富,从而使主体性得到发展。只有人才能成为活动的主体,活动是展示和实现人的主体性的重要舞台。在课堂教学的过程中,教师围绕学生的学习和发展开展活动。学生在构建自己的知识结构的同时,老师也在重建自己的知识脉络,二者在认知上会形

---

① 张亚. 主体参与在中学历史课堂教学中的策略研究[D]. 苏州:苏州大学,2011.

成知识的共振。在培养学生思维的同时,教师也会改变自身的思维性,二者会在思维上达到共振。学生在获得知识的过程中感受成功的喜悦,得到成长的快乐,老师也能分享这份喜悦,二者会在感情上产生共鸣。主体参与的教学课堂以唤醒学生的主体意识为核心,以激发学生的学习兴趣为契机,通过发挥学生的主体意识,激活学生的思维、情感和行为参与,从而实现学生主体的主体意识和能力的发展。

(二) 开放性:唤醒学生积极的自我意识

主体参与的课堂是开放性的。衡量一堂课40分钟的效度不在于老师讲几个会在大型考试中出现的重点题目,也不在于老师用什么诀窍帮助学生记忆了大部分的知识点,而在于这堂课多大程度上唤醒学生积极的自我意识,促进学生学习能力和个人潜力的发挥。传统的教学模式建立在"师讲生听"的定位上,老师们备好教材,预设课堂完成多少教学任务,学生抄板书背诵。这种学生被动接受知识的过程具有典型的封闭性特征。新时代的教育呼唤民主的课堂、开放的氛围。这里的开放性包括教学目标、教学内容、教学模式的开放性。教学目标的开放性是指在主体参与的课堂中教学目标是多维的、多层次的;教学内容的开放性是指教学内容不仅依赖于学科与教材,还可源于自然、社会与生活;教学模式的开放性是指教学不只局限于课堂教学的一个方面,还有很多其他途径。

(三) 生成性:激发学生内在的潜能

主体参与的课堂是生成性的。教学是一个双边过程,既有教师的教还有学生的学。学习不能靠教师把意志强加给学生,把知识硬塞给学生,而是作为教学中主体之一的学生的自主渐进式的动态生成过程。动态生成不是无边际地生成,而是课堂教学过程要符合课标要求的三维目标,围绕学生认识事物的完整性、理解知识的深刻性,有利于学生在课堂学习中养成正确的思维习惯,树立正确价值观的过程。生成性课堂是原生态的课堂,又是充满致趣的课堂。课堂上有和谐、民主的气氛,有思维的真实碰撞。主体参与的课堂教学,主要是围绕问题的提出和解决来组织学习活动的,问题和质疑是学习的起点。教师在课堂中积极引导学生,学生在享受课堂的同时,不断探索与发现新的知识。

(四) 发展性:促进学生身与心的全面发展

主体参与的课堂以学生的学习为中心,以教师和学生共同获得发展为目标,致力于打造高效课堂。主体参与的课堂的发展包含两层意思:一是指全体学生的发展。任何一个学生都是教学对象,没有重要和非重要之分。教师从教学的伦理角度看,就应该关注每一个学生的发展。帮助学困生的意义不在于能提高班级多少平均分,而在于这种良好的情绪所产生的教学能量会带来明显的教学效果。二是个体学生全面性的发展。主体性教学强调各科老师的合作,把由于科目不同而自然形成的非整体性有机统一起来,形成共同的教学基调和主线,发挥集体智慧,让学生吸收各种教学风格,促进主体性的养成,从而获得身与心的全面发展。

(五)交互性:彼此学习、共同成长

交互性是主体参与教学的重要特征之一。师生的交互"创造和发展着作为共同体成员的个人本身"[1]。与传统课堂不同,主体参与的课堂是角色互换的课堂,教师从一种角色到另一种角色,从言者到听者、操作者、组织者、设计者、辩论者等。学生在与教师的交往中自主发展,并在教师的指导下获得更好的发展。在交往中,师生的感情是流通的,他们可以更好地分享彼此的情感。教师在获得来自学生的信息反馈后,会调整教学的节奏、内容、方法等,以更好地指导教学,获得自身的发展。师生的交互是灵魂的交流与沟通过程。师生的交互应该涵盖教学的每一环节,甚至包括课前的准备和课后的巩固等环节。师生交互的过程其实就是彼此学习、共同成长、共同觉悟的过程。

二、主体参与教学实践

主体参与教学的主要目标是通过激发学生的主体意识,培养学生的学习能力,提高学生的学习质量。因此,通过课堂实践激发学生的主体意识显得尤为重要。主体参与的课堂实践主要分为三个阶段:第一阶段为课前自主预习阶段,在这一阶段学生可以充分发挥主体性,培养独立思考、独立学习的能力;第二阶段为课中研讨阶段,学生在教师的帮助下发挥主体性,有利于培养合作意识,提高课堂学习质量;第三阶段为课后评价与深化,学生与教师在课后充分发挥主体性,有利于改善主体参与课堂中的问题,构造和谐的师生关系与课堂氛围。

---

[1] [保]尼科洛夫.人的活动结构[M].张凡琪,译.北京:国际文化出版公司,1988:99.

(一) 课前自主预习阶段

主体参与教学模式的起始环节是自主学习阶段。自主学习也就是学生个体要主动确立自己的学习计划,选择适合科学的学习方式,并能自我监控整个学习进程以及客观评定自己的学习结果的过程。在这个阶段,教师明晰该章节的教学目标后,学生可以通过网络、图书馆等资源自行搜集相关资料,研读本章节教材内容,从而初步建构该章节的理论框架并理解和掌握教材的基本知识点。在本环节,学生应有很强的自学意识,并能对自己的学习行为进行适时调控。在自学过程中,学生要讲究学习方式,要有毅力,自觉完成看课本、查资料、记笔记等一系列学习流程。学生的自学虽然是主旨,但仍离不开教师的引导。教师要帮助学生确定该章节的学习目标及重难点,引导学生合理选择自学方法。通过自主学习环节,学生对于该章节知识的认识、理解水平都要更加深刻,并且独立学习能力、查阅资料的能力,以及总结记录能力都得到锻炼和提高。特别需要注意的是,在这个阶段,教师要始终给予学生学习方法的指导。[①]

(二) 课中研讨阶段

主体参与教学的中心环节在课中主要包含两个环节,其一是指师生共同研讨,其二则为教师的精讲。研讨即探究讨论,是教师与学生之间以及学生与学生之间讨论解决在学生自主学习过程中发现的问题的阶段。这个阶段的设计实施,是为了实现学生之间的差异补充,培养学生主动发现问题以及合作解决问题的能力。探究讨论在中学阶段主要表现为学生小组讨论,小组讨论可以是二人组也可以是四人组,具体可以根据学生的人数与讨论主题而定。为了提高讨论的效果,促进讨论的顺利进行,教师可事先将学生的座位安排好。在此过程中,可以根据学情将小组成员进行适量搭配,比如可以将思维较活跃、学习能力较强的学生分散,将积极性较差的学生与之搭配,起到一定的带动作用。此外,每个小组还可以选择一位小组长或者负责人,负责搜集小组的意见并进行最终的总结阐述。在小组讨论的过程中,教师可以参与指导,听取学生的意见,以更加了解学生的思维。提倡"主体参与"的全新教学模式,并不意味着可以全盘抛却教师的讲解,教师的讲解仍旧是至关重要的。只是和以往传统课堂讲授不同的是,在本模式中,教师的讲解为点拨指

---

① 李影.教育学课程"主体参与"教学模式的构建[J].教育与职业,2014,805(21):132—134.

导,教师通过全面搜集整理学生在自主学习阶段以及研讨阶段中遇到的问题,根据教学大纲及要求,调整前期的备课方案和体系,和该章节的教材体系相契合,有针对性地进行系统讲解。在本环节,教师利用多媒体设备展示该章节的理论体系,这个体系中既有本章节教学大纲要求的重难点,同时又有学生遇到的共性问题。学生可以锻炼自己的听讲能力、理解能力以及反思能力,比对在前两个环节中自己的知识素养、答疑能力和老师相比差别有多少。教师针对学生出现的问题进行相应的精讲,也是主体参与教学中不可或缺的一环。

(三) 课后评价与深化

课后评价主要是指作为教学主体的学生对其课堂参与状况的判断。学生的主体参与可以有自评和他评。自评是学生本人对他们主体参与的评价。[①] 它可以帮助学生理性地分析自己的主体参与性学习。现在,人们已经越来越把主体参与作为一个成熟学生的重要标志。评价水平可以反映出学生的成熟状况,也能够反映出他们参与的深度。自评内容主要有:通过本节课的学习你有哪些收获? 课堂学习中对自己最满意或是不太满意的地方是什么? 他评也就是互评,互评的主要意义是相互启发、取长补短。其中,教师的话语评价对学生的主体参与是非常重要的,教师适当的鼓励与认可能会成为学生积极参与课堂的动力。因此,教师对学生主体参与课堂的评价应根据学生的实际表现,发现学生身上的"闪光点",适当地表扬与鼓励,如果存在问题,也可以委婉地指出"小缺陷",并提示其改正。深化是指教师在课程结束后,为了检测学生的课堂学习效果,利用课堂上学生掌握的新知识,设计出新颖而有深度的话题或者课后练习,这是教学活动中的最高境界,也是教师能力的重要表现之一。

三、主体参与教学的实施策略

教学就是教师的"教"与学生的"学"在相互作用的联系中调节互补的过程。[②] 只有当学生的主动性与积极性最大限度地得到发挥时,教学过程才能得到优化,教学

[①] 王升. 教学中的主体参与结构分析[J]. 南京师大学报(社会科学版),2002(1):73—79.
[②] 李科. 在课堂教学中主体参与的策略[J]. 小学教学参考,2001(Z1):6—7.

效益的提高才能实现。教学效益的提高需不同的实施策略来保证,教师可以尝试发扬民主,优化师生感情,为主体参与课堂的有序开展奠定情感基础。良好的课堂离不开教师的设计,这需要教师在备课过程中丰富课堂教学,通过多种途径创设教学情境,搞活课堂教学。

(一) 教学过程中发扬民主,优化师生感情

陶行知说过,"创造力发挥的前提条件是民主,只有民主才能解放大多数人的创造力,并且使最大多数人的创造力发挥到最高峰。"[①]爱是一种伟大的情感,它总是可以创造奇迹。教育心理学家指出,关注人的情感发展是教育中一个本源性、根基性的问题。学生有了愉快的情感,就会满怀激情地去渴求知识。现代教学理论认为,教学既是知识对流,又是情感对流。

主体参与教学模式不仅是一种教学模式的改变,更重要的是教师角色意识的转变。构建师生平等、宽松民主、互助合作的伙伴关系是主体参与教学模式应该遵循的又一原则,这有助于提供更多学生参与课堂的机会。以下是一个案例。

例如,在讲授《中国历史第三册》第8课《革命先行者孙中山》时,很多学生对孙中山的事迹都很熟悉。如果这节课单纯地列举事迹,最后进行总结,不能调动学生参与的积极性,所以我在课前布置作业时要求学生搜索、整理有关孙中山的各方面的材料,在上课时进行展示。学生呈现的历史故事丰富全面,不仅有教材上的也有教材外的,更有助于学生全面地了解孙中山。学生呈现之后,我先对学生的展示进行高度肯定,并且说出自己对于孙中山的认识,紧接着抛出问题:"你认为孙中山是一个怎样的人?谈谈你对孙中山与时代的关系的认识。"

在学生主体参与的课堂中,教师与学生是平等的"对话",是一种互助合作的伙伴关系,是相互联系、相互作用的有机整体。在整个教学活动中,教师与学生进行的是主导与主体之间认知与情感的平等交流,这样学生才敢于表现自己、敢于向教师和书本挑战、敢于主动探索问题并得出自己的结论。

因此,我们在主体参与的课堂中要做到教师在教学中发挥主导作用而非教学的主体,更不是主宰者及居高临下的操纵者,教师在教学过程中的角色已由过去的"统治者"转变为学生学习的指导者和促进者。

---

① 魏波.民主教育:陶行知教育思想的内核[J].清华大学教育研究,2015,36(4):97—104.

（二）丰富课堂教学设计，搞活课堂教学

吕叔湘曾云："成功的教师之所以成功，是因他把课教'活'了。"①所谓"活"，活在学生的情绪、兴趣，更活在学生的思维、思想。"活"是形式，是过程，也是状态。那么如何搞活主体参与的课堂？笔者认为丰富课堂教学设计、创设情境不失为一种良好的实施策略。

如《世界历史第二册》第3课《美国内战》中关于南北矛盾，老师在讲解时学生很容易搞混。但是，让同学们进行角色扮演，一个扮演南方种植园主，一个扮演北方资本家，来一场关于原料、市场、废奴等矛盾的辩论，还可以寻求场外援助。这场辩论将会是别开生面的，你将会见识到学生的另一种才华，整堂课的课堂氛围也将会特别活跃，而且学生对南北矛盾的理解与印象也会深刻很多。

通过以上案例可以体会到，在课堂中可以通过角色扮演、辩论会等形式丰富课堂教学。这样既可以激发学生的主体性，又可以加强学生对知识的理解，有利于教学目标的达成。除此之外，利用故事、视频等创设情境也可以搞活课堂，促进主体参与教学的落实。

（三）实行分层教学　让主体充分参与

尊重学生的个性差异。每个学生对知识接受和理解能力不同，这就要求教师在日常教学中不仅要用平等的态度对待差异，还要根据学生不同的特点和性格，因材施教。对于不同性格和能力的学生可以制定相对应的教学方案，提出相适应的目标，多鼓励他们，并多表扬其小进步，这样才能体现以学生为主体的课堂。结合教学实际，合理地划分层次是落实主体参与教学的重要途径之一。分层主要包括三部分，即分层备课、分层授课及分层练习。

如教师在授课过程中可以用练习来巩固所学知识，发现问题，及时纠正。教师在设计练习或布置作业时要遵循"两部三层"的原则。"两部"是指将课堂练习或课后作业分为必做题和选做题两部分；"三层"是指教师在处理练习时要具有三个层次：第一层次主要为巩固知识的基础题，是全体学生（A、B、C三层学生）的必做题；第二层次是变式题或简单综合题，以B层学生能达到的水平为限；第三层次为综合题或探究性问题，以C层学生能达到的水平为限。第二、三层次的题目为选做题，

---

① 吕叔湘.吕叔湘语文教育论集[M].北京：人民教育出版社，2021：1.

这样可使 A 层学生有练习的机会,B、C 两层学生也有充分发展的余地,都能享受到成功的喜悦,提高学习的积极性。

主体参与的课堂通过分层教学可以激发不同层次学生的上课热情,实现主体的充分参与。因此,分层教学有助于调动不同程度的学生积极而充分地参与学习,加强主体参与课堂的效果。在对学生分层的过程中,需要遵循多元化、多角度的原则。首先,教师要考虑学生的学习情况、学习态度、学习中表现出的个性、发展的潜力等方面,对多方因素进行综合性考虑,以学生的学习能力为主,进行层级划分。合理地划分层次是分层教学开展的重要依据,教师需要花费一定的精力进行划分。为了学生的能力能够得到有效提升,教师要对学生进行更加全面的了解,从而使分层教学过程中的学生学习更加顺利。其次,分层需要有一定的隐蔽性,教师要考虑学生的感受。在学生分层的过程中,学生会被分为三个层次,能力中等与能力优秀层次的学生先不论,明确的分层会打击处于基础薄弱层次学生的学习积极性,使其学习兴趣降低,学习能力受到限制,不利于其学习能力的发展。所以,对学生的分层应当是隐性的,由教师所代表的教育者方面清晰地认知即可,对丰富学生的学习体验,促进其情感发展有较大的作用,同时也能够使分层教学的实效性得到提升。[①]

总而言之,主体参与教学模式构建了课堂教学的新理念,激发了学生的求知欲望,改变了以往以教师为主体的教学模式,形成了多维互动的开放式教学体系,打破了长期以来教师唱"独角戏"的"一言堂"局面。在课堂教学中充分调动了学生学习的主动性,给学生带来了心灵上的愉悦感,实现了抽象问题具体化、枯燥问题趣味化、静止问题动态化,从而使课堂教学充满了无穷无尽的活力。

[①] 梁丽娟. 指向核心素养的分层教学探究[C]//中国陶行知研究会. 第五届生活教育学术论坛论文集,2022:3.

第五节　增值评价探索:尊重个体差异

《深化新时代教育评价改革总体方案》明确提出了新时代教育评价要发挥评价的导向作用,改进结果评价,强化过程评价,探索增值评价,健全综合评价。坚决克服唯分数、唯升学、唯文凭、唯论文等问题,完善立德树人体制机制,扭转不科学的教育评价导向,提高教育治理能力和水平,加快推进教育现代化、建设教育强国、办好人民满意的教育。

一、拓宽评价的范围

当下,在中小学教育改革的浪潮下,各种教学评价方式发挥出了自己独特的效用。最初的教学评价以学校高层领导为主,而后走向多元化趋势。评价主体也扩展到学生、教师等群体。教学评价的类型有很多,根据实施功能的不同,可分为诊断性评价、形成性评价和终结性评价。

诊断性评价是在学期开始或一个单元教学开始时,为了解学生的学习准备状况及影响学习的因素而进行的评价。形成性评价是指在教学过程中为了解学生的学习情况,及时发现教和学中的问题而进行的评价。形成性评价常采用非正式考试或单元测验的形式来进行。通过形成性评价,教师可以随时了解学生在学习上的进展情况,对学生的学习方法和学习能力进行观察和分析,获得教学过程中的连续反馈,为促进和完善教师的教学提供参考。

以终结性教学为主的评价方式是对一个学段、一个学科教学的教育质量的评价,其目的是对学生阶段性学习的结果和质量做出结论性评价,评价的目的是给学生下结论或者分等。它具有强烈的主观性,过于关注学生的成绩,忽视了学生内在成长发展等重要因素。

相对于其他形式的评价来说,增值评价则是一种发展性评价方式,强调的是学生的人文底蕴、科学精神、学会学习、健康生活、责任担当、实践创新等综合素质在接受某一阶段教育时前后对比的进步程度。

《深化新时代教育评价改革总体方案》提出了"改进结果评价,强化过程评价,探索增值评价"的要求,而《义务教育道德与法治课程标准(2022年版)》(以下简称《道法课程标准》)明确将增值评价作为课程理念,首次提出道德与法治课程评价改革的方向。增值评价通过对学生的全过程监测,记录学生的成长路径,融合了过程性评价与结果性评价的优势。探究增值评价是贯彻落实《道法课程标准》的题中之义,是立足学生成长确立的科学评价方式,满足了多元评价体系建构的需要,有利于推动学生全面发展。[1]

我校的生源情况并非十分优异,生源参差不齐,甚至有一些特殊学生。如果用传统单一的评价方式,对于这些学生来说,很有可能难以发现他们的优势之处。以小张同学为例,他由于小学基础薄弱,加之对于薄弱学科的学习没有丝毫兴趣,并且在作业完成上较为困难,他根据自己的情况也给自己贴上了"差生"这一标签。对于他这种自暴自弃的行为,教师采用一人一档的方式,不仅采用一种评价方式,也针对小张同学在学业和班级贡献方面增加了增值评价标准,用加减分的方式来呈现结果。

通过一个学期的关注,教师发现小张同学在劳动方面有着极大的贡献,是班级中的积极分子。在学科方面,小张同学在语文学科背诵方面有着极大的优势,他的背诵能力远超班级许多同学。这样的多样评价方式,让我们更为准确地把握了小张同学的进步,也便于"对症下药",在给予他鼓励的同时,也给予他薄弱之处的支持,不再用单一的标准去评价学生。

增值评价拓宽了评价的范围,使得评价更加全面、科学、客观。教师可以根据学生个体的发展状况,聚焦某一个点或者某些方面,对学生进行综合性、全方位的评价。同时,增值评价方式的运用,可以让教师不拘于固定的评价方式,拥有更多选择性、灵活性,可以灵活选择适合学生的评价方式,更加有效地全面促进学生学习水平的提升。

---

[1] 李文熠,王兰芳. 增值评价助推初中道德与法治教学探讨[J]. 中学政治教学参考,2023(3):53—55.

二、尊重学生的个性差异

每个学生都是独一无二的个体,身上的优势也不尽相同。教学评价的方式也应该以学生为主,适合学生个体。教师要根据学生的差异性"对症下药"。对于那些成绩较差但学习态度端正的学生,教师除了对其进行鼓励之外,还应教授学生有效的学习方法,而不仅仅是以分数为标准对其进行评判。教师可以通过不同的评价角度来观察学生一段时间内的增值,例如,通过测试成绩、自我评价、同学互评、教师评价等方式来判断学生一段时间的增值情况。这样一来,可以更好地关注到学生的闪光之处,从而提高教育的有效性。

增值评价以发展取代分数。"不跟他人比跟自己比""不比结果比进步"等观念突破应试教育困境,从而促进学习困难学生的学习行为,激发学业成绩良好学生的学习热情,激励学业成绩优异的学生继续前进,促进全体学生努力超越自己,实现自身发展。① 以我校语文学科为例,由于语文学科的特殊性,短时间实现大幅度的进步比较困难,学生之间分数的单一比较也容易让个别学生失去学习兴趣。于是,教师采用学科板块增值评价量表的方式,让每位同学对于自己板块的增值情况一目了然。

下面以六年级中等生胡同学为例,通过观察她课内学习检测增值情况,来评价她的学科学习情况(见表6)。

表6 语文学科课内学习检测增值评价量表

评价内容/分值	3月阶段检测	4月期中检测	增值	5月阶段检测	增值	6月期末检测	增值	学期增值
诗歌默写(10分)	6分	6分	0分	8分	2分	10分	2分	4分
诗词鉴赏(4分)	2分	2分	0分	2分	0分	2分	0分	0分

---

① 李文熠,王兰芳.增值评价助推初中道德与法治教学探讨[J].中学政治教学参考,2023(3):53—55.

续表

评价内容/分值	3月阶段检测	4月期中检测	增值	5月阶段检测	增值	6月期末检测	增值	学期增值
课内文言文（8分）	5分	6分	1分	8分	2分	8分	0分	3分
课内现代文（12分）	5分	8分	3分	6分	－2分	8分	2分	3分

通过语文学科课内学习检测增值评价，教师发现胡同学在语文学科课内学习中，诗歌默写、课内文言文、课内现代文这三个模块都有一定的增值，而诗歌鉴赏则没有进步。这样的评价方式清晰地呈现了胡同学个人学习情况的差异性，老师也更加了解胡同学的学习情况，可给予更有效的指导，让她能够明确自己的优势和不足，获得更准确的学习方向。

增值评价不是用统一的评价尺规来评价学生的成长，而是关注学生在原有基础上获得的进步，这样的评价方式弥补了过去多元化评价的不足之处，尊重了学生个体的差异，使学生在进步中找到自信，体验成功的愉悦。在选择反馈方式时要注重科学性，注重及时反馈和阶段性反馈相结合、精准增值反馈和综合增值反馈相结合，在反馈语言上也需要注意使用具有增值特色的教学语言来激发学生的学习动力，引导学生关注自身的增值情况，不断感受增值变化。

三、关注学生的学习过程

学生在课堂教学评价中具有多重身份，既可以是评价对象，又可以是评价主体。增值评价这一评价方式，不仅仅以某次成绩的高低对学生进行评价，它还关注学生学习过程中在不同阶段和不同层面上的进步，能够更敏锐地捕捉学生身上的闪光点，更有针对性地为学生的进步和教师教学的改进提供帮助。

对于大多数学生来说，他们重视成绩，一次考试结果的好坏可能会影响他们的心态和自信，而增值评价则可以很好地让学生不仅聚焦于成绩的好坏，而是更多地发掘自己其他方面的优势，不断增强自己的自信心。它是一种关注学生学习过程的评价方式,它更加关注学生在学习过程中的细微变化,强调及时矫正学生不良的情绪、态度、行为、习惯等,及时强化学生优秀的方面,引导学生按照个人的情况健康成长。

以语文学科写作《有你,真好》为例,参考中考作文评价标准,我们可以建立增值评价标准量表,关注学生写作修改过程中的进步(见表7)。

表7 《有你,真好》增值评价量表

评价内容/分值	A		B		C		D		E		修改后得分	增值
	分值	初始分	分值	初始分	分值	初始分	分值	初始分	分值	初始分		
中心与素材(25分)	用一件完整的事或者多件事具体表现出你对我的意义和我对你的情感。(25—22分)		用一件事或者多件事表现出你对我的意义和我对你的情感。(21—18分)		基本用一件事或者多件事表现出你对我的意义和我对你的情感。(17—14分)		用一件事或者多件事记叙我和你的故事,没有点题。(13—11分)		和文章中心没有关联(10—0分)			
思路与结构(10分)	把一件事或者多件事叙述清楚,且详略得当。(10—9分)		基本能够把一件事或者多件事叙述清楚,且注意详略。(8—7分)		有记叙事件,详略不够得当。(6—5分)		事件记叙不清楚,结构不完整。(4—2分)		思路混乱,结构残缺。(1—0分)			
语言(25分)	语言有张力,情感真挚。(25—22分)		语言通顺,用语规范。(21—18分)		语言基本通顺,用语基本规范。(17—14分)		语言不通顺,用语不规范。(13—11分)		词不达意,用语随意,表述混乱。(10—0分)			

通过这样的增值评价量表的使用,不仅为学生提供了习作修改的方向,也增加

了学生习作修改的积极性。同时,增值见证着他们努力的结果,端正了一些学生的写作态度,提升了学生的写作能力,也解决了写作中的一些典型问题,有效地关注了学生习作修改这一学习过程。

四、改进教学的过程

反馈是教学评价最重要的一个环节,教师可以通过教学评价得到反馈,知晓自己的教学效果。教师要谨慎利用增值结果,在不伤害学生自尊心和自我效能感的情况下选择合适、有效的反馈方式来帮助学生更好地进步。

教学增值评价主要包括两个方面的指标:教师评价和学生评价。教师评价主要是从教学设计、教学过程和教学效果等方面进行评估,包括课程设置的合理性、教学内容的准确性与前沿性、教学方法的多样性和有效性等。学生评价则侧重于学习成果和学习动力的评估,包括学生成绩的提升情况、学习态度和学习能力的变化等。

在我校六年级下学期的暑期作业中,有一项完成《西游记》整本书阅读卡的任务,通过这样的方式,推动学生利用暑期阅读《西游记》这本书,减轻新学期的阅读负担(见表8)。

表8　2022年____月____日阅读卡

书目	《西游记》	篇目	第___回——第___回
阅读时长	分钟	页码	第___页——第___页
1. 概述情节(要求:按顺序概括,尽量详细一些,总计不少于300字)			
2. 主要人物形象分析(性格+举例分析100字)		我的感悟(80字)	
我的疑惑:			
自评等第(优秀/良好/合格):			

经过一个暑期的作业反馈,教师发现阅读卡的完成情况与预设差异较大。有一些同学完全敷衍了事,随意草草几个字,并没有达到预期良好的阅读效果。在这样的情况下,教师对于整本书阅读的教学策略做出相应调整,追加增值评价量表,通过小组互相督促的模式,来提高阅读效果(见表9)。

表9 整本书阅读《西游记》故事情节与人物形象评价量表

一级指标	二级指标	标准分	自评	互评	师评
内容(50分)	概述章节主要情节(不少于300字)	20分			
	用思维导图梳理情节	20分			
	关注重要情节	10分			
人物(50分)	把握主要人物(10分)				
	明确人物性格(20分)				
	用情节匹配人物形象(20分)				

评价量表是《义务教育语文课程标准(2022年版)》中推荐的主要评价工具,依据"学生的阅读方法运用"来编制评价量表,对学生自读整本书进行定量评价就是输入性评估的最主要环节。[①] 针对之前暑期出现的反馈情况,教师及时运用评价量表来评价学生的阅读卡,这样学生能够清晰地了解自己阅读卡的完成情况,也改进了教师整本书教学的方向,提高了教学质量。

五、重视学生、教师、学校的发展

增值性评价将学生过去与当下的学习情况进行比较,对于学生个体的改变进行评价,更加关注学生个体的进步程度,从而为学生的成长提供参考依据。

增值评价不仅仅关注考试成绩,对学生进行结果评价,更关注学生"现在"与

---

① 陈书桂. 整本书导读增值性评价输入评估路径——以《儒林外史》导读为例[J]. 江苏教育研究,2022(17):62—65.

"过去"的比较,即在一段时期内学业成绩的增值。这样的评价尊重学生个体的差异,使学生在进步中找到自信,体验成功的愉悦。[①] 它能让学生看到自己前进的步伐,关注他们在一定时间内综合素质变化的状态和发展程度,使学生既能看到自己因不断努力而前进的步伐,也能够看到因自己投入不足而原地踏步甚至退步的足迹。

增值评价以学生为本,符合学校学情,不再是基于学生的学习成绩"一锤子"决定学生的水平。为此,我校还开展了各项丰富多彩的校园文化活动,例如科技节、英语节等。此外,每周一下午拓展课、周四社团课的开展以及各种比赛等都为学生提供了发挥的舞台。学生能够在学校组织的各类活动中有效地发挥自己的才能,认识到自己的增值,促进全面发展。

最为重要的是,教师可以通过发现学生的优势来鼓励学生,带动学生的短板。学生也能因此根据这些进步或不足,更好地规划自己的未来。学生根据教师给出的评价参考依据,可以随时进行自我诊断,了解自己的学习程度与学习目标之间的差距,及时调整学习策略,提高自觉意识,实现学习效能的增值。从本质上改变了教育对结果这一关注的方向,从而更加关注教育的过程,它的实施能够弥补教育评价中的问题与不足,提高教育评价的效用,促进学生、学校和教师的发展。

相比于过去的评价来说,增值评价不再用一个班级成绩的好坏来评判教师工作水平的高低,教师的工作热情和信心也能得到极大提升。通过关注教师的教学效果,教学增值评价可以推动学校和教育系统实施有效的质量保证措施。这有助于提高整体教育水平,并且确保学生在教育过程中获得优质的教学。

增值评价不仅可以应用于课堂教学,还可以用于学校的质量分析,评价班级成绩和各学科成绩的进步等。

[①] 韩文联.语文教学中增值评价的实践与探索[J].语文建设,2021(7):43—45.

第二章
特色学科的旋律

人类创造的艺术形式、严密的逻辑思维、探索未知的精神以及沟通和表达的方式……它们像一颗颗璀璨的明珠,都有其独特的特色和魅力,熠熠生辉,光彩夺目。

学科建设是一门艺术，它涵盖了理性之美、情趣之美、智慧、灵动、磁性的张力以及魅力等元素。每一门学科都有其独特的特色和魅力，它们像璀璨的明珠，熠熠生辉，光彩夺目。它追求的是一种全面的教育，一种富有深度和广度的教育。在学科建设中，我们将学校的总体培养目标和培养学生核心素养落实到具体学科教学中。

第一节　醇美语文：踏足美美与共的语文世界

我校共有 14 位专任语文教师，其中一级教师 8 人。在学校"向着梦想远航"的办学理念指引下，教师仔细研读教育部《关于全面深化课程改革　落实立德树人根本任务的意见》，细心揣摩《义务教育课程方案（2022 年版）》《义务教育语文课程标准（2022 年版）》，以国家课程为范例，从"课程目标""课程内容""课程实践""课程评价"四个方向进行课程构建，推进"醇美语文"课程群建设。

一、学科课程理念

《义务教育语文课程标准（2022 年版）》指出："语文课程是一门学习国家通用语言文字运用的综合性、实践性课程……语文课程应引导学生热爱国家通用语言文字，在真实的语言运用情境中，通过积极的语言实践，积累语言经验，体会语言文字的特点和运用规律，培养语言文字运用能力；同时，发展思维能力，提升思维品质，形成自觉的审美意识，培养高雅的审美情趣，积淀丰厚的文化底蕴，继承和弘扬中华优秀传统文化、革命文化、社会主义先进文化，增强对习近平新时代中国特色社会主义思想的理解和认识，全面提升核心素养。语文课程致力于全体学生核心素养的形成与发展，为学生学好其他课程打下基础；为学生形成正确的世界观、人生观、价值观，形成良好个性和健全人格打下基础；为培养学生求真创新的精神、实践能力和合作交流能力，促进德智体美劳全面发展及学生的终身发展打下基础。"[1]

---

[1] 中华人民共和国教育部. 义务教育语文课程标准（2022 年版）[S]. 北京：北京师范大学出版社，2022：1.

1. "醇美语文"课程目标

我校开展了"醇美语文"课程建设,致力于培养学生的语言文字运用能力,提升学生的思维品质,形成自觉的审美意识,培养高雅的审美情趣,积淀丰厚的文化底蕴。建立文化自信,培育时代新人,培养学生求真创新的精神、实践能力和合作交流能力,促进学生德智体美劳全面发展,以及为学生的终身发展打下基础。

2. "醇美语文"课程内容

"醇美语文"课程内容注重引导学生积淀丰厚的文化底蕴,倡导学生继承和弘扬中华优秀传统文化、革命文化、社会主义先进文化,具有醇厚的文化内涵。学生通过学习语文课程培养求真创新的精神和独特的审美创造能力。

3. "醇美语文"课程实践

学校语文课程从"听""说""读""写"四种能力角度设计醇美的语文学习活动,让学生形成自觉的审美意识,培养高雅的审美情趣,让学生在醇美的语文学习活动中欣赏美、践行美、创造美。

4. "醇美语文"课程评价

"醇美语文"课程评价包括过程性评价和终结性评价,过程性评价贯穿"醇美语文"课程实施的全过程,终结性评价包括阶段性学业水平考试和过程性评价的综合结果。通过实施"醇美语文"课程评价调控学生的语文学习情况,用评价反馈教学。

二、学科课程目标

《义务教育语文课程标准(2022年版)》指出,语文课程围绕核心素养,体现课程性质,反映课程理念,确立课程目标。我校结合《义务教育语文课程标准(2022年版)》的总体目标和内容[①],并结合学科、年段、教材特点和实际阅读教学中存在的问题,将"醇美语文"学科年段总目标制定如下。

熟练运用略读和浏览的方法,扩大阅读范围,养成默读的习惯。分析文章内容,体味、推敲重点词句在语言环境中的意义和作用。在阅读中了解表达方式,能

---

① 中华人民共和国教育部. 义务教育语文课程标准(2022年版)[M]. 北京:北京师范大学出版社,2022: 4—17.

区分写实作品和虚构作品,了解诗歌、散文、小说、戏剧等文学样式。欣赏文学作品,有自己的情感体验,初步领悟作品的内涵,从中获得对自然、社会、人生的有益启迪,品味作品中富有表现力的语言。

阅读简单的议论文,能区分观点与材料,发现观点与材料的联系。阅读新闻和说明性文章,能够把握文章的基本观点,获取主要信息。阅读科技作品,还应注意领会作品中所体现的科学精神和科学思想方法。阅读多种材料组合、较为复杂的非连续性文本,能领会文本的意思,得出有意义的结论。阅读浅近的文言文时,能借助注释和工具书来理解节本内容。注重积累、感悟和运用,提高自己的欣赏品位。每学年阅读两三部名著,探索个性化的阅读方案,分享阅读感受,开展专题探究,建构阅读整本书的经验,感受经典名著的艺术魅力,丰富自己的精神世界。随文学习基本的词汇、语法知识,用以帮助理解课文中的语言难点;了解常用的修辞手法,体会它们在课文中的表达效果。了解课文涉及的主要作家及其重要作品和文化常识。

多角度观察生活,发现生活的丰富多彩,能抓住事物的特征,为写作奠定基础。写作要有真情实感,表达自己对自然、社会、人生的感受、体验和思考,力求有创意。

写作时考虑不同的目的和对象。根据表达的需要,围绕表达中心,选择恰当的表达方式。合理安排内容的先后和详略,条理清楚地表达自己的意思。运用联想和想象,丰富表达的内容。正确使用常用的标点符号。

写记叙性文章,表达意图明确,内容具体充实;写简单的说明性文章,做到明白清楚;写简单的议论性文章,做到观点明确,有理有据;能根据生活需要,写常见应用文。能从文章中提取主要信息,进行缩写;能根据文章的基本内容和自己的合理想象,进行扩写;能变换文章的文体或表达方式等,进行改写。尝试诗歌、小小说的写作。

注重理解中华优秀传统文化所蕴含的核心思想理念、中华人文精神和传统美德,表达自己作为中华民族一员的归属感和自豪感;体会中国共产党在长期奋斗历程中培育形成的崇高精神和人格风范,体会英雄模范忠于祖国和人民的优秀品质,培育民族气节和爱国主义情怀。

在"醇美语文"学科年段总目标的基础上,根据各年级学生不同的特点,我校还制定了分年级课程目标,以七年级为例(见表10)。

表10 "醇美语文"七年级课程目标设置表

年级	课程目标	
	上学期	下学期
七年级	第一单元： 1. 掌握朗读的要领，重点学习重音和停连，通过朗读、想象深入体会诗文的思想感情，感受课文中丰富多彩的景物之美，激发对大自然、对人生的热爱。 2. 注重揣摩品味语言，体会比喻和拟人等修辞的表达。 校本要求：通过浦航之声平台培养学生的朗诵能力，提高鉴赏能力。 第二单元： 1. 继续学习朗读，把握全文的感情基调，注意语气、节奏的变化。感受和理解各篇课文所表现的亲情，唤醒和丰富自己的亲情体验。 2. 了解不同文章抒情的不同特点：有的显豁直白，有的深沉含蓄。 校本要求：联系生活，让学生读写结合，表达自己对亲人的真挚情感。 第三单元： 1. 学习默读，不出声、不动唇、不指读、不回看，一气读完全文，保证阅读的完整性和阅读速度。 2. 学习在阅读中把握基本内容、了解文章大意。 校本要求：学会抓住标题、开头、结尾和关键语句，迅速了解文章大意。 第四单元： 1. 继续学习默读，学会圈点勾画。在有疑惑的地方做出标记。 2. 理解作者对生活的思考，体味不同的人生，学会思考人生，珍视生命。 校本要求：学会在默读中划分段落层次，抓住关键句，厘清作者思路。 第五单元： 1. 继续学习默读，边读边画出重要语句，学会做摘录。 2. 关爱动物，善待生命，学会与动物和谐相处。 校本要求：在厘清思路的基础上，学会概括文章的中心意思。	第一单元： 1. 学习精读，在通览全篇、了解大意的基础上，把握关键语句或段落。 2. 字斟句酌，把握关键语句和段落，揣摩品味其含义和表达的妙处。 校本要求：学习细节描写，把握人物特征，理解人物的思想感情。 第二单元： 继续学习精读，注重涵泳品位，尽量把自己"浸泡"在作品的氛围之中，调动起体验与想象。 校本要求：把握课文的抒情方式，体会作品的情境，感受作者的情怀。学习批注，记下自己的点滴体会。 第三单元： 学习熟读精思，注意从标题、详略安排、角度选择等方面把握文章重点。 校本要求：从开头、结尾、文中的反复及特别之处发现关键语句。 第四单元： 1. 运用略读的方法，理解文章内容，确定文章重点，快速阅读。 2. 明确作者观点，厘清文章脉络。 校本要求：阅读本单元课文，净化心灵，追求道德修养的高尚境界。 第五单元： 1. 学习托物言志的手法。 2. 体会如何运用生动、形象的语言写景状物，寄寓自己的情思，抒发对社会人生的感悟。 校本要求：比较阅读，分析作品之间的相同或不同之处，以拓宽视野，

续表

年级	课程目标	
	上学期	下学期
	第六单元： 1. 学习快速阅读，通过寻找关键词语等方法提高阅读速度。力争每分钟不少于400字。 2. 感受文学的奇思妙想，体验虚构与想象的力量，拓宽自身的视野。 校本要求：联系生活，发挥联想和想象，把握作者思路，深入理解课文。	加深理解。 第六单元： 1. 学习浏览课文，完成任务单。 2. 理解作者设置的悬念和伏笔。 校本要求：感受探险者的精神世界，激发出探索自然世界和科学领域的兴趣与想象力。

总之，应根据各学段的教学目标，设置单元目标。依据单元目标，设计课时目标，开展小组和班级交流、学习成果展示等多种学习形式，让学生在真实的语言运用情境中去实践，把握语言文字的特点和规律。借助"醇美文学社"创造性地开展各类活动，增强学生在各种场合学语文、用语文的意识，多途径提高学生的语文素养。从而真正地让"醇美语文"渗透于日常的教学过程中，提升学生的语文思维能力，具有初步感受美、发现美和运用语言文字表现美、创造美的能力，全面提升学生的核心素养。

三、学科课程框架

《义务教育语文课程标准（2022年版）》（以下简称《语文课程标准》）中明确指出：义务教育语文课程围绕立德树人根本任务，充分发挥其独特的育人功能和奠基作用，以促进学生核心素养发展为目的，以识字与写字、阅读与鉴赏、表达与交流、梳理与探究等语文实践活动为主线，综合构建素养型课程目标体系；面向全体学生，突出基础性，使学生初步学会运用国家通用语言文字进行交流沟通，吸收古今中外优秀文化成果，提升思想文化修养，建立文化自信，德智体美劳得到全面发展。[1]

---

[1] 中华人民共和国教育部. 义务教育语文课程标准（2022年版）[S]. 北京：北京师范大学出版社，2022：11—17.

依据《语文课程标准》，我们设计了"醇美语文"四个学习领域：识字与写字、阅读、表达和探究。根据这四个学习领域，我们完成了"醇美语文"课程群四个部分的建构。除基础课程外，"醇美语文"具体课程设置如下（见表11）。

表11 "醇美语文"课程设置表

年级	学期	醇美识写	醇美阅读	醇美表达	醇美探究
六	上	追溯"字源"，让汉字活起来	1.《童年》导读赏析课 2.《林海雪原》导读赏析课 3.《草房子》导读赏析课	观察生活——写生活中的人和事 1. 热爱生活，热爱写作 2. 多彩的生活 3. _____让生活更美好 4. 笔尖流出的故事 5. 写感受最深的人和事 6. 我的拿手好戏 7. 情境作文：我的新学校	一、交友之道 1. 搜集交友名言警句 2. 向朋友展示自我 二、邀游汉字王国 1. 历史悠久的汉字 2. 充满智慧的汉字 3. 有趣的汉字 4. 优美的汉字
六	下	摹写字帖，让书香溢满心间	1.《孟子》选读赏析课 2.《鲁滨孙漂流记》导读赏析课 3.《飞向人马座》导读赏析课 4.《汉字奇兵》导读赏析课	写出自己的真情实感，学写简单的应用文 1. 家乡的风俗 2. 让真情自然流露 3. 心愿 4. 插上科学的翅膀飞 5. 学写倡议书 6. 有你，真好 7. 情境作文：别样的年味	一、调查家乡的习俗 1. 搜集信息 2. 用PPT的形式与全班同学交流 二、我们的语文生活 1. 正眼看招牌 2. 我来写广告词 三、话说千古英雄人物 1. 拍拍英雄谱 2. 讲讲英雄传奇 3. 说说英雄梦
七	上	横竖撇捺点 汉字听写赛	1.《世说新语》选读赏析课 2.《朝花夕拾》导读赏析课	记叙文写作课程——写出生动的事件 1. 热爱生活，热爱写作	一、少年正是读书时 1. 填写调查问卷 2. 同学之间找差距 3. 共同研讨促阅读

续表

年级	学期	醇美识写	醇美阅读	醇美表达	醇美探究
			3.《白洋淀纪事》导读赏析课 4.《湘行散记》导读赏析课	2. 学会记事 3. 写人要抓住特点 4. 思路要清晰 5. 如何突出中心 6. 发挥联想和想象 7. 情境作文：给鲁迅先生的一封信	二、文学部落 1. 读书写作交流会 2. 布置文学角 3. 创立班刊
	下	啄木鸟行动，发现街头巷尾的错字	1. 科幻小说选读赏析课 2.《骆驼祥子》导读赏析课 3.《海底两万里》导读赏析课 4.《红岩》《创业史》选读赏析课	复杂记叙文写作——写出传神的人物 1. 写出人物的精神 2. 学习抒情 3. 抓住细节 4. 怎样选材 5. 文从字顺 6. 情境作文：校园一景观察笔记——紫藤花开	一、天下国家 1. 激发兴趣，爱国故事会 2. 陶冶心灵，爱国诗词朗诵会 二、孝亲敬老，从我做起 1. 征集活动方案 2. 分工合作，组织活动
八	上	刁钻生僻字，识讲悟识写	1. 毛泽东文学作品选读赏析课 2.《红星照耀中国》导读赏析课 3.《昆虫记》导读赏析课 4.《长征》《飞向太空港》选读赏析课	日常应用文写作——掌握各式各样的应用文写作格式 1. 学习描写景物 2. 语言要连贯 3. 说明事物要抓住特点 4. 表达要得体 5. 学写传记 6. 情境作文：＿＿的小传	一、活动探究 1. 新闻阅读 2. 新闻采访 3. 新闻写作 二、人无信不立 1. 引经据典话诚信 2. 环顾身边思诚信 3. 班级演讲说诚信 三、我们的互联网时代 1. 网络词语小调研 2. 电子阅读面面观 3. 用互联网学语文 四、复述与转述
	下	成语听写，传承优秀文化	1. 外国短篇小说选读赏析课 2.《经典常谈》导读赏析课	多种文体写作——读后感、游记、故事等 1. 学习仿写 2. 说明的顺序	一、古诗苑漫步 1. 声情并茂诵古诗 2. 别出心裁品古诗 3. 分门别类释古诗

续表

年级	学期	醇美识写	醇美阅读	醇美表达	醇美探究
			3.《钢铁是怎样炼成的》导读赏析课 4.《庄子》选读赏析课	3. 学写读后感 4. 学写游记 5. 学写故事 6. 情境作文：_____游记	二、活动探究 1. 学习演讲词 2. 撰写演讲词 3. 举办演讲比赛 三、以和为贵 1. 探"和"之义 2. 寻"和"之用 3. 班级研讨会
九	上	把握命题趋势，熟练识写疑难易错字	1. 现代诗歌选读赏析课 2.《艾青诗选》导读赏析课 3.《水浒传》导读赏析课（上） 4.《古文观止》名篇选读赏析课	简单议论文写作——并列式和递进式 1. 观点要明确 2. 议论要言之有据 3. 学习缩写 4. 论证要合理 5. 学习改写 6. 情境作文：结合时事写表达观点的小作文80—100字	一、古诗词探究 1. 学习鉴赏 2. 诗歌朗诵 3. 尝试创作 二、走进小说天地 1. 小说故事会 2. 小说人数大家谈 3. 展开想象的翅膀
	下	整理个人易错字集，正确规范识写	1.《简·爱》导读赏析课 2.《儒林外史》导读赏析课 3.《水浒传》导读赏析课（下） 4.《围城》《格列夫游记》选读赏析课	任务驱动型等中考作文思维拓展 1. 学习扩写 2. 审题立意 3. 布局谋篇 4. 修改润色 5. 有创意地表达 6. 情境作文：假设二十年后你给初三学生做励志演讲：岁月如歌——我的初中生活	一、岁月如歌——我们的初中生活 1. 成立编委会，进行分工 2. 搜集资料，创作文稿 3. 编辑加工，装帧制作 二、辩论 1. 辩论准备：分组准备，搜集信息，撰写辩论稿 2. 辩论实践：班级举行辩论赛

四、学科课程实施与评价

语文学科通过落实"醇美课堂",设计"醇美语文节",创设"醇美文学社",推进"醇美研学",打牢语文学习基础,真正落实"醇美语文"所体现的人文精神和理性精神的文化内涵。

(一)落实"醇美课堂",夯实语文学科基础

"醇美课堂"是人文艺术课程和自然科学课程的融合,旨在提升学生的审美鉴赏能力,激发思维的创造力和想象力,为形成高雅的气质和人格奠定基础。构建"醇美语文课堂",让语文课堂关注学生的学习经历,以学生为主导,倡导自主、合作、探究的学习方式,学生沉浸在语文学习的氛围和环境中,受到美的熏陶和感染,一言一行都体现出高雅的审美情趣,以校本语文课程建设提升语文学科的课程品质,进而全面提升学生的语文素养。

"醇美课堂"的实施以《义务教育语文课程标准(2022年版)》为依据,结合"部编版"初中语文教科书的单元导读,结合文本特征、各年级的学情设置教学目标,研发符合该学段的学生学科发展要求的校本练习和语文特色课程参考资料,培养知识渊博、能够欣赏美、创造美的高素质人才。

1. 研发校本练习,提升学生思维品质

为更好地使用"部编版"初中语文教材及配套练习册,我校根据学情设计校本练习,题目由易到难,在夯实语文学科基础的同时,提升学生知识迁移运用的能力,在练习中内化语文知识与能力,全面提升学生的语文素养。学生将从课堂上习得的知识和能力,举一反三,用到课外练习中,提高思维品质和审美能力。

2. 设计特色课程,丰富学科资料

经我校各年级语文教师的教学实践,语文组在各年级展开"群文阅读"的阅读课教学,丰富学生的阅读经验,提升学生的阅读能力。根据各年级学情及学生身心发展的特点,结合教材单元主题和学习目标,设计各年级阅读主题,甄选阅读素材,开展各年级"群文阅读教学"。通过朗读、吟诵、研讨、交流等多种形式的学科实践活动,实现单篇与单元教学的融通,课内和课外教学的迁移,让学生的阅读能力在"群文阅读实践"中得以提升。

3. 醇美实践活动课程

学校结合醇美语文的课程理念,开设"醇美话剧社""醇美美育学习社""浦航之声醇美诵读社"和"经典之声'醇美影剧'社"等特色活动课程,学生调动视觉、听觉等感官,用浸润式的学习方式,共赴"美美与共"的醇美语文课程。

(二) 设计"醇美语文节",浓郁语文学习氛围

我校围绕"醇美语文"课程目标,开设"醇美语文节",各年级结合学校"醇美语文节"主题,开展丰富多彩的语文学习活动,话剧、表演、朗诵等多种文学艺术活动,浓郁学校"醇美语文"学习氛围,丰富学生的学习经历,在潜移默化中提升学生的语文素养。

(三) 创设"醇美文学社",发展文学兴趣爱好

我校开设"醇美文学社",鼓励学生进行美文赏读,帮助学生积累典范语言,鼓励学生进行散文、诗歌等多种形式的文学创作并投稿,将优秀的文学作品编订成册,鼓励学生大胆创作,表达自己对社会、对人生独特的见解。

(四) 推进"醇美研学",落实语文学科实践

我校在假期组织学生开设"醇美研学"活动,有校外的研学活动,也有各班级小队组织的研学活动。在研学活动中,培养学生的组织能力和创新能力,在实践中践行美、创造美。

总之,"醇美语文"让学生在语文学习中提升语言运用能力,丰富自己的精神世界,在学习和实践中获得醇厚的内涵,将醇真的精神内化成自己的学习品格,让醇美语文课程散发着醇和的香气。

第二节　智慧数学：建构思维逻辑的数学框架

《义务教育数学课程标准(2022年版)》指出："数学是研究数量关系和空间形式的科学……数学不仅是运算和推理的工具，还是表达和交流的语言。数学承载着思想和文化，是人类文明的重要组成部分……数学在形成人的理性思维、科学精神和促进个人智力发展中发挥着不可替代的作用。"[①]

一、学科课程理念

基于《义务教育数学课程标准(2022年版)》，结合我校数学学科的学科特点，我校提出了"智慧数学"的学科课程理念。"智慧数学"课程是指在解决实际问题的过程中，通过学生自主探索、合作交流和实践操作等活动，有效运用计算技能、逻辑推理和解决实际问题等方面的能力来获得知识、发展思维、培养品质。学生通过该课程的学习，可以激发学习数学的兴趣，掌握必备的基础知识和基本技能、基本思想和基本活动经验，养成独立思考的习惯和合作交流的意愿，发展实践能力和创新精神，形成和发展核心素养，增强社会责任感，树立正确的世界观、人生观、价值观。

（一）"智慧数学"是丰富实践的数学

"智慧数学"的教学目的不是知识的简单叠加，而是基于学生已有的生活经验，让学生通过亲身体验、主动探索和合作交流等方式，去发现问题、提出问题、分析问题、解决问题。在教学中，要为学生提供丰富的实践活动，让学生在生活中观察、探索、合作交流，从而丰富学生的生活经验。

---

① 中华人民共和国教育部. 义务教育数学课程标准(2022年版)[S]. 北京：北京师范大学出版社，2022：1.

(二)"智慧数学"是注重探究的数学

数学是一门抽象性、严密性、逻辑性很强的学科,它与我们的日常生活息息相关。"智慧数学"课程让学生学习用数学的视角去观察现实世界,从实际问题中抽象出数学概念和模型,进而形成数学思想。因此,教师要引导学生善于利用已有的知识经验去思考、发现并提出问题,让学生用数学思维去分析、解决问题。通过将现实生活中的具体问题转化成数学问题并解决这些问题,可以促进学生思维能力和数学素养的提升。

(三)"智慧数学"是全员参与的数学

"智慧数学"课程中利用了现代化信息技术"智慧纸笔",通过运用"智慧纸笔"可以对学生的答题情况进行实时展示,并对结果进行分析,让老师便于掌握学生的答题情况,创设了合理的信息化学习环境,提升了学生的数学学习热情。同时,学校通过开展各种精彩的活动来实施"智慧数学"课程,开设的各种富有趣味的活动课程联系学生的实际生活,面向全体学生。数学教研组全体教师积极组织学生全员参与,学生根据个人爱好和个人能力选择相应的社团,并在其中发挥特长。

(四)"智慧数学"是提升思维的数学

通过"智慧数学"课程的开展,学生在活动中领悟数学的奇妙,体会数学之美,感悟学习数学的乐趣,提升学生学习数学的动力与质量。学生形成良好的学习习惯和学习能力,提升了探究能力、创新精神、实践能力和思维品质,使每个学生在数学上都有不同的发展。

二、学科课程目标

基于《义务教育数学课程标准(2022年版)》,"智慧数学"设置了运算能力、几何直观、推理能力、模型观念、应用意识方面的课程目标。通过数学课程的学习,全面提升学生的各项能力,同时通过教学活动锻炼学生的自主探究学习能力、合作交流能力,全面发展学生的数学学科核心素养。

(一)运算能力目标

运算能力主要是指根据法则和运算律进行正确运算的能力。通过"智慧数学"课程的学习,学生能进一步发展运算能力;能掌握基本的运算技巧,能灵活运用数学公式解决问题；会用代数式、方程、不等式、函数等描述现实问题中的数量关系和变化规律，形成合适的运算思路解决问题。

（二）几何直观能力目标

几何直观能力主要是指运用图表描述和分析问题的能力。通过"智慧数学"课程的学习，学生能够感知各种几何图形及其组成元素，依据图形的特征进行分类；根据语言描述画出图形，分析图形的性质；建立形与数的联系，构建数学问题的直观模型；利用图表分析实际情境与数学问题，探索解决问题的思路。

（三）推理能力目标

推理能力主要是指从一些事实和命题出发，依据规则推出其他命题或结论的能力。通过"智慧数学"课程的学习，学生能够理解逻辑推理在形成数学概念、法则、定理和解决问题中的重要性，初步掌握推理的基本形式和规则；对于一些简单问题，能通过特殊结果推断一般结论；理解命题的结构与联系，探索并表述论证过程；感悟数学的严谨性，初步形成逻辑表达与交流的习惯。

（四）模型观念目标

模型观念主要是指对运用数学模型解决实际问题有清晰的认识。通过"智慧数学"课程的学习，学生能够知道数学建模是数学与现实联系的基本途径；初步感知数学建模的基本过程，从现实生活或具体情境中抽象出数学问题，用数学符号建立方程、不等式、函数等表示数学问题中的数量关系和变化规律，求出结果并讨论结果的意义。

（五）应用意识目标

应用意识主要是指有意识地利用数学的概念、原理和方法解释现实世界中的现象与规律，解决现实世界中的问题。通过"智慧数学"课程的学习，学生能够感悟现实生活中蕴含着大量与数量和图形有关的问题，可以用数学的方法予以解决；初步了解数学作为一种通用的科学语言在其他学科中的应用，通过跨学科主题学习建立不同学科之间的联系。

三、学科课程框架

《义务教育数学课程标准（2022年版）》指出，课程内容的呈现要注重数学知识与方法的层次性和多样性,根据学生的年龄特征和认知规律,适当采取螺旋式的方式,适当体现选择性,逐渐拓展和加深课程内容,适应学生的发展需求。义务教育阶段数学课程内容由数与代数、图形与几何、统计与概率、综合与实践四个学习领域组成。① 据此,我校数学课程分为四个模块:智慧代数、智慧图形、智慧数据和智慧探究。各板块课程内涵如下:

(一) 智慧代数

智慧代数即数与代数,是数学知识体系的基础之一,是学生认知数量关系、探索数学规律、建立数学模型的基石,可以帮助学生从数量的角度清晰、准确地认识、理解和表达现实世界。我校通过探究性课程开展数独、24 点游戏、计算 PK 赛等活动,激发学生的学习动力,提升学生的计算能力,增强学生的自信心。

(二) 智慧图形

智慧图形即图形与几何,是义务教育阶段学生学习数学的重要领域。我校通过探究性课程开展玩转图形、数学折纸、几何画板等活动,让学生知道图形在生活中的广泛应用,通过欣赏与制作美丽的图案,让学生发现数学之美。通过游戏引起学生对图形进行研究的兴趣,通过活动加深对数学知识的理解,同时培养学生的想象力和创造性思维。

(三) 智慧数据

统计与概率领域的学习,有助于学生感悟从不确定性的角度认识客观世界的思维模式和解决问题的方法,初步理解通过数据认识现实世界的意义,感知大数据时代的特征,发展数据观念和模型观念。我校通过探究性课程开展小小记录员、购物抽奖、数学建模等活动,让学生在探究活动中获得过程经历,体会到当前的社会发展已经和统计与概率密不可分。

(四) 智慧探究

智慧探究以培养学生综合运用所学知识和方法解决实际问题的能力为目标,适当采用主题式学习和项目式学习的方式,设计情境真实、较为复杂的问题,引导

---

① 中华人民共和国教育部. 义务教育数学课程标准(2022 年版)[S]. 北京:北京师范大学出版社,2022:2—3.

学生综合运用所学知识与方法解决问题。① 我校通过开展九宫格、找出宝藏、玩转数学等探究性课程,让学生体验丰富的实践活动,体会所学知识之间的联系,培养学生解决问题的能力。

四、学科课程实施与评价

课程的实施与评价体现了对"智慧数学"的贯彻与执行,依据《义务教育数学课程标准(2022年版)》,学校通过"智慧课堂""智慧数学节""智慧社团""智慧赛事""智慧空间"等途径来实施数学课程,并制定了相应的评价标准来诊断课程实施效果。

(一) 建构"智慧课堂",提升数学教学质量

"智慧课堂"倡导通过"学习——发现——建构",让学生经历自主探索、合作交流、表达展示、反思评价等活动过程,运用数学的思维方式和方法去观察、分析、解决问题,促进学生获得较为完整的数学学习体验,培养学生良好的学习习惯和学习能力,提升创新精神、实践能力和思维品质。

1. 小组合作学习

在"智慧课堂"教学中,教师始终把学生放在主体地位,充分发挥学生的主体性作用,通过以小组为学习单位,让学生自主探究学习内容,在组内和组间进行讨论交流,通过生生互动帮助学生更好地理解和掌握数学知识。学生的亲身探索与合作,培养了学生的数学思维能力和解决问题的能力。

2. 开放性教学

"智慧课堂"的课堂环境是开放、和谐、平等的,课堂氛围非常轻松、自由。教师从现实生活中选取题材,创设情境,引导学生经历观察、操作、猜想、推理、验证等活动过程,在实践活动中体验和感悟数学知识。还要通过设置一些开放性问题,引导学生进行独立思考和探索,鼓励学生发表自己的见解和意见,提升学生分析问题和解决问题的能力。

---

① 中华人民共和国教育部. 义务教育数学课程标准(2022年版)[S]. 北京:北京师范大学出版社,2022:16.

3. 现代化课堂

"智慧课堂"在传统数学课堂的基础上,融入了现代科技手段,充分利用互联网和大数据,丰富数学课堂,激发学生的学习兴趣,让学生在学习过程中多观察、多思考、多参与。在教学过程中运用各种智能教学软件,促进了学生对知识的理解和掌握以及对数学知识的建构。

对"智慧课堂"教学的评价要根据各个教学环节学生的课堂参与度、教学目标的达成度、学生作业情况及学生的学习成绩来进行评定,同时要综合学生的自我评价、组内互评、组间互评以及教师的评价。

(二) 创设"智慧数学节",展示数学学习风采

为了激活学生的学习热情,提升学生的数学核心素养,给学生提供展示自我学习风采和相互交流合作的机会,营造积极向上的校园文化氛围,我校拟定创设"智慧数学节",开展"速算小达人""数学趣味知识竞答""我是小讲师"等活动,并形成系列,让学生都参与其中,感受到学习数学的快乐。

1. 速算小达人

根据不同年级所学知识的不同,年级教师出题,学生不走班,每个班级安排一位老师监考。奖项以个人为单位,每个年级取前六名。

2. 数学趣味知识竞答

设置一些与数学相关的脑筋急转弯或数学谜语等题目,整个年级在多功能厅进行抢答比赛。奖项以班级为单位,每个年级取前三名。

3. 我是小讲师

让学生讲解数学题目,每个班级先选出三位小讲师,再到年级里进行评选。奖项以个人为单位,每个年级取前六名。

通过"智慧数学节"为学生提供展示的平台,让学生感受数学的精彩与奇妙,在这个过程中能够强化学习的效果,提升数学学科素养。

(三) 开设"智慧社团",发展数学学习兴趣

为了丰富广大学生的课余生活,让学生在学习中成长,我校开设了"智慧社团"。"智慧社团"联系实际生活,设置了多种活动,提升学生学习数学的兴趣,发挥学生的个人特长,引导学生主动思考,培养学生的创新思维和实践能力。

(1) 六年级"智慧社团"的活动主要有24点、数独和玩转魔方等,通过这些活动培养学生的观察、分析、探究能力,提高学生的解题能力和总结能力,培养学生良好的思维品质,提升学习质量。

(2) 七年级"智慧社团"的活动主要有七巧板、尺规作图设计 logo 等,通过这些活动培养学生的图形组合能力、创新意识,提高实践能力,让数学生活化,让学生发现数学的美。

(3) 八年级"智慧社团"的活动主要有数学折纸、几何画板等,通过这些活动培养学生动手操作、自主学习的能力,从活动中领悟数学的本质和灵魂,激发学生的求知欲。

(4) 九年级"智慧社团"的活动主要有黄金分割、统计等,通过这些活动培养学生运用数学知识解决实际问题的能力,体会数学的特点,了解数学的价值,引导学生用数学的眼光观察和认识事物,培养学生的语言表达能力、团队合作意识。

通过参加"智慧社团"活动,在教师的引导和生生之间的合作中,使学生形成正确的情感、态度和价值观,为未来的发展和终身学习奠定了良好的基础。

(四) 举办"智慧赛事",激发学生学习动力

根据学生的身心发展特点规律,为了让更多的学生参与到数学学科活动中来,我校每学期还开展"智慧赛事",有"思维导图 PK 赛""读书小报 PK 赛""概念 PK 赛"等。

1. 思维导图 PK 赛

借助"思维导图"呈现所学数学知识之间的关系,通过梳理知识脉络,加深对数学知识结构的理解与掌握。

2. 读书小报 PK 赛

阅读《数学简史》等数学故事书籍,并完成读书小报。通过学习数学史,了解数学名人、了解数学的发展过程。

3. 概念 PK 赛

通过检测对于数学基础知识的掌握程度,针对性复习巩固薄弱点,加深对数学概念的掌握。

"智慧赛事"旨在落实数学课程建设,深入推进数学教育,让学生从数学比赛中学到知识,获得自信。

(五) 打造"智慧空间",营造数学学习氛围

"智慧空间"就是依托学校文化布置,充分利用学校图书馆、班级图书角、墙壁文化等内容,为学生营造浓厚的学习氛围,让学生畅游在知识的海洋中,汲取智慧。

在学校现有的图书阅览室、班级图书角、墙壁文化的基础上,结合学校实际情况,在班级黑板报进行优秀作品展览,在学校走廊里设置跨班作品展览,激发学生的积极性,并且在班级室内外墙面上创设数学名人名言的环境,鼓励学生向数学家学习探索精神。

1. 设立专门阅读区域

阅览室配备数学读物,学校走廊里也设置了阅读区域,基本满足师生阅读需求,师生可以利用课间、三餐饭后借阅图书。

2. 及时更新班级图书角

每个班根据各自实际,建设班级图书角,每班数学图书藏有量不少于50本,并定期更新。制定严格的借阅制度,学生有序借阅并按时归还。

3. 创设学校墙文化

一方面,利用学校墙壁张贴一些数学名人名言、数学公式,让学生经常接受熏陶;另一方面,为了提升学生的兴趣和积极性,利用墙壁展览学生的优秀作业、思维导图等。

"智慧空间"设计和布局,达到了营造浓厚学习氛围,便于学生随时随地学习数学的要求。

第三节　灵动英语：探索活力四射的语感之旅

《义务教育英语课程标准（2022年版）》指出：义务教育英语课程体现工具性和人文性的统一，具有基础性、实践性和综合性特征。[①] 通过英语课程的学习，学生将能够有效地运用英语进行听、说、读、写和翻译等基本语言技能，并且可以运用这些技能进行简单的实际交流。

一、学科课程理念

英语课程通过丰富的教学内容和活动，增强学生的文化自信和国际视野，促进学生的全面发展。为实现人的全面发展，我校提出"灵动英语"这一核心概念。"灵"意味着聪明、机敏、反应迅速，"动"意味着"活"。"灵动英语"在课程建设上体现为极强的机动性，因材施教、因时制宜。"灵动英语"在育人目标上着眼于培养有灵气、会学习、知变通、善交际的终身学习者。我校提出的"灵动英语"课程理念主要包含以下四方面。

（一）"灵动英语"立足德行养成，提倡知行合一

"立德树人"这一教育理念对于培养学生全面发展具有重要意义，也是所有学科开展教学的前提和目标。在英语课程中，我们不仅仅是传授知识和技能，更是要以德育为先，培养学生的综合素养和品德。"灵动英语"要培养有灵气的学生，灵气是与人相处时表现出的高尚的品行。因此，"灵动英语"的立足点便是良好的道德教育。

（二）"灵动英语"注重基础，发展学生能力

"灵动英语"要培养一批能用英语灵活交流、解决实际问题的学生。其必备条

[①] 中华人民共和国教育部. 义务教育英语课程标准（2022年版）[S]. 北京：北京师范大学出版社，2022：1.

件就是要有牢固的学科基础。因此,夯实基础是英语课程的首要任务之一。初中学生在学习英语时,应该注重掌握基本的语音、词汇和语法知识。只有通过系统的基础学习,才能够建立起稳固的语言基础。这些基础知识是学生后续学习和运用英语的基石,也是学习更高级的语言技能的必要条件。

(三)"灵动英语"深入语境,强调学习体验

语言的灵动是在语境中体现的,深入语境是一个重要的关键词。通过让学生接触真实的英语材料,如英文小说、电影、音乐等,或者创设真实的语言情境,学生可以更好地理解词汇和语法在实际交际中的应用。通过这样的学习方式,学生不再是被动地接受知识,而是主动地融入语言环境中,从而提高他们的英语交流能力。

(四)"灵动英语"关注文化差异,树立文化自信

"灵动"不仅体现在语言教学方面,更重要的是要体现不同文化的交流。语言的交流和文化的交流都应当是"灵动"的。随着全球化的深入发展,中学英语教育在培养学生的全球视野和跨文化交际能力方面扮演着重要的角色。英语课程的理念应该是通过比较不同的文化,培养学生的文化自信心,使其能够更好地理解和尊重各种文化差异。

二、学科课程框架

依据《义务教育英语课程标准(2022年版)》(以下简称《英语课程标准》),英语课程内容由主题、语篇、语言知识、文化知识、语言技能、学习策略等要素构成。[1] 因此,我校"灵动英语"的课程内容也围绕主题、语篇、语言知识、文化知识、语言技能、学习策略六个维度进行设计。

(一)主题

义务教育阶段英语学科主题包括人与自我、人与社会、人与自然三大范畴。[2] 依据《英语课程标准》的主题设置,我校"灵动英语"课程的主题如下。

---

[1] 中华人民共和国教育部. 义务教育英语课程标准(2022年版)[S]. 北京:北京师范大学出版社,2022:12.
[2] 中华人民共和国教育部. 义务教育英语课程标准(2022年版)[S]. 北京:北京师范大学出版社,2022:14.

表12 "灵动英语"课程主题内容

主题	年级			
	六年级	七年级	八年级	九年级
人与自我	自我探索:引导学生们通过自我反思,了解自己的兴趣、优点和缺点等,以此培养自我认知的能力。	情绪管理:在这个子主题中,学生们将学习识别和表达自己的情绪,同时了解如何调节情绪。	社交技巧:在这个子主题中,学生们将学习如何与他人建立良好的关系,如倾听、沟通、道歉和感谢等。	决策与责任:在这个子主题中,学生们将学习如何做出明智的决策,并了解承担责任的重要性。
	健康生活:教授学生们如何保持健康的生活习惯,如饮食、运动和睡眠等,并了解其中的英语表达。	目标和梦想:引导学生们谈论自己的目标和梦想,并学习用英语表达对未来的规划和期望。	自我肯定和自我激励:让学生们了解自我肯定的重要性,并学习如何给予自己积极的反馈和激励。	自我发展和成长:引导学生们思考自己的成长历程,并讨论未来的发展计划和目标。
人与社会	社区与归属感:引导学生们了解自己所在社区的基本情况,如地理位置、人口组成和文化特色等,并学习用英语描述。	社会问题与责任:引导学生们关注社会问题,如贫困、环保和青少年犯罪等,并讨论个人在社会中的责任。	社会规则与道德价值观:引导学生们了解社会规则和道德价值观,如诚实、公正和尊重他人等,并学习用英语表达。	社会参与与公益活动:引导学生们了解社会公益活动,如志愿者工作、环保等,并学习用英语表达参与的过程和感受。
	传统与习俗:让学生们了解不同文化的传统和习俗,如节日、饮食和礼仪等,并学习用英语表达。	多元文化与包容:让学生们了解不同文化的背景和特点,并学习尊重和包容不同的文化和观念。	媒体与信息传播:让学生们了解媒体的作用和信息传播的方式,并讨论其对社会的影响。	职业规划与未来发展:让学生们了解不同职业的特点和要求,并思考自己未来的职业规划。
人与自然	自然环境与生态系统:引导学生们了解自然环境和生态系统的基础知识,如植物、动物和地球的层次结构等,并学习用英语描述。	环境保护与可持续发展:引导学生们了解环境保护的重要性和可持续发展的概念,并讨论如何在日常生活中实践。	自然灾害与应对策略:引导学生们了解常见的自然灾害,如地震、洪水和台风等,并学习应对策略、增强安全意识。	生物多样性的保护:引导学生们了解生物多样性的重要性。

续表

主题	年　　级			
	六年级	七年级	八年级	九年级
	天气与气候:让学生们了解不同类型的气候和天气,如晴天、雨天和雪天等,并学习用英语表达。	能源与资源管理:让学生们了解不同类型的能源和资源管理,如水资源、森林和野生动植物等,并学习用英语表达。	探险与户外活动:让学生们了解户外活动的乐趣和探险的意义,如登山、游泳和露营等,并学习用英语表达体验。	环境变化与人类适应:让学生们了解环境变化对人类的影响,并讨论适应策略和创新方法。

这些子主题旨在帮助学生了解自然环境和生态系统的基础知识,培养他们的环境保护意识和可持续发展的概念,同时提高他们的跨文化交流能力。同时,也强调了能源和资源管理、自然灾害应对、户外活动和生物多样性保护等方面的重要性。

(二) 语篇

依据《英语课程标准》中规定的义务教育阶段应学习的语篇类型,我校"灵动英语"课程语篇内容学习框架如表13所示。

表13 "灵动英语"语篇设置框架

	年　　级			
	六年级	七年级	八年级	九年级
语篇	日常简单对话	日常对话	日常对话	记叙文
	独白	独白	记叙文	说明文
	简短记叙文	记叙文	说明文	应用文

(三) 语言知识

根据《英语课程标准》,语言知识分为语音、词汇、语法、语篇和语用知识。我校"灵动英语"语言知识内容要求如表14所示。

表14 "灵动英语"语言知识内容要求

	六年级	七年级	八年级	九年级
语音知识内容要求	了解简单的单词重音规则,如名词和动词的单、复数形式;掌握26个英文字母的正确发音,包括元音和辅音;学习常见的连读和略读规则,如"辅音＋元音""辅音＋半元音"。	辨别不同音素和语音语调,并能在模仿中运用;掌握常见的语音音变现象,如失爆、弱化、连读等。	了解一些英语国家的发音特点和文化背景;掌握句子重音和语调的规则,如疑问句、陈述句和感叹句等。	了解英式英语和美式英语的差异,并能在模仿中运用;了解语音在语言交际中的重要性,并能在实际交流中运用;掌握语音规则的综合运用,包括单词、短语和句子层面。
词汇知识内容要求	掌握400个左右的基础英语单词,包括动物、食物、文具、颜色等;了解单词的基本词性,如名词、动词、形容词等;学习使用简单的同义词和反义词,并能在语境中正确运用。	掌握800个左右的基础英语单词,包括家庭、学校、兴趣爱好等;学习常用的前缀和后缀,如"-ing""-tion""-ness"等;了解一些英语国家的常见习语和俚语,并能在适当场合使用。	掌握1 200个左右的基础英语单词,包括科技、历史、文化等;学习使用英语词典和网络资源查找生词,并记录常用的词汇和短语;了解英语词汇的构词法,如合成词、派生词等,并能在写作中运用。	掌握1 600个左右的基础英语单词,包括社会问题、环保、政治等;学习使用英语词典和语料库进行词汇研究和对比,并分析词汇在语境中的作用。
语法知识内容要求	了解名词、代词、形容词、副词、数词等词类以及基本的句子结构,如主语、谓语、宾语、状语等;掌握一般现在时、现在进行时,理解一般过去时和一般将来时的基本用法;掌握名词的复数形式和动词的第三人称单数形式。	理解名词、代词、形容词、副词、数词等词类以及基本的句子结构,如主语、谓语、宾语、状语等;掌握一般现在时、现在进行时、一般过去时和一般将来时、现在完成时的基本用法;了解一些简单的比较级和最高级的用法。	理解被动语态的基本用法;掌握情态动词的基本用法,如can、may、must等;理解宾语从句的基本用法;理解比较级和最高级的用法。理解并列句和复合句的结构和用法。	了解名词性从句的基本用法,如主语从句、宾语从句、表语从句等;掌握被动语态的基本用法,包括现在时和过去时的被动语态。掌握并列句和复合句的结构和用法。

续表

	六年级	七年级	八年级	九年级
语篇知识内容要求	使用简单的英语问候语和告别语,如 Hello, Goodbye, See you later 等;了解英语基本句型,如主语+动词、主语+动词+宾语等;学习使用简单的英语短语和句子描述自己的日常生活和兴趣爱好。	学习使用常见的英语表达方式,如感谢、道歉、邀请等;了解英语段落的基本结构,如主题句、支持句和结论句;学习写简单的英语段落,描述自己的家庭、学校或朋友等。	学习使用英语进行日常交流,包括表达观点、提出建议和询问信息等;了解英语记叙文的基本要素,如时间、地点、人物和事件等;学习写简单的英语记叙文,描述一次经历或事件。	学习使用英语进行深入交流,包括表达感受、分享观点和讨论问题等;了解英语说明文的基本方法;学习写简单的英语说明文。
语用知识内容要求	了解英语日常用语的基本礼仪和表达方式;学习使用简单的英语进行日常问候、告别、致谢和道歉等;掌握基本的英语人称代词和物主代词,如"I""you""my"和"your"。	使用英语进行简单的对话交流,包括表达自己的观点、提出建议和询问信息等。了解英语口语交际中的常见表达方式和语言结构;掌握基本的英语时态。	了解委婉语气和礼貌用语在英语口语交际中的运用情况;学习使用英语进行话题讨论和小组讨论,并能用英语发表自己的观点;掌握并熟练运用基本的英语时态。	了解英语口语交际中的文化差异和跨文化交际技巧;掌握并熟练运用基本的英语时态,如一般过去时、一般将来时、现在完成时等。

(四) 文化知识

根据《英语课程标准》,文化知识的学习不限于了解和记忆具体的知识点,更重要的是发现、判断其背后的态度和价值观。[①] 为了体现这一思想,我校"灵动英语"文化知识内容要求如表 15 所示。

---

① 中华人民共和国教育部. 义务教育英语课程标准(2022 年版)[S]. 北京:北京师范大学出版社,2022:23.

表15 "灵动英语"文化知识内容要求

	六年级	七年级	八年级	九年级
文化知识内容要求	了解英语国家的基本文化习俗和传统,如节日、饮食和礼仪等;学习使用简单的英语介绍自己国家和民族的文化特点;掌握基本的英语社交用语和礼节,如问候、告别和致谢等。	了解英语国家的历史和文化背景,如英国、美国和加拿大的历史和文化等;学习使用英语介绍其他国家和民族的文化特点,并能用英语进行简单的跨文化交流;掌握常见的英语习语和俚语,并能在实际交流中运用。	了解英语国家的艺术、音乐和影视文化,如著名艺术家、音乐家和影视明星等;学习使用英语进行文化对比和分析,并能用英语发表自己的观点。	了解英语国家的价值观和社会制度,并思考其对本土文化的影响;学习使用英语进行跨文化阅读和批判性思维。

(五) 语言技能

《英语课程标准》中将语言技能分为理解性技能和表达性技能。具体表现为听、说、读、写。因此,我校"灵动英语"课程中语言技能板块围绕听、说、读、写制定内容要求,具体如表16所示。

表16 "灵动英语"语言技能内容要求

	六年级	七年级	八年级	九年级
语言技能	听:能听懂简单的英语指令和日常对话,如What's your name? How are you? 等。说:能使用简单的英语进行日常问候和自我介绍,如Hello, my name is Li Lei.……读:能读懂简单的英语单词和句子,如This is a book.……写:能写出简短的英语句子和短文,如My name is Li Lei. I am 12 years old.……	听:能听懂较为复杂的英语指令和对话,如What's your favorite subject?……说:能使用较为复杂的英语进行对话和口头表达,如Can you tell me the way to the post office?……读:能读懂简单的英语文章和故事。写:能写出简单的英语句子。	听:能听懂简单的日常对话,并能用简单的语言转述所听内容。说:能就日常生活、学校活动、兴趣爱好等方面用英语简单地进行交流。读:能读简短的应用性文字材料,并能用自己的语言概述所读内容。写:能用英语写	听:能听懂日常对话,并能用流利的语言转述所听内容。说:能就日常生活、学校活动、兴趣爱好等方面用英语进行交流。读:能读简单的应用性文字材料,并能用自己的语言流利概述所读内容。写:能用英语写出80字以上结

第二章 特色学科的旋律

续表

六年级	七年级	八年级	九年级
		出 60 字以上结构完整、意思连贯的短文。	构完整、意思连贯的短文。

（六）学习策略

《英语课程标准》中将学习策略分为元认知策略、认知策略、交际策略、情感管理策略。[1] 根据不同类型策略的特征，我校"灵动英语"课程中针对学习策略的内容要求如表 17 所示。

表 17 "灵动英语"学习策略内容要求

	六年级	七年级	八年级	九年级
学习策略	了解英语学习的重要性，学会制订每日、每周和每月的学习计划，包括听说读写的练习；通过看英语电影、听英语歌曲、阅读英语故事等方式，培养对英语学习的兴趣；记录课堂上学到的单词、短语和句子，方便回顾和复习。	积极参与英语角、语言交换等活动，创造使用英语的环境；每周或每月对所学内容进行复习，确保掌握所学知识；使用电子词典、学习软件等工具辅助学习，提高学习效率。	学会自主选择学习资源，如英语教材、网络课程等，并自主安排学习进度；积极参与英语演讲、戏剧表演等实践活动，将所学知识应用到实际中；通过阅读、听力等方式拓展词汇量，提高阅读和听力水平。	根据个人兴趣和目标，制订长期英语学习计划，包括对听说读写能力的全面提高；根据自己的学习习惯和特点，形成适合自己的学习方法，提高学习效果；了解中考英语考试的要求和题型，掌握答题技巧和策略。

---

[1] 中华人民共和国教育部. 义务教育英语课程标准（2022 年版）[S]. 北京：北京师范大学出版社，2022：31.

三、学科课程实施

"灵动英语"课程的实施是该课程的重要组成部分,旨在确保课程的有效性和学生的学习成果。在实施方面,"灵动英语"课程注重学生的主体性和参与性,通过引导学生主动参与、合作探究、实践体验等方式,激发学生的学习兴趣和潜能,培养学生的创新精神和实践能力。"灵动英语"课程实施包含"灵动课堂""灵动英语角""灵动英语节""灵动研学"和"灵动探究"。

(一)灵动课堂

实施灵动英语课堂的目标是让学生成为学习的主人,变被动学习为主动学习,提高学生的英语应用能力和综合素质。激发学生的学习兴趣和潜能,让他们在轻松愉悦的氛围中学习英语。培养学生的合作探究和实践体验能力,让他们在参与活动的过程中提高英语应用能力。提高学生的自主学习和自我管理能力,让他们在掌握知识的同时发展个人能力。培养学生的创新精神和创新能力,让他们在解决问题的过程中发挥创造力和想象力。

创设情境:教师根据教学内容和学生的实际情况,创设真实、生动的教学情境,激发学生的学习兴趣和好奇心。

引导探究:教师提出探究性问题或任务,引导学生自主探究、合作交流,让学生在探究过程中掌握知识、提高能力。

实践体验:教师设计丰富多彩的实践活动,让学生在参与活动的过程中亲身体验英语的实用性和趣味性。

评价反思:教师采用多元化的评价方式和方法,对学生的学习过程和学习成果进行评价和反思,让学生了解自己的学习状况和不足之处,及时调整学习策略。

拓展延伸:教师根据学生的实际情况和需求,设计拓展性作业或活动,让学生在课后进行拓展学习和实践,进一步巩固和提高学生的英语应用能力。

(二)灵动英语角

提供一个轻松、愉快的英语交流环境,帮助学生提高口语表达和听力理解能力;鼓励学生积极参与,促进相互学习和合作;帮助学生了解不同文化背景下的语言表达和交流方式。活动内容如下。

主题讨论:选择适合学生水平和兴趣的主题,例如文化差异、旅游经历、电影推荐等,让学生围绕主题进行讨论和交流。

故事分享:鼓励学生分享自己喜欢的英文故事,可以是绘本、小说、新闻等,通过故事分享,提高学生的阅读和表达能力。

表演展示:组织学生分组进行表演,可以是歌曲、舞蹈、小品等形式,让学生通过表演展示自己的英语技能和创造力。

文化介绍:邀请外教或英语教师介绍一些西方文化背景和风俗习惯,帮助学生了解不同文化之间的差异和相似之处。

总之,"灵动英语角"活动的创建和评价需要从目标、内容、组织和评价等方面全面考虑,为学生提供一个轻松、愉快的英语交流环境,提高学生的口语表达和听力理解能力,同时促进相互学习和合作,帮助学生了解不同文化背景下的语言表达和交流方式。

(三) 灵动英语节

营造浓厚的英语学习氛围,提高学生的英语听、说、读、写能力;拓宽学生的视野,增强学生对西方文化的了解;培养学生的团队合作精神和创新意识,提高学生的综合素质;促进师生之间的互动和交流,增进彼此的了解和信任。活动内容如下。

英语演讲比赛:设置不同主题的演讲题目,学生自由报名参加,通过演讲展示自己的英语口语和表达能力。

英语话剧表演:学生自愿组成团队,自选英语话剧剧本进行排练和表演,展示学生的表演才能和英语会话能力。

英语歌曲比赛:学生可以单独或组队参加英语歌曲比赛,展示学生的音乐素养和英语歌唱能力。

英语文化展览:展示西方文化的图片、视频、实物等资料,让学生更深入地了解西方文化。

英语角活动:邀请外教、英语教师和留学生参与英语角活动,与学生进行自由交流和讨论,提高学生的口语交际能力。

总之,"灵动英语节"的设计和评价方案要充分考虑学生的需求和发展,通过丰富多彩的活动内容和有效的组织与评价方式,激发学生对英语学习的兴趣和热情,提高学生的英语应用能力,培养学生的团队合作精神和创新意识,促进校园文化建设。

(四)灵动研学

增强学生对英语语言和文化的认识和了解；提高学生的英语听、说、读、写能力，培养学生的语言运用能力；培养学生的团队合作精神和创新意识，提高学生的综合素质；促进师生之间的互动和交流，增进彼此的了解和信任。具体内容如下。

英语语言文化体验：组织学生参观英语言文化景点，如博物馆、艺术馆等，让学生亲身体验英语语言文化的魅力。

英语角活动：定期组织英语角活动，邀请外教、英语教师和留学生参与，让学生与英语母语者进行交流，提高学生的口语交际能力。

英语研学旅行：组织学生前往英语国家进行短期研学旅行，让学生身临其境地感受英语语言文化，提高学生的跨文化交际能力。

(五)灵动探究

培养学生的英语探究能力和创新思维；提高学生的英语听、说、读、写能力和跨文化交际能力；增强学生的团队合作精神和自主学习能力。活动内容如下。

主题探究：学生围绕一个特定的主题进行探究，例如"英语习语的起源和含义""英语诗歌的韵律和节奏"等。学生通过查阅资料、整理分析、形成报告等方式，探究主题并展示探究成果。

英语辩论：学生分组进行英语辩论，主题可以是热门话题或具有争议性的话题，例如"人工智能对人类的影响""教育的目的是什么"等。学生在辩论中需要运用英语进行表达和交流，并能够从不同角度思考和解决问题。

情境模拟：学生模拟一个真实的英语情境，例如商务谈判、旅游接待等。学生需要在模拟情境中运用英语进行交流和解决问题，并能够灵活应对各种突发情况。

文化沙龙：学生通过文化沙龙的形式了解不同文化背景下的英语表达和交流方式。学生需要在沙龙中与他人交流、分享经验、探讨文化差异等。

互动游戏：设计一些英语互动游戏，例如猜词游戏、角色扮演等，以增强学生的英语运用能力和团队合作精神。

第四节　磁性物理：感悟神秘自然的物理王国

上海市闵行区浦航实验中学物理组,现共有五名教师,中学高级教师 2 人,一级教师 1 人,二级教师 2 人,其中 1 名教师为区物理学科带头人,2 名为区级骨干教师,1 名为浦江镇骨干教师。教研组积极参加各种教研活动以不断提升自己,每周进行备课组活动,交流教学方法与进度。物理组的所有教师秉承浦航实中"向着梦想远航"的办学理念,以培养"健身心,广兴趣；乐学习,能实践；有理想,明事理"的浦航学子为育人目标。我校物理教师提出"磁性物理"学科课程理念,争取让物理学科生动、有趣、有序,使学生学得愉悦、轻松、持续。

一、学科课程理念

《义务教育物理课程标准(2022 年版)》指出："物理学是自然科学领域研究物质的基本结构、相互作用和运动规律的一门基础学科。物理学通过科学观察、实验探究、推理计算等形成系统的研究方法和理论体系。从古代的自然哲学,到近代的相对论、量子论等,物理学引领着人类对自然奥秘的探索,深化着人类对自然界的认识。物理学对化学、生物学、天文学等自然科学产生了重要影响,推动了材料、能源、环境和信息等领域的科学技术进步,促进了人类生产生活方式的变革,对人类的思维方式、价值观等都产生了深远影响,为人类文明和社会进步作出了巨大贡献。"[1]由此可见,物理的作用是非常大的,而很多学生认为物理是抽象的、深奥的、难以理解的,随着时间的推移,会对物理渐渐失去兴趣。

---

[1] 中华人民共和国教育部. 义务教育物理课程标准(2022 年版)[S]. 北京:北京师范大学出版社, 2022:1.

基于上述理解,我校提出"磁性物理"的学科课程理念,"磁性物理基础课程"能够让学生踏实地掌握基础知识;"磁性物理活动课程"能够锻炼学生的动手能力和合作能力;"磁性物理研究课程"能够让学生在遇到问题时自己找到方法解决问题,培养终身发展的学生。"磁性物理"的具体理念如下。

(一)"磁性物理"注重以学生为本

"磁性物理"以学生的需求和发展为中心,根据学生的实际情况和兴趣爱好,设计合理的教学内容和教学方式,制订个性化的教学计划,关注所有学生的需求和发展。

(二)"磁性物理"激发学生的兴趣和好奇心

"磁性物理"遵循学生的发展规律,注重与已有知识、实验、故事、生活经验等进行联系,激发学生对物理的兴趣和好奇心。从已有知识、实验、故事、生活经验等推出新知识使学生更容易理解;但有的时候,新知识会与旧知识或认知形成冲突,形成思维的碰撞。通过新旧知识对比教学,使学生对新知识的兴趣更加浓厚,使学生更系统全面地掌握知识。这样做有助于学生从不同的角度建立物理知识体系。

(三)"磁性物理"重视实践和实验

"磁性物理"让学生通过亲身体验感受物理规律和原理。通过设计有趣的实验和实践活动,让学生积极参与其中,培养学生的实验技能和探究精神。

(四)"磁性物理"积极地评价与反馈

"磁性物理"通过观察学生的表现、作业和测验等方式,了解学生的学习情况和问题,并给予学生积极的评价和反馈,多鼓励,少批评,让学生学习物理时更加有信心和兴趣。同时,教师可以根据学生的情况及时调整教学策略,帮助学生解决学习中的困难和挑战。

二、学科课程目标

《义务教育物理课程标准(2022年版)》指出,课程目标立足学生全面发展,依据核心素养内涵及学生身心发展特点,确定课程目标,体现物理课程独特的育人价值。核心素养是课程育人价值的集中体现,是学生通过课程学习逐步形成的适应个人终身发展和社会发展需要的正确价值观、必备品格和关键能力。物理课程要培养的核心素养,主要包括物理观念、科学思维、科学探究、科学态度与责任。

(一) 物理观念目标

认识力、热、声、光、电等基础知识,能将所学知识与实际情景相结合,能用物理知识解释生活中的物理现象,能将所学知识进行归纳总结,将不同知识联系起来,建立自己的物理知识体系。

(二) 科学思维目标

会用所学模型分析常见的物理问题;能对相关问题和信息进行分析并得出结论,具有初步的科学推理能力;有利用证据对所研究的问题进行分析和解释的意识,能使用简单和直接的证据表达自己的观点,具有初步的科学论证能力;能独立思考,对相关信息、方案和结论提出自己的见解,具有质疑创新的意识。

(三) 科学探究目标

能发现问题、提出问题,形成猜想与假设,具有初步的观察能力和提出问题的能力;能制定简单的科学探究方案,有控制实验条件的意识,会通过实践操作等方式收集信息,初步具有获取证据的能力;能分析、处理信息,得出结论,初步具有对科学探究过程和结果作出解释的能力;能书面或口头表述自己的观点,能自我反思和听取他人意见,具有与他人交流的能力。

(四) 科学态度与责任目标

通过学习,学生应培养对物理的兴趣和好奇心,形成积极的学习态度和价值观。同时学生还应了解物理与社会、生活的联系,培养社会责任感。

三、学科课程框架

《义务教育物理课程标准(2022年版)》指出义务教育物理课程内容由"物质""运动和相互作用""能量""实验探究""跨学科实践"五个一级主题构成。

(一)"磁性物理"课程结构

"物质""运动和相互作用""能量"主题不仅包含物理概念和规律,还包含物理探索过程、研究方法,以及科学态度与价值观等;"实验探究"主题旨在强调物理课程的实践性,凸显物理实验整体设计,明确学生必做实验要求;"跨学科实践"主题侧重体现物理学与日常生活、工程实践、社会发展等方面的联系。[①] 据此,我们设置了"磁性物理"课程结构,包括"磁性"物质、"磁性"运动和相互作用、"磁性"能量、"磁性"探究和"磁性"实践五部分内容。

1. "磁性"物质

"物质"包含"物质形态和变化""物质的属性""物质的结构和物质世界的尺度"。"物质"主题的课程内容与日常生活、自然现象及科技发展前沿密切相关。这部分内容的设计旨在引导学生从物理学的视角认识物质世界,了解身边物质的形态和变化,了解物质的属性、结构与物质世界的尺度,初步形成物质观念;引导学生学习科学研究方法,提升科学探究能力,体会科学、技术、社会、环境之间的关系,形成辩证唯物主义世界观和关心环境、保护环境的责任感。

2. "磁性"运动和相互作用

"运动和相互作用"包含"多种多样的运动形式""机械运动和力""声和光""电和磁"。"运动和相互作用"主题的课程内容包含较多的物理概念和规律,与生产、生活密切相关。这部分内容的设计旨在引导学生从物理学视角认识运动和相互作用,了解身边的运动形式及相互作用,了解声、光、电、磁的含义,初步形成运动和相互作用观念;发展学生的推理论证能力及交流合作能力,引导学生了解我国古代和现代的相关科技成就,体会中华民族的智慧,培养学生的科学态度和实现中华民族伟大复兴的责任感与使命感。

3. "磁性"能量

"能量"包含"能量、能量的转化和转移""机械能""内能""电磁能""能量守恒""能源与可持续发展"。"能量"主题的课程内容具有一定的综合性和跨学科性,与生产生活及社会发展密切相关。这部分内容的设计旨在引导学生从物理学视角认识能量,了解不同形式的能量,认识能量转化与守恒的普遍规律,了解节约能源与可持续发展的重要性,初步形成能量观念;发展学生综合分析问题和解决问题的能力,培养学生为可持续发展作贡献、将科学服务于人类的使命感。

[①] 中华人民共和国教育部. 义务教育物理课程标准(2022 年版)[S]. 北京:北京师范大学出版社,2022:7.

4."磁性"探究

"实验探究"包含测量类和探究类学生必做实验。这两类学生必做实验相互关联,各有侧重,旨在体现物理课程实践性的特点,培养学生发现问题和提出问题的能力、动手操作和收集数据的能力、分析和处理数据的能力、解释数据的能力、表达和交流的能力,引导学生学会学习、学会合作,培养学生严谨认真、实事求是的科学态度。

5."磁性"实践

"跨学科实践"包括"物理学与日常生活""物理学与工程实践""物理学与社会发展"。"跨学科实践"主题的内容具有跨学科性和实践性特点,与日常生活、工程实践及社会热点问题密切相关。这部分内容的设计旨在发展学生跨学科运用知识的能力、分析和解决问题的综合能力、动手操作的实践能力,培养学生积极认真的学习态度和乐于实践、敢于创新的精神。

(二)学科课程设置

"磁性物理"课程中所包括的"磁性"物质、"磁性"运动和相互作用、"磁性"能量、"磁性"探究、"磁性"实践这五方面的内容不是孤立存在的,在同一节课中可同时包含其中的几项。这五方面的内容在学生的学习中是同时培养的,而不同学期的知识和能力要求又是逐渐加深的,具体课程设置如表18所示。

表18 "磁性物理"课程设置表

	"磁性"物质	"磁性"运动和相互作用	"磁性"能量	"磁性"探究	"磁性"实践
八年级上册	0.2 知道质量的含义,会测固体和液体的质量。	1.1 通过实验,认识声音的产生和传播条件。1.2 知道声音的特征,知道噪声的含义,知道噪声的危害与控制,增强环保意识。2.1 知道光的反射现象,理解光的反射定律,理解平面镜成像特点。2.2 知道光的折射		0.1 会用刻度尺测长度。0.2 会用电子天平和托盘天平测物体的质量。0.3 会用合适的工具测时间。3.2 测量物体运动速度。3.3 用弹簧测力计测力。0.4 探究摆的周	1.2 根据声音的特征相关知识自制乐器,如口琴、笛子、吉他等。2.1 根据光的反射定律制作潜望镜。2.3 根据凸透镜成像规律制作照相机、投影仪等。

续表

"磁性"物质	"磁性"运动和相互作用	"磁性"能量	"磁性"探究	"磁性"实践
	现象,知道光的折射规律。 2.3 知道凸透镜和凹透镜,理解凸透镜。成像规律及其应用。 2.4 知道光的色散,知道光的三原色。 3.1 知道机械运动,知道参照物。 3.2 匀速直线运动,理解速度,理解路程—时间图像,会用公式计算路程、时间、速度。 3.3 理解力,理解力的测量,会作力的图示。 3.4.1 理解重力大小与质量成正比,知道重力的方向和作用点。 3.4.2 知道合力,理解同一直线上的二力合成。 3.5.1 掌握二力平衡的条件。 3.5.2 知道静摩擦力、滑动摩擦力、滚动摩擦力。 3.6 理解惯性,理解牛顿第一定律。		期与哪些因素有关。 2.1 探究光的反射定律。 2.1 探究平面镜成像特点。 2.2 探究光的折射规律。 2.3 探究凸透镜的成像规律。 3.3 探究力的作用效果与哪些因素有关。 3.5 探究滑动摩擦力大小与哪些因素有关。	
八年级下册	5.1.1 知道温度计的构造、测量范围,会正确使用温度计。	4.1.1 知道简单机械,知道杠杆,理解杠杆的平衡条件。 4.1.2 知道滑轮,理解定滑轮,理解动滑轮。	4.3 知道势能和动能及其相互转化。 4.4 知道机械效率。 5.2 理解热量	5.1 用实验室温度计和体温计测温度。 4.1 探究杠杆的平衡条件。 5.4 探究水在	4.1 根据杠杆知识制作杆秤。 5.1 根据热力学温标相关知识自制温度计。

续表

	"磁性"物质	"磁性"运动和相互作用	"磁性"能量	"磁性"探究	"磁性"实践
	5.4 理解熔化、凝固、汽化、液化、升华和凝华,能够解释自然界的霜、雪、雨、雾等天气现象。	5.1.2 知道分子动理论的初步知识。	的概念,知道物体吸收热量与哪些因素有关;运用控制变量法设计实验,得出比热容的概念;知道比热容是物质特性之一,会用比热容公式进行计算;运用水的比热容较大这一特点解释一些简单现象。 5.3 知道内能。 5.5 知道热机工作过程中能量转化的情况,知道四冲程内燃机工作的过程。	沸腾后的温度变化特点。	
九年级上册	6.1 理解密度,会测固体和液体的密度。	6.2 理解压力、掌握压强概念,会计算压强、压力或受力面积。 6.3 理解液体内部压强规律,知道连通器。 6.4 理解阿基米德原理,会计算浮力,理解物体的沉浮条件及其应用。 6.5 液体对压强的传递。 6.6 知道大气压强。 6.7 流体的压强和流速。	7.1 通过用电流表测电流、电压表测电压,学习使用电学仪表的技能。 7.2 理解电阻,采用控制变量法,经历探究决定电阻大小的因素的过程;理解滑动变阻器的作用和使用方法;理解欧姆定律。 7.3 理解串联电路的特点;能分析和计算串联电路中的有关物	6.1 测量固体和液体的密度。 6.2.1 用电流表测电流。 6.2.2 用电压表测电压。 6.3.1 用电流表和电压表测电阻。 6.3.2 探究液体压强与哪些因素有关。 6.4 探究浮力大小与哪些因素有关。 7.2 探究导体中电流与电压	6.4 根据物体沉浮条件制作浮沉子。

续表

"磁性"物质	"磁性"运动和相互作用	"磁性"能量	"磁性"探究	"磁性"实践
		理量。 7.4 理解并联电路的特点;能分析或计算并联电路中的有关物理量。	的关系。 7.3 探究串联电路中的电流、电压特点。 7.4 探究并联电路中的电流、电压特点。	
九年级下册	8.2 了解物质的磁性和磁化现象。 9.1 知道物质是由分子构成的,知道分子是由原子构成的。 9.2 知道八大行星,知道地球及卫星。 9.3 知道银河系。	8.2 理解电流周围存在磁场,理解右手螺旋定则,知道电磁铁的构造、优点及作用,知道通电导线在磁场中会受到力的作用。	8.1 理解电功;掌握电功率;理解电能表的使用,观察各种家用电器的额定功率、额定电压或额定电流,懂得安全用电的重要性和必要性;会用电流表电压表测小灯泡的电功率;理解焦耳定律。 8.3 认识人类获取电能的历史进程,激发热爱科学的热情;知道电能的获得途径,提高节能意识;知道高压输电的全过程及电网的作用和安全运行的重要性。 9.4 知道能量转化和守恒,能分析解释一些简单实例中的能量转化和守恒。	8.1 用电流表和电压表测电功率。 8.2 探究通电螺线管外部磁场的方向。	8.1 以小组为单位进行调查,为家庭、学校或其他公共场所的节能提出合理可行建议。

第二章 特色学科的旋律

四、学科课程实施与评价

在物理课程群体系的建设上,为了让物理课程有"磁性",有吸引力,我校通过以下三种方式进行物理课程教学,分别是概念课、活动课和研究课。

(一) 概念课

概念为本的课程与教学、深度理解的教学以及概念和概念性理解的迁移越来越受到人们的关注。但是物理学科中很多概念不是孤立存在的,而是相互联系、纵横交错、螺旋上升的。为了让学生能够深度理解概念,自己学会学习,形成知识体系,我们在课堂中有意识地关注与已有知识的有效类比,发现新问题,并得到相应的启发,从而加强了新旧知识之间的联系,加深了学生对新知识的理解。为了避免类比法的局限性,我们在"磁性物理"概念教学中尽量选用本质相同的两个概念进行类比,这样的话,它们之间的共同属性较多,准确性也就较高。

(二) 活动课

初中学生的形象思维多于逻辑思维,要想让学生掌握知识点,要多设计活动,让学生有更强烈的感受。在设计活动时要注意学生的兴趣爱好,尽量选择学生喜闻乐见的事情,或者与学生认知相矛盾的实验来激发学生的学习兴趣。

在进行活动设计时,要注意单元教学的整体性,这样更容易让学生接受。比如在光学单元中,可以用激光射入水中说明光在同种均匀介质中沿直线传播,也可以用激光射向水面,同时发生了光的反射和折射,并通过此现象讲解反射定律和折射规律,同一个实验可以呈现不同的实验现象,并加以解释,层层递进。

除了同一个实验可以呈现不同的实验现象外,同一个实验器材,也可以设计不同的活动。下面以凸透镜的活动设计为例。

在学习透镜的第一课时,教师可以分别给每位同学一块凸透镜和一块凹透镜,让学生观察总结凸透镜和凹透镜的特点,发现凸透镜中间厚两边薄,而凹透镜中间薄两边厚。学习了凸透镜的基本知识后,我们布置了课外活动的作业,为下节课的内容作准备,作业为让学生寻找手中凸透镜的焦点和焦距。大多数同学都能完成,有的同学是用平行光源平行于凸透镜的主光轴照射在凸透镜上,平行光会聚在一起的光斑即为焦点;有的同学则是让凸透镜正对太阳光,凸透镜下面放一张白纸,移动白纸,得到的最圆、最亮的光斑就是焦点,焦点到凸透镜光心的距离即为焦距。

第二课时是探究凸透镜的成像规律,让学生用测好焦距的凸透镜、光具座、光源、光屏等实验器材探究凸透镜的成像规律,小组合作,自主探究。学习了凸透镜的基础知识和凸透镜成像规律后,老师又给学生布置了课后活动:根据凸透镜成像规律寻找凸透镜的焦点和焦距。当然,大多数同学的想法是不断改变发光体到凸透镜的距离,并移动光屏找像,直到找到的像和物体是等大的,此时物体到凸透镜的距离即为二倍焦距,除以二即为焦距大小。让我惊喜的是,有同学想到的方法是直接拿一个凸透镜和一张白纸,让凸透镜对准窗户,凸透镜后面放一张白纸,移动白纸找到窗外景色清晰的像,凸透镜到白纸的距离就是焦距,因为窗外景色到凸透镜的距离相比于凸透镜的焦距来说相当于无穷远,远远大于二倍焦距,而像距则无限接近焦距。

第三课时是凸透镜成像规律的应用,学习完这节课后,老师再次给学生布置了课后活动:自己制作光学仪器,有的同学自制了照相机,有的同学自制了望远镜,还有的同学自制了多功能投影仪,相比于手机上的画面放大了很多倍,且都非常高兴地和同伴分享了自己的劳动成果。

让学生制作一个作品,不需要全部知识学完后再进行,学一点,做一点,当本单元结束后,学生的作品也就完成了。

活动课能促使教师用更高的视角思考教学,更能让学生知识的学习更加系统、更加有趣、更加全面。就像爬山一样,山脚、山中、山顶所看到的景色是不同的,只有我们亲身体验,才能得到全面的认识。

(三) 研究课

对于初中学生,他们思维活跃,在一节课中会提出很多意想不到的问题,有些问题是与课堂知识有关的,每个老师都会极力解答,而有些问题是与课堂知识无关的,一部分老师会为了课堂的顺利进行而将问题搁置,一部分老师停下脚步耐心地解答学生的问题。学生之所以会遇到这样的问题,可能是以学生现有的水平难以解决,也可能是目前科学根本无法解决的问题,往往这样的问题更能激发学生的思维,教师更应该培养学生的这种质疑与创新能力。

其实,所有问题都由教师解决是不明智的,长此以往,学生就会养成依赖老师的习惯,学生的能力无法真正得到提升。教师应该注重培养学生自己解决问题的能力,因此,我校定期开设研究类课程。当然,不是每一位同学都需要参加,学生如果有无法解决的问题,就可以在课堂中提出来,老师会找特定的时间教会学生研究方向与方法。

恩格斯在《自然辩证法导言》中说:"思维是精神'地球上最美丽的花朵'。"在信息多元化的今天,教师更应利用好这一特点,设置"磁性"研究课,鼓励学生质疑,引导学生自己动手解决问题,解放学生思维,拓宽学生视野,培养学生的科学研究能力。

第五节　魅力化学:醉心启思教学的化学魅力

我校化学组现有专任教师3人,其中闵行区"四有"好教师、高级教师1人,二级教师1人,未定级教师1人。化学教研组始终贯彻"立德树人"的教育方针,以培养具有化学学科核心素养的浦航学子为工作目标,采用分层的特色教学方式,将魅力化学的理念深入日常教学中,注重培养学生的化学学科基本观念、科学思维以及探究、实践能力,激发学生对物质世界的好奇心,引导学生感悟化学学科的魅力。现依据《义务教育化学课程标准(2020年版)》等文件精神,结合闵行区课程品质提升的要求和建议及学校的实际情况,推进"魅力化学"课程群建设。

一、学科课程理念

正如所有学科一样,化学的发展不是一蹴而就的,它源于人类的生产实际又不断促进着生产的发展。[①] 化学学科的发展可以被看成是人类探索和认识自然的实践史。化学作为一门基础的自然学科,在人类社会发展的过程中作出了不可替代的贡献,其在能源、航空航天、环境问题、合成新材料等方面都发挥着重要的作用,是现代科学技术的重要基础,为推动人类社会的可持续发展提供了重要的价值。

《义务教育化学课程标准(2022年版)》(以下简称《化学课程标准》)明确指出了义务教育阶段的化学课程具有基础性和实践性的特点。依据《化学课程标准》的精神,结合本校课程建设的特色,我校提出了"魅力化学"的核心概念。"魅力化学"就是在凸显化学课程的基础性和实践性的基础上,引导学生在学习的过程中发现化

---

① 张德生,徐汪华.化学史简明教程[M].合肥:中国科学技术大学出版社,2017:前言1.

学之美,感悟科学的魅力。同时,"魅力化学"还注重渗透人与自然和谐共生的观念,旨在帮助学生认识到尊重自然、顺应和保护自然的重要性。

(一)"魅力化学"重视化学课程的基础性和实践性

初中化学课程是科学教育的重要组成部分,它是学生第一次接触化学的学习。因此,课程方面我们更加应该重视扎实基础和进行启蒙。著名的学者宋心琦教授曾经指出:"学生是否牢固地、准确地、哪怕只是定性地建立起基本的化学观念,应当是中学化学教学的第一目标。"[①]因此,本校"魅力化学"课程重视观念建构的化学教学,帮助学生深刻理解知识和学科概念,旨在实现化学知识和基本观念建构的教学目标。其次,实验是化学学科研究的基本方法和手段。这一特征也决定了我们在实施课程的时候,应该重视学生基本实验操作能力的培养,给予学生科学探究的机会,增强其科学实践的能力。

(二)"魅力化学"引导学生发现化学之美

化学学科的特征就是从分子层次认识物质,通过化学变化创造物质。[②] 物质本身就具有美感,例如五光十色的贝壳(贝壳主要成分是碳酸钙)、蓝色的胆矾晶体和硫酸铜溶液、各类物质在氧气中燃烧的现象(如:硫在氧气中燃烧呈现出的蓝紫色火焰)等都显示出了化学物质及其转化之间的美丽。化学的美丽还体现在学科的创造性上,现代化学的核心是合成化学。其任务就是设计各种化学变化,从自然界中转化和分离出人类需要的物质和产品。[③] 化学的发展不断造福人类,为人类带来了美好的生活,这也体现出了化学的创造之美。

(三)"魅力化学"注重学生体验

《化学课程标准》重视开展核心素养导向的化学教学,聚焦学科育人方式的转变,深化化学教学改革。重视将真实问题情境、单元教学和跨学科实践活动等要素运用于教学中,优化课程实施的方式,倡导"做""用"和"创"的学习活动。"魅力化学"课程基于课标要求,积极挖掘真实有效的情境素材,启发学生的科学思维,运用多样化教学方式,注重学生的课堂体验,引导学生真正参与到课堂中,落实对学生

---

① 宋心琦,胡美玲.对中学化学的主要任务专论和教材改革的看法[J].化学教育,2001(9):9—13.
② 中华人民共和国教育部.义务教育化学课程标准(2022年版)[S].北京:北京师范大学出版社,2022:1.
③ 杭义萍,蔡明招.诠释"魅力化学"发挥化学魅力的教育功能[J].化学教育,2009,30(3):22—24+32.

化学学科核心素养的培育。

(四)"魅力化学"倡导多元化的评价方式

《化学课程标准》中明确指出倡导实施促进发展的评价方式,重视树立科学的评价观,发挥评价的育人功能。改进终结性评价,加强过程性评价,积极探索增值性评价,优化课程评价的方式,深化综合评价。

我校"魅力化学"课程立足于《化学课程标准》要求,结合本校的化学课程理念,积极探索多元化的课程评价方式,注重课程评价对学生的自学和反思能力的价值,重视学生科学精神和态度的培养,充分发挥评价的育人功能。

二、学科课程目标

《化学课程标准》指出:化学课程既强调化学学科及科学领域的核心素养,又反映未来社会公民必备的共通性素养,倡导学会学习、合作沟通和创新实践。《化学课程标准》从化学观念、科学思维、科学探究与实践、科学态度与责任四个方面提出了要求。依据《化学课程标准》中提出的核心素养以及上海市初中化学学科教学的基本要求,我校"魅力化学"课程提出了具体的课程目标,具体如表19所示。

表19 "魅力化学"课程目标表

年级	上学期	下学期
九年级	第一章:化学的魅力 1. 理解物理变化、化学变化,物理性质、化学性质,纯净物、混合物,单质、化合物和过滤等概念;认识元素名称及元素符号。 2. 在认识化学研究对象的过程中,注意自然科学基本分类的方法;能关注化学实验室安全知识;能初步描述化学实验现象,会正确记录实验现象和书写实验报告;能认识正确使用化学仪器、按规范进行实验操作的必要性;通过粗盐提纯实验,能学会从可溶性物质中分离出不溶性物质的方法。	第五章:初识酸和碱 1. 认识酸碱指示剂、铁制品除锈的原理;理解盐酸、硫酸、氢氧化钠、氢氧化钙的性质、氧化物的分类和性质以及溶液酸碱性的检测;理解中和反应的定义。 2. 根据组成、结构与性质的关系,以稀盐酸和稀硫酸、氢氧化钠和氢氧化钙相似的化学性质为例,通过比较、演绎、推理,对逻辑思维方法有所了解;通过实验探究酸碱中和反应、二氧化碳与氢氧化钠溶液的反应,以及

续表

年级	上学期	下学期
	3. 逐步明确化学的研究对象，领悟化学是一门研究物质的组成、结构、性质及其化学规律的科学；在实验操作过程中，体会实验操作的科学性和规范性，并逐步养成严谨求实的科学态度；理解纯净物纯净的相对性，辩证地认识纯净物和混合物；认识到化学与生活、社会的广泛联系，逐步萌发学习化学的兴趣。 第二章：浩瀚的大气 1. 认识空气的成分、空气的污染、稀有气体、原子和分子的概念、原子团的符号和名称、相对原子质量、物质的量、摩尔质量等概念；理解氧气、氧气的实验室制法、化学式及式量、有关物质的量概念的计算、质量守恒定律、化合反应和分解反应的定义。 2. 通过对物质微观层面的研究，初步形成物质可分性的观念，加强辩证唯物主义教育；通过模拟科学研究的过程，初步了解科学探究的一般过程；了解研究物质的基本过程和方法；通过对空气质量的调查，增强社会责任感；在化学实验的实践及探究过程中，增强科学探究及团队合作精神。 第三章：走进溶液世界 1. 认识水的物理性质、水的污染和净化、结晶和结晶水合物；理解水的电解、饱和溶液和不饱和溶液、溶解度、溶液的酸碱性以及酸碱指示剂和pH的含义；能运用溶质的质量分数进行计算。 2. 观察和描述化学实验现象，了解分析和推断物质组成的基本科学方法；知道用几何曲线来描述和分析物质溶解度的科学思维方法；运用归纳和演绎的方法选择指示剂测试、推断溶液酸碱性，并比较其强弱；关注水资源，形成节约用水、保护水源的意识；感悟化学是一门与社会、生活、生产密切相关的学科。 第四章：燃料及其燃烧	对实验过程中问题的讨论，了解实验在学习化学中的作用；了解酸和碱在生活中的应用；通过学习酸和碱的性质与用途，感受"结构决定性质"的学科思想和化学使人类生活更美好的学科理念；通过设计实验方案和实验操作，体会成功的喜悦，增强自主学习的自信和形成尊重实验事实的学习习惯和科学态度。 第六章：常用的金属和盐 1. 认识氧化还原反应、焰色反应、化肥的分类和氮肥；理解置换反应、金属活动性顺序、复分解反应、盐酸和硫酸的鉴别、碳酸盐的检验等。 2. 通过学习金属与盐酸、稀硫酸以及某些盐溶液的反应，体会用比较实验的方法来研究物质的性质；通过探究稀盐酸及可溶性盐酸盐的检验方法和稀硫酸及可溶性硫酸盐的检验方法，初步形成演绎、归纳推理的能力，感受化学学科中"结构决定性质"的学科思想；通过设计、动手与评价金属活动性实验方案，体验学习中成功的喜悦，建立学习的自信心，形成相信科学、尊重科学的意识；通过学习化肥的应用，体验化肥在粮食等作物生长中的重要作用，也要注意使用不当会污染环境；通过学习常见盐的化学性质，形成化学学科的思维品质，加深对化学学科的情感；通过了解生活中常见的食盐、明矾等盐及化肥的用途，感受化学与人类密切的关系。 第七章：化学与生活 1. 认识有机化合物的概念、几种常见的有机化合物。 2. 通过比较，了解生活中常见的有机

续表

年级	上学期	下学期
	1. 认识常见的家用燃料、同素异形体现象和同素异形体；理解燃料充分燃烧、碳单质、一氧化碳、二氧化碳、二氧化碳的实验室制法以及简易启普发生器。 2. 认识化学实验是学习物质化学性质的重要手段；运用调查、对比实验等方法，提高通过实践进行学习的能力。安全使用燃料，感悟珍视生命的意义；形成节约能源、保护环境的意识。	化合物和无机化合物的差别，感受区分无机和有机化合物的科学方法；了解人体必需的营养素及食物来源，体验平衡膳食的重要性，养成良好的饮食习惯；从化学的视角观察周围的事物，进一步体验化学的魅力。

三、学科课程框架

《化学课程标准》将义务教育阶段的化学课程内容以五个学习主题（即"科学探究与化学实验""物质的性质与应用""物质的组成与结构""物质的化学变化""化学与社会·跨学科实践"）呈现出来。结合《化学课程标准》的学习主题以及上海市初中化学学科教学的基本要求，我校从"魅力物质""魅力结构""魅力变化""魅力实践""魅力实验"等几个角度建构魅力化学课程（见图1）。

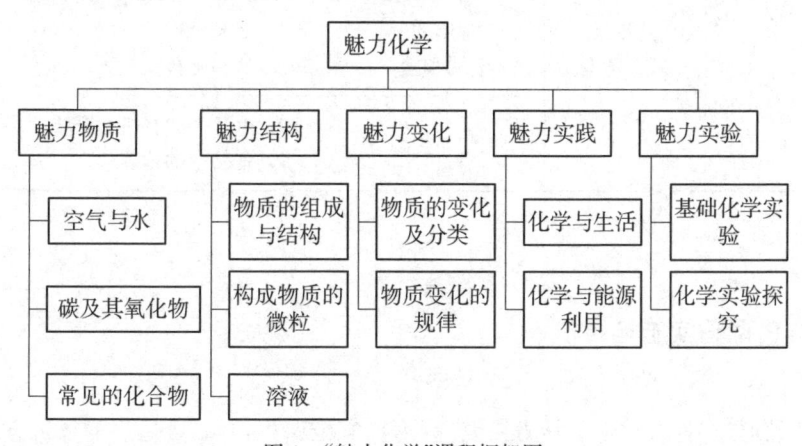

图1 "魅力化学"课程框架图

根据《化学课程标准》及上海市初中化学学科教学的基本要求。我校提出了如下化学学科课程结构(见表20)。

表20 "魅力化学"课程结构表

课程类别	学期	课程名称	内容要点
魅力化学	九年级第一学期	化学的魅力	1. 化学使世界更美好 2. 走进化学实验室 3. 物质的提纯 4. 世界通用的化学语言
		浩瀚的大气	1. 人类赖以生存的空气 2. 神奇的氧气 3. 化学变化中的质量守恒
		走进溶液世界	1. 水 2. 溶液 3. 溶液的酸碱性
		燃料及其燃烧	1. 燃烧与灭火 2. 碳 3. 二氧化碳的实验室制法 4. 化学燃料
	九年级第二学期	初识酸和碱	1. 生活中的酸和碱 2. 酸和碱的性质研究
		常用的金属和盐	1. 奇光异彩的金属 2. 盐和肥料
		化学与生活	1. 生活中的有机化合物 2. 食品中的营养素

四、学科课程实施与评价

我校通过"魅力教学""魅力探究"等途径实施课程,并结合适当的评价方式来诊断实施的效果和课程目标的达成程度。

（一）建构"魅力教学"，提升思维品质

"魅力化学"课程理念注重培养学生的化学学科基本观念、科学思维以及探究和实践能力，激发学生对物质世界的好奇心，引导学生感悟化学学科的魅力。课程实施的主阵地就是日常的课堂教学。义务教育阶段的化学课程要求面向全体学生，提升学生的思维品质，力求全体学生的发展。基于上述理念，本校着力构建启思性的化学课堂，夯实学生的化学基础知识，提升学生的思维品质。

"魅力教学"主要是对"化学"国家课程的校本化实施。教师利用40分钟的课堂教学的时间，帮助学生夯实基础知识，提升科学思维。为了更好地因材施教，本校采取分层教学的方式。根据学生6—8年级整体的学习习惯、能力和水平进行分层。从学生的实际情况出发，尊重学生的学习个体化差异，分别从教学目标、课外作业、课外辅导进行了分层。

教学目标方面：对于高层次的学生提出更高阶的要求，重视其思维能力严谨性的培养，鼓励学生在完成课内知识要求的基础上进行拓展，探究自己感兴趣的科学问题。对于低层次的学生，则重点要求其夯实基础知识，以达到考纲要求。

课外作业方面：对于较高层次的学生，要求其完成难度较大的综合题或者选做题，以满足优生的求知欲，发展其能力；对于中等层次的学生，要求其完成巩固练习的试题，帮助巩固课内的知识点；对于低层次的学生，则要求其完成基础训练，加强基本功训练的同时，在其有兴趣的前提下，鼓励其尝试高层次的作业，以求锻炼其科学思维。

（二）创设"魅力探究"，拓宽科学视野

科学探究是科学的基本特征。基于此，本校"魅力化学"课程也开设了丰富的课程资源以供学生进行探究活动，以期拓宽学生视野，帮助学生在各项实践活动中感悟科学的魅力。

我校"魅力探究"基于丰富的化学课程资源，例如：化学实验室、危化品展览馆等，拓宽学生的视野，帮助学生深入了解化学知识，充分提升对化学学习的兴趣。2019年5月，我校承办了闵行区首届危化品安全知识竞赛，依托危化品安全教育体验馆、安全知识竞赛、危化品安全教育读本等一系列课程资源，全面、系统地落实了安全教育，有效地培养了学生的科学态度和社会责任。例如，2023年5月，本校化学组教师根据学生的学情，开发和设计了"造纸"为核心的项目式课程，旨在引导学

生通过实验探究、查阅资料和实地考察等活动解决造纸工业中的实际问题,学生在整个课程中首先体验了造纸的全过程,并积极进行小组合作查阅资料,解决了造纸过程中的废液处理的问题。整个过程历经了一个学期,学生在此过程中对化学学科表现出了高涨的学习热情,同时也巩固了相关的化学基础知识。同时,本校还多次开展与化学主题相关的科技节活动,"自制叶脉书签""水果电池"等相关课程资源都深受学生的喜爱。

第三章
社团活动的色彩

五彩斑斓的社团，在孩子们的成长过程中留下了浓墨重彩的一笔，这是他们青春的色彩，是他们青春的力量，是他们未来美好生活里的绚烂回忆。

浦航的社团活动丰富多彩，几十门社团活动是"SAIL"课程的集中体现。戏剧社团展现舞台魅力；美术社团让童心润泽；3D打印让创新变得触手可及；水火箭一发冲天，让航空航天的梦想在这一瞬间实现；啦啦操和棒垒球使得孩子们兼具柔美与力量；法治社团给他们幼小的心灵种下规矩的种子；辩论社团让孩子们的思维和口才横溢。这些课程在孩子们的成长过程中留下了浓墨重彩的一笔，这是他们青春的色彩，是他们青春的力量，是他们未来美好生活里的绚烂回忆。

第一节 戏剧社团：展现舞台的魅力

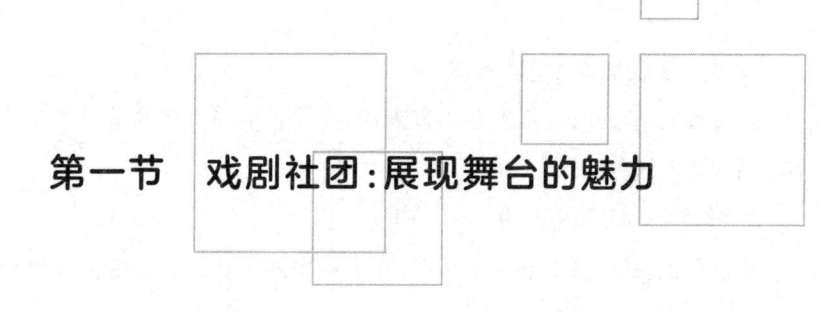

戏剧社团课程是一种注重实践的教育形式，旨在通过戏剧艺术的学习和实践，培养学生的综合素质和实践能力。随着社会的不断发展，人们对于文化艺术的需求也越来越高，戏剧艺术作为一种重要的艺术形式，不仅能够带给人们美的享受，同时也能够传递社会价值观和思想理念。因此，中学戏剧社团课程越来越受到中学教育的重视。

一、课程理念

戏剧社团课程的理念是"人人都是一个角"，每个成员都被视为一个独立的个体，有着独特的才华和潜力。教师应该尊重学生的个性和兴趣，引导学生发现自己的优点和潜力，鼓励学生在表演中充分发挥自己的才能和能力。同时，该课程也注重学生团队合作精神和社交能力的培养。通过团队合作和角色扮演等活动，让学生更好地理解、接受和尊重他人。通过戏剧艺术的学习和实践，培养学生的综合素质和实践能力。该课程的目的不仅是让学生学会表演技巧，更重要的是让学生在表演的过程中锻炼自己的思维能力、创造力、团队合作精神以及审美和情感的表达能力，从而达到全面培养学生的目的。

二、课程目标

戏剧社团课程的目标是通过戏剧艺术的学习和实践，培养学生的综合素质和实践能力。具体来说，其主要目标包括以下几个方面：

1. 提高表演能力和艺术修养

通过戏剧基础知识、声乐和语言表演、身体表演等方面的学习和实践,掌握表演技巧和艺术修养,提高表演能力和艺术水平。

2. 培养创造力和想象力

通过角色扮演、剧本创作等活动,在表演中发挥自己的创造力和想象力,从而提高创新能力和实践能力。

3. 培养团队合作精神和社交能力

通过团队合作和演出等活动,学会与他人合作、沟通和协调,从而培养团队合作精神、提升社交能力。

4. 增强文化素养和审美意识

通过戏剧欣赏和评价等活动,了解戏剧艺术的内涵和价值,从而增强文化素养和审美意识。

5. 塑造正确的人生观和价值观

通过剧本创作和演出等活动,理解和体验不同的人生境遇和价值观,从而形成正确的人生观和价值观。

总之,中学戏剧社团课程旨在通过戏剧艺术的学习和实践,全面培养学生的综合素质和实践能力,让学生在表演中锻炼自己的才能和能力,同时也让学生更好地认识和理解戏剧艺术的内涵和价值,为学生的未来发展打下坚实的基础。

三、课程内容

根据学生的实际情况和需求,设计具有挑战性和创造性的课程内容,包括以下方面:

1. 戏剧基础知识

学习戏剧的起源、发展和基本概念,了解不同时期和不同国家的戏剧文化。

2. 声乐和语言表演

学习声音和语言的基本技巧,如发音、语调、节奏、语气等,掌握如何通过声音和语言表达情感和角色。

3. 身体表演

学习身体语言和动作的基本技巧,如肢体动作、姿势、表情等,掌握如何通过身体表现角色和情感。

4. 角色扮演

学习如何扮演不同的角色,如角色分析、角色塑造、角色刻画等,从而提高学生的表演能力和创作能力。

5. 剧本创作

学习如何创作剧本,如故事结构、人物刻画、情节发展等,让学生在实践中提高自己的创造力和实践能力。

6. 舞台布景和灯光设计

学习如何设计舞台布景和灯光,从而让学生更好地理解和掌握舞台艺术的要素和技巧。

7. 戏剧欣赏和评价

学习如何欣赏和评价戏剧作品,了解戏剧艺术的内涵和价值,从而增强学生的文化素养和审美意识。

四、课程实施

学校利用课后服务时间开设戏剧社团,让有兴趣的学生参加。社团成员可以在课堂内外通过学习和实践,提高自己的表演能力和创作能力,并在演出和比赛中展示自己的才华。

(一) 实施方式

学校可以通过多种渠道宣传和推广戏剧社团课程,鼓励更多的学生参与其中,提高课程的知名度和影响力。宣传和推广可以包括海报、宣传栏、校园广播、社交媒体等方式,让更多的学生了解戏剧社团课程,并积极参与其中。

首先,招募有兴趣、有才华的学生加入社团,组织定期排练和演出,提高成员的表演技能和舞台经验;其次,邀请专业人士或校外戏剧团队来进行指导和交流,参加校内外的戏剧比赛和演出活动,展示社团的实力和成果。此外,戏剧社团还可以通过举办戏剧研讨会或者戏剧节等活动来扩大影响力,吸引更多学生参与进来,提升学生的综合素质和表现能力。

（二）时间安排

根据学生的学习时间和课程安排，安排合适的教学时间和教学内容，保证学生能够充分参与和实践。一般来说，戏剧社团的课程可以安排在课余时间或周末，每次课程时间为1—2小时，每周安排1—2次课程。

（三）培训教师

学校可以邀请专业的戏剧教师或演员来指导学生的学习和实践，提供专业的指导和辅导。教师应该具有一定的教学经验和戏剧表演经验，能够根据学生的实际情况和需求，设计合适的教学内容和教学方法。

（四）组织演出和比赛

定期组织学生参加演出和比赛，让学生在实践中进一步提高自己的表演能力和创作能力，同时也可以提高学生的自信和自我表达能力。演出和比赛可以包括校内演出、校际比赛、市区比赛等，让学生在不同的舞台上展示自己的才华。

总之，戏剧社团课程实施方案应该注重教学内容和教学方法的多元化和实用性，同时也要加强教师培训和建立评价机制，为学生的全面发展提供有力的保障。

五、课程评价

制定明确的评价标准和机制，对学生的表演、创作和团队合作等方面进行评价和反馈，帮助学生发现自己的优点和不足，进一步提高自己的表演能力和实践能力。评价可以包括课堂表现、作品创作、演出表现、团队合作等方面，评价结果应该及时反馈给学生，教师动态调整教学内容和教学方法。

（一）学生评价

对于戏剧社团的学生评价，可以从以下几个方面进行考查：

1. **课堂表现**

评价学生在课堂上的表现，包括参与度、表达能力、合作精神、自我管理能力等方面。可以根据学生在课堂上的表现，给予不同的评价等级，如优秀、良好、一般、需要改进等。

2. 作品创作

评价学生在剧本创作、角色扮演、舞台布景和灯光设计等方面的表现和成果。可以根据学生的作品质量、创新性、表现力等方面，给予不同的评价等级，如精品、优秀、一般、需要改进等。

3. 演出表现

评价学生在演出中的表现和成果，包括角色扮演、表演技巧、舞台表现等方面。可以根据学生的表演技巧、表现力、舞台形象等方面，给予不同的评价等级，如精彩、出色、一般、需要改进等。

4. 团队合作

评价学生在团队合作中的表现和成果，包括团队协作能力、沟通能力、领导才能等方面。可以根据学生在团队中的角色和贡献、团队合作的效果和质量等方面，给予不同的评价等级，如优秀、良好、一般、需要改进等。

以上评价标准和等级应该根据实际情况和需求进行具体的设计和调整。评价结果应该及时反馈给学生，并根据评价结果，动态调整教学内容和教学方法，帮助学生发现自己的优点和不足，进一步提高自己的表演能力和实践能力。

(二) 课程评价

对于戏剧社团课程的评价，可以从以下几个方面进行考查：

1. 教学效果

评价课程的教学效果，包括学生学习和实践的成果、学生的表演能力和创作能力的提高、学生的自信心和自我表达能力的增强等方面。可以通过学生的表演作品、演出成果、评价结果等方面，对课程的教学效果进行评价。

2. 教学质量

评价课程的教学质量，包括教师的教学能力、教学方法的多样性和实用性、教学资源的充足性和质量等方面。可以通过教师的教学评价、课程设计和教学资源的评价等方面，对课程的教学质量进行评价。

3. 学生满意度

评价学生对课程的满意度，包括学生对课程内容、教学方法、教学资源等方面的满意度。可以通过学生的反馈问卷、访谈等方式，对学生的满意度进行评价。

4. 社会效益

评价课程对社会的贡献和影响,包括课程对学生的文化素养和审美意识的提高、课程对社会文化建设的推动等方面。可以通过学生的演出成果、社会反响、媒体评价等方面,对课程的社会效益进行评价。

以上评价标准应该根据实际情况和需求进行具体的设计和调整,评价结果应该及时反馈给教师和学生,为课程的持续改进和提高提供有力支撑。

总之,戏剧社团是一个培养学生创造力、表现力和团队合作精神的重要平台,通过戏剧社团的学习和实践,学生可以提高自己的表演能力、创作能力、沟通能力和自我管理能力,尤其对于中学生的全面发展有着重要的促进作用。在戏剧社团教育中,教师应该注重学生的实践能力和创新能力的培养,通过多种教学方法和资源的运用,帮助学生发掘自身的潜力,提高自身的表演和创作水平,同时注重学生综合素质和价值观的培养,引导学生树立正确的世界观、人生观和价值观,培养学生的文化自信和社会责任感。

第二节　美术社团：追溯艺术之源

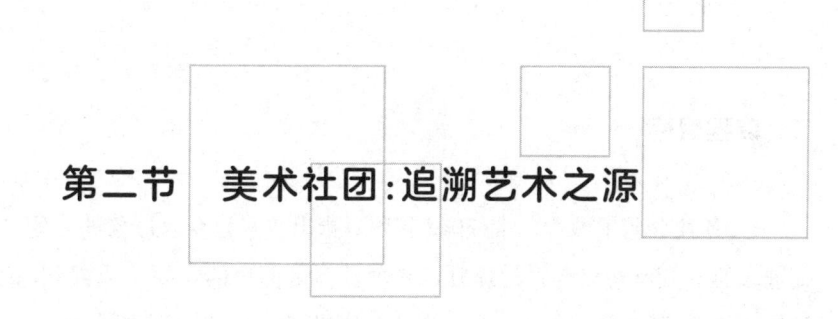

　　学校美术教育注重美术与文化及社会的联系，美术社团校本课程的开发应运而生。它是对国家、地方、学校课程的丰富与发展，是素质教育和学校发展的需要，同时美术社团课程是对学生参与能力、合作意识的培养。

一、课程理念

　　社团活动是以学生的爱好和兴趣为出发点。学生根据自己的兴趣、爱好选择了美术社团，所以我们在美术社团校本课程的编写中，要选择新颖、有地方特色的素材作为学习内容，创建轻松、愉悦的学习环境。

　　美术社团课程依据国家《义务教育艺术课程标准（2022年版）》，结合初中阶段学生的年龄特点与地域特色，将初中美术课程标准与美术社团校本课程开发有效衔接，制定科学、富有特色的初中美术社团校本课程开发方案，使其成为具体化、校本化、资料化和具有指导意义、适合学生学习的课程内容和形式。因此，本校初中美术社团应遵循"激活在地文化资源"的课程理念。在编制社团校本课程时，我们要结合当地地域特色，充分反映地域特色及其文化。浦江镇有很多优秀的地方文化特色，在美术社团教学中要予以充分发掘和研发。在美术社团活动中，我们要充分发挥其自由、灵活的特点，保护学生独特的个性，给予他们更多发挥个性特长的机会，在教程的编写中要充分调动学生创造性的发散思维、想象思维等。通过设计一些富有创造潜能的程序和环节、方法等来培养学生的创新精神和创造能力，鼓励他们大胆发表自己独到的见解，创作出富有个性的作品。

二、课程目标

《义务教育艺术课程标准(2022年版)》指出艺术教育以形象的力量与美的境界促进人的审美和人文素养的提升。艺术教育是美育的重要组成部分,其核心在于弘扬真善美,塑造美好心灵。通过美术社团学习,达到以下目标。

1. 感知发现地方艺术美,在欣赏分析中提升审美感知能力。
2. 运用恰当的美术语言对本地美术作品进行表达交流,运用形象思维和创意创作具有当地艺术风格的作品,提高艺术表现能力和创新思维能力。
3. 了解本土历史和文化,学会理解尊重文化,坚定文化自信。

三、课程内容

各地方特色资源具有鲜明的地域特征,引导学生通过多样社团课程发掘浦江镇特色资源,在项目化学习中创作具有地域特色的美术作品,扩大地区文化影响力,培养学生的综合素养,增强文化自信。

1. 浦江包装设计社

课程中让学生赏析上海经典包装设计(如大白兔奶糖、杏花楼月饼),培养学生对包装的审美鉴赏能力和观察分析能力。在包装结构设计课程中,对包装结构进行分析并动手实践,在市场调研后,为浦江镇的烧卖、咸肉等特色美食设计包装,培养学生的观察动手和团队合作能力。在设计制作过程中领会"守正创新"的精神。

2. 浦江文化创意社

通过参观、考察古镇、采访等方法收集资料,了解浦江镇召稼楼的历史、造型、建造年代、装饰图案、材质、文化故事、名字由来。在小组合作、讨论交流中学习古镇的文脉,通过写生召稼楼、提炼其文化符号来创作召稼楼文创(如召稼楼扇子、浦江文化浮雕冰箱贴),从而实现从认识召稼楼到热爱家乡,提升对中华文化多样性的理解。

四、课程实施

学校在课后服务时间开设美术社团,让有特长有兴趣的学生参加,在项目化、多元化的学习中,不断发掘地方特色资源中的美术元素,提升美术综合素养。

实施细则如下。

(一)确定教学时间

美术社团的实施应根据学校的时间安排,确定教学时间,确定教学节次。

(二)确定教学地点

美术社团走班制教学的实施应根据学校资源,确定教学地点,确保教学质量。

(三)确定教学模式

美术社团走班制教学的实施应根据学生的学习特点,确定教学模式,实施多样化教学。

(四)组织管理

美术社团走班制教学的管理应由学校组织实施,明确责任,确保正常开展。

(五)安全管理

美术社团走班制教学的管理应确保学生在教学活动中的安全,加强安全教育,防范安全事故的发生。

五、课程评价

为了更好地组织美术社团的课程建设,让学生在阶段学习后有一定的自我认识,师生的评价管理就显得尤其重要了。美术社团的师生评价方式可以是多种多样的。在具体操作中,采用"积分考核""展示评价""师生互评"等有效的评价方法。具体而言有以下几种方法。

(一)积分考核

可围绕作品的创意、细节情感表达、整体把控、价值观等进行积分考核。另外,教师现场也可以通过鼓励、提出意见等口头方式进行点评。

（二）展示评价

学校围绕艺术节等校园活动开展社团作品展览，邀请学生过来观展，并在其认为有创意、有文化内涵的作品下面贴"红点"，红点较多的创作者将被评为校园活动的"浦航创意达人"。

（三）师生互评

学生通过问卷、访谈等方式，反馈对课程的满意度，问卷包括对课程内容、教学方法、教学资源、教师仪态语音、课堂氛围等方面的反馈，并对课程提出建议。教师也可对学生上课的专注度、参与度，学生作品的创意度、完成度进行评价。

总之，在初中围绕"激活在地文化资源"开展美术社团活动，充分发挥社团课程在校园文化建设中的作用，有利于学生在以艺术体验为核心的实践中，提升艺术素养和创造能力，有利于激发学生参与艺术活动的兴趣和热情，使学生形成丰富、健康的审美情趣，坚定文化自信，实现立德树人的根本任务。

第三节　3D打印社：创享未来之印

为了响应国家推进信息技术在日常教学中的深入、广泛应用,以及促进学生积极参与科学探索和培养创造性思维能力,2017年,国务院印发《新一代人工智能发展规划》,并提出"实施全民智能教育项目"。该项目旨在中小学阶段设置人工智能相关课程,并逐步推广编程教育,同时鼓励社会力量参与寓教于乐的编程教学软件和硬件、游戏的开发和推广。

作为一项创新技术,3D打印在当前科技快速发展的趋势下被广泛应用。为了引导学生积极参与科学探索和创造性思维,本校创建了3D打印社团。

3D打印社团将为学生创造一个创新、实践的平台,让学生们能够亲身体验和学习3D打印技术,掌握使用3D建模软件、3D打印机的方法,设计和制作自己的作品。

社团以培养学生的三维设计兴趣爱好为基础,增强学生的计算思维能力、空间立体感、动手能力。每一次社团活动都带领学生深入了解3D打印的原理、应用以及建模技巧。通过参与3D打印社团,学生们学会面对挑战,发现问题并寻找解决方案,同时还能够通过分享和展示自己的作品来激发彼此的灵感与创造力。

一、课程理念

本3D打印社团为学生提供了一个开放的平台,鼓励学生通过实践和探索来培养设计思维、问题解决能力和团队合作精神。在这个社团中,学生们将逐步学习如何运用3D建模软件、3D打印机和相关设备,将他们的创意变成真实可行的物品。

3D打印社团课程将从基础知识的传授开始,学生们将学习基本的3D建模技巧和操作方法,了解各种建模软件的特点,并选取其中适合自己的软件进行学习和设计。同时,他们还将学习如何分析和解决实际问题,将所设计的模型应用于实际场景中。在社团中,学生们还有机会与其他志同道合的同学一起合作完成项目,学会协作与沟通,共同面对挑战并找到最佳解决方案。

通过实践,不仅能让学生学到与3D打印技术有关的知识,还将培养学生的批判性思维能力,使其学会评估设计的可行性和有效性,分析并解决可能出现的问题。同时,他们将有机会了解到不同材料和打印技术,探索如何优化设计以及提高打印质量。

在浦江学区的3D打印项目中,学生们将有机会参加浦江学区举办的3D打印竞赛。这个竞赛涵盖了建筑、交通、生活等各个领域的主题,激发了学生的探索和创造热情。他们可以通过将3D打印技术和开源硬件相结合,设计出创意装置并实现智能化探索,展示他们对未来的畅想。此外,社团学生还有机会参加未来工程师大赛中的"轻量座椅"项目,这个项目鼓励学生充分发挥想象力,设计和制作轻量化的座椅。通过参加比赛,学生们将有机会展示自己的能力和才华,同时提升他们的科学素养。这样的经历有助于学生们建立自信心,培养他们对科学与技术领域的兴趣。这样的活动将为学生们提供宝贵的实践经验和展示才华的机会。

总之,建立3D打印社团旨在通过实践与探索,培养学生的创新潜能。通过学习3D建模软件、打印机操作和团队合作,学生将获得丰富的经验和技能。此外,学生也将不断增强他们的创造力、批判性思维和解决问题的能力。这些都将为他们的未来学习和职业道路打下坚实的基础。

二、课程目标

3D打印社团以培养学生的三维设计兴趣爱好为基础,课程中的构思、设计、建模、实物呈现的过程能够极大激发学生们的兴趣,培养他们探究新知的能力和合作精神。学生们将逐步掌握3D建模软件的使用技巧,学会构思、设计、建模和实物呈现的全过程。

3D打印社团致力于为学生们提供一个富有挑战性和成就感的学习环境,根据学生的实际水平和需求,3D社团的课程目标大致如下:

1. 3D打印技术基础：学习3D打印的原理、历史和应用领域，学习3D打印机的结构和组成部分。

2. 3D建模软件：学习123D Design建模软件，设计自己的模型并准备进行3D打印。

3. 打印材料与参数：了解不同类型的3D打印材料，如塑料、金属等。学习如何选择合适的材料，并了解不同材料的打印参数设置对最终打印效果的影响。

4. 3D打印工作流程：学习整个3D打印的工作流程，包括模型准备、切片设置、打印机操作等环节。了解每个环节的重要性和注意事项。

根据以上目标，3D打印社团的课程将以培养学生对三维设计的兴趣爱好为基础，并逐步提升他们的技术能力、创造力、合作精神和问题解决能力。这将为学生们提供一个富有挑战和成就感的学习环境，拓宽他们的视野，并为他们未来的学习和职业发展奠定坚实的基础。

三、课程内容

3D打印社团以学生为中心，注重培养学生的实践能力。为了让学生从实践中学习，在课程内容上，将其分为四个部分，并遵循从易到难的原则。这样设计的目的是激发学生的学习主动性和探索欲望。这四部分的内容包括：

1. 3D打印基础知识介绍：了解3D打印的原理、历史和应用领域。

2. 3D建模软件学习：学习使用123D Design建模软件，了解基本的工具和技巧，初步掌握建模的基本概念，为后续的学习奠定基础。

3. 设计思维与创意培养：通过案例研究和创意设计活动，培养学生的设计思维和创造力；将所学知识和技能应用于现实生活的真实问题中，培养学生解决问题的能力。

4. 打印材料与参数设置：介绍不同类型的3D打印材料和打印参数设置对最终效果的影响；进行预处理和后处理操作，通过不断调整自己的作品，使打印出来的成品达到最佳的打印效果。

通过将课程内容分为上述四个部分，为学生提供了一个逐步递增的学习路径，确保每位社团学生都能够逐步提升自己的技能。其中，由于大部分学生都是从零开始学习3D打印技术，所以在3D建模软件的学习上会花费较多的时间和精力。社团学生在这个富有挑战性和成就感的学习过程中能够获得巨大的成长与收获。

在课程实施的过程中，以项目式教学和任务驱动式教学为主。

第一单元《走进3D打印》：主要介绍3D打印的基础知识，如3D打印的历史、原理、发展和应用领域，并通过上一届学生制作的轻量座椅的设计和打印，让学生知道3D打印的一般过程和打印机的操作技术。通过骰子和简易小屋的使用和制作对123D Design建模软件有一个基本的了解，学会视角控制、创建基本体、移动、合并等基本操作，为后续学习奠定基础。

第二单元《生活物品》：主要通过任务驱动的方法，让学生通过任务学习3D建模软件的各种操作，了解相关命令的使用。任务从易到难，主要有制作带烟囱的小房子、金字塔模型、个性徽章、花瓶、折叠椅子、小猪存钱罐等物品，掌握软件基础建模命令的使用。在此单元，学生学习123D Design的相加相减相交命令、拉伸命令、草图工具、旋转和抽壳命令、倒角圆角操作、放样工具等基础操作。

第三单元《创意玩具》：主要是进行综合性的设计，学生需要运用3D建模软件设计一个具有创意和功能性的玩具模型，如机器人、飞船或动物模型。首先依旧是通过任务驱动法，在老师的带领下制作一个赛车玩具模型，把已经学习过的基础建模命令进行综合，并在此基础上对赛车进行创新性的改进再设计。然后，学生发挥自己的想象力，设计一个玩具模型。

第四单元《未来校园》：本单元鼓励学生通过团队合作来解决问题，共同完成未来校园的设计和实现，设想未来校园拥有智能化的环境和个性化的学习方式，利用3D建模软件，为未来校园打造更智慧、便捷和适应学生需求的环境。首先，学生需要设计并还原出目前校园的建筑、设施，以小组为单位完成美丽校园的设计。然后，在此基础上思考未来校园的发展趋势，学生可以学习到团队合作的重要性，并培养沟通、领导和协调的能力。

初中生的接受和理解能力有限，所以课程的设计还是从模仿开始，再过渡到改进，最后再是创新设计，循序渐进。

四、课程实施

3D打印是一项实践性很强的技术,通过实际操作可以更好地理解和应用相关知识,培养学生的动手能力和技能。3D打印社团的课程实施以项目教学和任务驱动式教学为主,将课程内容分为了四个部分。根据课程的不同阶段选择合适的教学方法来实施课程是学生学好3D打印、培养设计兴趣的关键,根据3D打印课程的特征,在课程实施中采取以下教学方法:

(一)任务驱动法

任务驱动法是一种有效的教学方法。在3D课程中,每节课通常都会给学生布置一个任务,如制作扇子、徽章、花瓶等。确定一个具体的任务,既能激发学生的兴趣,又符合他们的学习水平和技能。在任务开始前,教师会引导学生思考涉及任务的问题,通过提问引导学生主动思考并激发他们的好奇心。在任务进行的过程中,逐步提供相关的知识和技能,帮助学生理解和掌握本节课所需的操作,教师通过讲解、演示、视频等方式进行教学,并根据学生的水平调整方法。课程中最重要的一个环节就是学生的实践操作环节,让学生亲自动手实践,并且给足学生时间,教师在学生操作的过程中也会给予指导。学生发现问题,通过调整尝试解决问题。通过任务驱动法,学生能够在实践中体验到学习的乐趣和成就感,提高学习主动性。每次课程结合理论讲解和实际操作,鼓励学生亲自动手实践。

(二)自主学习法

学生的学习热情需要被激发,学生自主学习是一个很好的方法。初中生正处于初步培养自学能力的阶段,自主学习鼓励学生主动提出问题、寻找答案和解决方案,不断通过试错和实践来提高技能。因此,在3D打印社团中,学生自主学习的必要性和重要性是非常关键的。每个学生都有自己的兴趣和独特的学习方式,自主学习可以满足学生的个性化需求,以学生为主体,根据自己的兴趣和节奏进行学习,促进个性发展和创新思维。每一个学生的接受和理解能力不同,因此,自主学习可以帮助学生适应自己的节奏,形成自己的理解,提升自己的自信心。

(三)项目式教学法

使用项目式教学法来上3D打印课可以激发学生的学习兴趣和创造力,同时也可以培养学生们的合作能力。学生需要制定项目目标、制订计划并进行详细设计。学生在小组内进行分工，负责项目的不同部分。项目式教学法主要应用于后续的创新设计中，教师会安排一个相对独立的项目让学生自己处理设计，如创意玩具的设计制作。学生以个人为单位，进行创新设计，教师只做引导。而后，学生以小组为单位，完成未来校园的设计和制作，在小组合作中充分发挥自己的特长，培养合作能力。每个学生都有机会参与到项目中，通过小组合作完成任务。

根据学生的不同情况、课程的不同内容，从实际出发，采用不同的教学方法，在基础的课程中采用任务驱动法，学生在一节课中完成一个任务的同时掌握本节课的建模命令操作。在后续的综合性操作实践中，采用项目式教学法，学生实践为主，教师引导为辅，完成项目。教学过程中自主学习贯穿始终，让学生在做中学，自主构建知识和技能。

五、课程评价

课程评价对于教学过程中的各方面都有重要性。按照评价功能分，本 3D 打印课程主要是形成性评价和终结性评价。

其中，形成性评价包括学生的参与度评价，观察学生在课程中的积极程度、主动性和合作精神；自主学习能力评价，观察学生是否能够主动积极地学习和尝试新的技术和方法；能力提升评价，从课程的开始到结束，观察学生是否在 3D 打印方面有明显的进步；创新能力评价，观察学生在设计过程中是否体现出独立思考、创造新颖想法和解决问题的能力。

终结性评价旨在评估学生在整个课程期间所达到的学习成果和能力，包括项目作品评价，对学生在课程实施中独立完成的作品进行自评、互评和师评；学习成果展示评价，对学生在课程实施前期完成的各种统一的作品进行评价，通过学生作品评估学生对于 3D 打印知识的理解和掌握程度。

按照评价对象分，本 3D 打印课程主要采用自评、互评和师评的方式。

在本社团中，主要采用了任务驱动法和项目式教学法，每节课或每个项目结束后，学生都能完成一个 3D 建模作品。为了鼓励学生彼此分享和展示他们的成果，以及促进他们的学习和成长，教师安排了及时的展示和评价活动。在作品分享环节,学生们有机会表达他们的设计思路,并向同伴和教师展示他们的3D建模作品。分享结束后,教师组织了评价环节。分享者、同伴和教师都会参与其中,对作品进行评价和打分。这种多方面的评价方式有助于学生获得反馈,了解自己作品的优点和改进的空间。通过这样的分享,学生能够从他人的作品中获得灵感和启发。他们可以发现其他同学在设计思路、细节处理或创意表达等方面的独特之处,并从中学习和吸取经验。同时,他们也能从其他人对自己作品的评价中,反思和改进自己的设计理念和技术手法。

总之,课程评价对于提高教学质量、提升学生学习效果有着重要作用。合理利用课程评价,可以帮助学生更好地接受、理解所学的知识技能,从他人的作品中找到自己的不足或优点,批判地看待自己的作品;帮助老师调整课程内容和教学方法。

总之,学生们在3D打印的设计过程中体验了将自己的想法变为现实的乐趣,从简单到复杂的操作步骤,发展创新精神,增强实践能力。在不远的将来,学生们完全可以用电脑将自己想要的产品设计出来,然后进行三维打印。3D打印社团的学生们通过对3D打印过程的研究探索形成立体思维;在动手做中发现问题、解决问题,从而提高思考问题和寻求答案的积极性和主动性。在科技高速发展的今天,让学生认识到3D打印对于未来社会发展的重要性,认识到3D打印可以改变未来,从而激发学生的学习动力。

第四节　水火箭社团：箭指苍穹

水火箭是一个利用质量比和气压作用而设计的玩具，同时是物理教学中著名的案例之一，可以培养学生对于物理学习的兴趣，而其中蕴含的物理原理是了解物理中力学的重要的基础。水火箭寓教于乐、科技含量高，是深受广大少年喜爱的动手、动脑的科普活动。可以让学生直观了解导弹、运载火箭的发射升空、回收的过程，导弹的飞行与飞机的飞行原理及不同点，解释牛顿第一、第二、第三定律（惯性、能量守恒定律、作用与反作用），了解一些基本的空气动力学和飞行力学等方面的知识。

一、课程背景

随着科技教育的普及，越来越多的学生开始接触各种科技项目。然而，对于初中生来说，科技教育的内容和方式需要更加生动、有趣且实用。水火箭的制作与发射课程正是基于这一背景而设计的。

水火箭是一种利用气压推进的简易火箭，它结合了物理、工程和科技实践等多方面的知识。通过制作和发射水火箭，学生可以学习到气压、速度、方向等物理原理，同时也可以锻炼他们的动手能力、团队协作能力和创新思维。

此外，水火箭的制作与发射课程还具有以下特点：

1. 安全性高：水火箭使用水作为推进剂，不会产生危险物质，同时也减少了潜在的燃烧和爆炸风险。

2. 成本低廉：水火箭的制造成本较低，适合初中生进行实践。

3. 参与性强：学生可以亲手参与水火箭的设计、制作和发射过程，增强他们的参与感和成就感。

4. 互动性强：课程中的小组合作和竞赛环节可以增强学生之间的互动和合作，培养他们的团队合作精神。

总之，水火箭的制作与发射课程旨在为初中生提供一个富有挑战性和趣味性的科技实践机会，帮助他们提高科技素养和创新思维能力。

二、课程目标

结合上海宇航协会活动和我校每年的科技节活动及科学基础知识，开展水火箭的制作与发射课程，让学生在活动中掌握科学知识：知道水火箭发射的原理，同时能根据原理调整水火箭发射时的远近，精准打靶。最后，能够有能力参加上海市宇航协会举办的水火箭比赛活动。课程目标如下：

1. 知道如何制作水火箭及准备材料，知道影响水火箭射程的几个重要因素和在发射过程中的安全要素。

2. 掌握水火箭精准打靶的方法，水量的多少、压力的大小、发射的角度三个维度的有效结合。

三、课程内容

水火箭的制作与发射包含以下几个方面：

1. 理论学习：介绍水火箭的基本原理和构造，包括气压、推进剂、飞行动力学等方面的知识。

2. 制作过程：学生分组制作水火箭，包括材料准备、设计美化、组装等环节。教师指导并协助解决学生在制作过程中遇到的问题。

3. 发射试验：完成制作后，学生需要进行多次发射试验，测试水火箭的飞行距离、高度和稳定性等指标。同时，教师需要强调安全注意事项，确保发射过程的安全性。

4. 数据分析和改进：通过对试验数据的分析，学生可以了解到水火箭的设计和制作对飞行性能的影响，进而不断改进和优化。

5. 团队协作：在制作和试验过程中，学生需要学会团队协作，分工合作，共同解决问题。

通过这些内容的学习和实践,初中生可以更好地理解水火箭的工作原理和制作过程,提高他们的动手能力、创新思维和团队协作能力。

了解水火箭的结构原理,材料准备

水火箭又称气压式喷水火箭、水推进火箭,是利用废弃的饮料瓶制作成动力舱、箭体、箭头、尾翼、降落伞的一种火箭模型。在瓶中灌入一定数量的水,利用打气筒充入空气使其到达一定的压力后便可以发射。同时利用水和空气的质量之比,压力空气把水从火箭尾部的喷嘴向下高速喷出,在反作用下,水火箭快速上升,通过加速度、惯性滑翔在空中,像导弹一样有一个飞行轨迹,最后达到一定高度,在空中打开降落伞徐徐降落的火箭模型。

制作一个水火箭

1. 准备两个塑料饮料瓶,将一个饮料瓶的底部剪开,套在另一个饮料瓶的底部。
2. 用胶带缠起来加固,做成水火箭的机身。
3. 用胶带粘住接口,在瓶身的四周加固尾翼。
4. 用防水手工纸折成一个圆锥状,作为水火箭的头部,用胶带加固即可。由此,简易的水火箭就做好了。

为了提高水火箭的性能和获得理想的结果,我们制作火箭的每个部件都是经过精密计算而成的。在实践过程中,我们总结出了一些好用的方法和经验,例如:制作水火箭的尾翼时既不能过大也不能过小:太大容易受风影响,太小则不能很好地起到平稳水火箭的作用。在将尾翼粘到水火箭上时要注意所有的尾翼要垂直于瓶子的中轴线,在制作过程中我们可以这样做:将水火箭拿起从瓶口向瓶内看去,在瓶底一般都会有一个点,一般来说瓶口与瓶底这个点连起来的线便是中轴线,将火箭与自己的眼睛、瓶底对在同一直线上,用眼角的余光看一下尾翼,如果粘得直的话应该是只能看到一条线。水火箭的配重问题也是一个比较重要的问题,一般来说它的重心应该是在瓶子的中间位置,如果头稍重一点也没什么大问题,测量重心的方法可以用手指作为杠杆掂量一下,这样就可以大致确认它的重心位置了。

发射水火箭

灌入一定数量的水,利用打气筒充入空气到达一定的压力后发射。然后,利用水和空气的质量之比,压力空气把水从火箭尾部的喷嘴向下高速喷出,在反作用下,水火箭快速上升,通过加速度、惯性滑翔在空中,像导弹一样有一个飞行轨迹,最后达到一定高度,在空中打开降落伞徐徐降落。

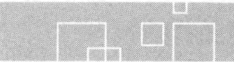

探究影响水火箭射程的因素

发射角度45° 0.8个大气压

装入水的量/mL	射程/m
150	
160	
170	
180	
190	
200	

大气压0.8个 装入水的量180 mL

发射角度/°	射程/m
30	
35	
40	
45	
50	
55	

发射角度35° 装入水的量180 mL

大气压/帕	射程/m
0.5	
0.6	
0.7	
0.8	
0.9	
1.0	

大量实验表明:当发射角度和气压固定时,水的量在180 mL时,射程能够接近距离50米。当气压和水量固定时,发射角在35度左右更能够接近50米靶心。当发射角和水量固定,气压稳定在0.8帕时,水火箭更容易接近50米靶心(免除风向和其他因素干扰)。

找出最佳的影响因素组合

经过以上几节课的探索,找出最适合自己水火箭发射的角度、大气压和装入水的量。同时,教师提醒学生在装入发射架上方时注意水火箭的箭体位置。在实际发射过程中,我们需要考虑到很多因素。风向,风力大小,水火箭制作过程中的精细度(哪个尾翼应该朝上并安装于发射架上),发射角,气压,水量的不同组合都会影响发射准度。

射水火箭:50 m 打靶

通过参加此次活动,培养学生的耐心与毅力,让学生在经历失败之后不再轻言放弃。同时也提高了学生的自信心和学生的动手能力,而这正是学生在日常生活中无法获取的"无价之宝"。

不仅如此,学生还意识到了交流和团队合作的重要性。要知道,开展社团活动以及社会实践活动不是一个人大包大揽就能轻易完成的一件事,我们每个人都有属于自己的职责与分工,而只有每个人都认真对待这件事,并真正用心去做,我们的活动才会更加富有意义。

第五节　啦啦操社团:展现优美的舞姿

体育社团课中啦啦操的运动是一项新兴的体育运动项目,深受学生们的喜爱。它最早起源于美式足球呐喊助威活动,并借助美式职业篮球赛逐渐在全球流行,已有一百多年的历史。我们可以通过美式职业篮球赛认识和了解啦啦操的运动。此外,啦啦操运动发展到今天已经成为体育与艺术高度结合的产物。[1]

一、课程背景

闵行区极力推行啦啦操运动,并在中小学进行普及,让学生有更多的选择参与到运动中。此外,加上啦啦操灵活轻快的操化动作,激情澎湃的音乐,深受学生的喜欢,激发了很多学生的兴趣。啦啦操也为闵行区夺得很多荣誉,上海市和闵行区也为学生提供很多比赛的机会,给学生提供很多展现自我与团队的舞台,由此进一步激发学生学习啦啦操的兴趣,展示学生优美姿态,团队之间的配合能力,让学生更加自信阳光,并积极主动地投入啦啦操运动中。

二、课程理念

在啦啦操课程理念的引导下,坚持"健康第一"教育理念,以发展本校学生的核心素养为引领,重视育心与育体教育,充分体现健身育人的本质特征,从啦啦操教学中引导学生形成健康与安全的运动方式,促进学生身心全面发展,重视团队力

---

[1] 马鸿韬. 啦啦操运动[M]. 北京:高等教育出版社,2017:477。

量。[1] 通过啦啦操学习不仅仅增强运动的体能，还能激发学生体验运动的魅力，逐渐养成锻炼的意识与习惯。啦啦操的课程理念包含以下几方面：

(一)"学练赛评"一体化

基于学生啦啦操的学习和练习，激发学生学习的兴趣，增强学生之间的配合，让学生懂得团队配合的重要性，将啦啦操运动更加具体化，让学生学以致用。同时，理论联系实际，让学生深入了解啦啦操运动背后的文化与内涵。学生在学习技术技能的同时，加上体能的练习，难度的学练，形成一套完整的比赛套路。通过各种各样的比赛，发现自我的优势与短板，团队之间更加默契，让学生积极拼搏，学会取长补短。此外，学练赛后进行不同形式的评价，让学生最大程度地得到完整的提升。[2]

(二)注重学生个体差异

啦啦操的教学在注重学生姿态优美、动作标准的同时，鼓励更多的学生参与到啦啦操的学习中，学生兴趣浓郁加上教师专业指导，会让学生有所收获。同时，帮助学生不断树立自信心，学生也逐渐变得阳光自信，动作的力度与空间轨迹会更加得心应手，并改变形体与姿态。此外，在不断学习和练习中，让学生学会自我总结与同伴之间相互帮助，彼此之间相互取长补短。相信每一位个体通过努力都会有不一样的经历与收获，从而激发学生终身运动的兴趣。

(三)激发学生爱国情怀

啦啦操教学不仅仅能让学生学习基本技术技能和专项技术，还可以通过啦啦操渗透学生爱国主义情怀的教育。用操化动作促动学生的心灵，用肢体动作表达心中的想法，不断地培养学生注重点滴与红色教育相联系，选音乐时增加红色音乐，让学生有所触动，激发学生强烈的家国情怀，培养学生的规则意识、社会责任感与使命感，发挥啦啦操运动的育人价值。[3]

---

[1] 中华人民共和国教育部. 义务教育体育与健康课程标准(2022年版)[S]. 北京：北京师范大学出版社，2022：2—4.
[2] 姚思婕,曹羽鑫,姚思敏."四位一体"目标下高校体育"以赛促学"课程体系的构建——以花球啦啦操为例[J]. 当代体育科技，2022,12(36)：49—52.
[3] 孙仕舜. 新时期体育课程标准对体育课程理念构建的影响及意义[J]. 体育科学研究，2005(2)：83—85.

三、课程目标

体育课程以核心素养为依托,体现了体育课程的性质,反映了体育课程的理念,从而确立了体育课程的目标。① 要培养核心素养,要学生逐步形成正确价值观、必备品格和关键能力,具体包括运动能力、健康行为和体育品德三方面。

(一) 运动能力

通过啦啦操教学让学生在学练过程中表现出综合能力。不断提高学生啦啦操的上下肢操化动作,通过体能的强化,提高学生体力和能力的同时,逐渐降低动作的形成时间。通过专项运动技能的学练,学生对运动认知更为专业与准确,确保学生难度动作连贯,学生更容易接受难度动作,以及操化动作更加优美动人,在展示和比赛中更能适应舞台的能力。

(二) 健康行为

不仅仅表现身心健康,更要表现出积极适应外部环境的综合行为。要通过啦啦操的理论知识学习,引导学生形成健康的生活方式、体育锻炼意识与习惯。通过啦啦操的难度动作学习与练习的过程,让学生探索技术技能的掌握与运用,通过多样化的比赛套路让学生学会情绪调控,积极应对环境适应能力等。

(三) 体育品德

通过基本运动技术与技能让学生增强对啦啦操运动的认知与技战术运用。在进行专项体能练习的同时,不仅仅强化技术动作,更加增强学生的体能和技战术,灵活操作。通过体育展示或比赛等,让学生学以致用,取长补短,理论联系实际等表现出综合能力。

四、课程内容

根据当今啦啦操运动发展的趋势,按照展示场所,啦啦操可分为场地啦啦操

---

① 中华人民共和国教育部. 义务教育体育与健康课程标准(2022年版)[S]. 北京:北京师范大学出版社,2022:5—9.

和看台啦啦操；根据动作技术的类别，场地啦啦操分为技巧啦啦操、舞蹈啦啦操和赛间表演啦啦操；根据队员是否手持道具，看台啦啦操分为徒手看台啦啦操和道具啦啦操。[①] 本校啦啦操教学除了啦啦操比赛，更重视全校学生啦啦操的普及教学工作，具体包括：基本运动技能、体能、健康教育、专项运动技能等。社团啦啦操课程将以内容、总体要求和项目具体要求为出发点展开。

（一）啦啦操运动的基础知识与基本技能

总体要求：学练所学啦啦操运动项目的基本动作技术和组合动作技术；理解所学啦啦操运动项目动作技术的基本原理和该项目的历史文化；学会制订并编排啦啦操学练计划。

项目具体要求：学练啦啦操手位上肢动作的发力与控制，下肢动作的基本步法，以及组合动作技术；理解啦啦操动作技术的基本原理，熟知啦啦操运动的历史文化；学会制订并实施啦啦操学练计划。

（二）啦啦操运动的技战术运用

总体要求：在所学啦啦操运动项目的个人和小组练习中运用多种动作技巧；结合学生团队成员的身心特点，小组之间共同创编，形成成套动作。

项目具体要求：在啦啦操的个人和小组学练中运用多种技术动作；结合团队的能力和学生成员的特点，小组创编啦啦操的成套动作并加上1—3个简单的难度动作。

（三）啦啦操运动的体能

总体要求：在所学啦啦操运动中提高体能水平。

项目具体要求：在啦啦操运动中提高体能水平，体能的内容服务于啦啦操运动项目，为学生发展做好铺垫与延伸。此外，通过啦啦操成套动作练习提高学生柔韧性、心肺耐力、平衡性和协调性等。

（四）啦啦操运动的展示与比赛

总体要求：激发学生积极参与所学的运动项目的成套动作展示，做到动作正确、规范和连贯；参与小组间成套动作创编比赛。

项目具体要求：为学生创设更多的展示舞台，让啦啦操社团的学生运用操化动

---

① 马鸿韬.啦啦操运动[M].北京：高等教育出版社，2017：477.

作与难度动作,吸引校园啦啦操更多的热爱者,积极、主动地参与到啦啦操运动项目中,做到自信从容,动作轨迹干净利落,操化组合动作规范和流畅,展现出青春活力;小组之间进行成套技术动作的 PK 赛,并为学生提供更多的区级和市级锻炼的平台,让学生开阔眼界。

(五)啦啦操运动的规则与裁判方法

总体要求:理解所学啦啦操运动项目的比赛规则和裁判方法,能担任组内展示或校级比赛的裁判员工作,能判断动作的质量并正确执裁。

项目具体要求:理解啦啦操比赛规则和裁判方法,担任组内成套动作展示或校级、区级比赛的裁判员,能正确判断动作的质量并正确地执裁。

(六)啦啦操运动的观赏与评价

总体要求:关注所学啦啦操运动项目比赛的相关信息,提高啦啦操运动项目的认知;每学期通过现场、网络或电视观看不少于 7 次所学啦啦操类比赛,包括班级内、校级、全国或国际比赛等,能对比赛作出分析与评价。

项目具体要求:关注到啦啦操比赛的相关信息,提高学生对啦啦操运动项目的认知;每学期通过比赛现场、网络和电视观看不少于 7 次啦啦操比赛,能对比赛进行分析与评价,不断完善校啦啦操队伍的建设,让学生有意识积极主动地学练。

五、课程实施

在课程实施的过程中,教师应依据核心素养的内涵、课程总目标与水平目标、课程内容、学业质量,创造性地设计教学和实施课程。[1] 本校啦啦操教学在立足以上维度的同时,结合本校学生的实际情况进行综合教学,可从以下四个方面进行。

(一)师徒结对的形式

让学生与学生两人或者三人之间师徒结对,能力强的带动能力稍微偏弱的,能力特别强的带动中等能力的,加快中等能力学生的迅速成长。结合师徒结对的仪式感,推动学生之间共同成长。师父总结知识的形成,结合自己练习时遇到的问

---

[1] 中华人民共和国教育部. 义务教育体育与健康课程标准(2022 年版)[S]. 北京:北京师范大学出版社,2022:120—124.

题,在练习过程中,将经验传授给自己的徒弟;相应时间内,师父重新复习,处理问题时进行总结,无法处理时向教师请教,教师启发思路,让学生思维不断开拓,并学会总结。徒弟通过师父有针对性的指导迅速成长,不断提高自身素质和能力。师徒结对有效促进学生之间共同成长,提升彼此的默契程度。

(二) 以趣带动学

鼓励学生勤加练习,不断提升自身素质,从心理上给予学生最大的肯定,让学生树立自信心,相信学生兴趣爱好会让自身能力提升得更快,在学习和练习中不断提升学生能力,专业性地激发学生的学习兴趣。本校专业学习舞蹈的学生有限,但对舞蹈有兴趣的学生占大多数。由多年的教学经验可知,学生兴趣会促进学生成长,经过专业系统的教学,学生不仅仅在技术上得到了提升,更加爱上了运动,阳光自信,可以学习与练习更多的舞种。

(三) 创设情境方式

虽然啦啦操运动是上肢与下肢加上身体各种姿态组合的动作,但还有一些难度,为了降低学生的心理压力,加速学生身体的体会与练习,选择创设情境方式进行有针对性与专业性的引导,让学生按由易到难、循序渐进的方式进行学习与练习,更快速地增长核心能力。在创设的情境中,学生放下心理负担,更好地融入教学,降低学练的难度,克服心理负担,体会教学的意义。

(四) 小组合作学习

由于学生人数过多,加上为提升学生的互帮互助能力,在练习过程中可将学生按照能力分成不同的小组进行练习,并请社团的队长与教师进行巡查,让小组与小组之间进行交流与练习。能力提升特别快的,可以按照流动进行调整,能力有所下降的也调整到相应能力的学生队伍。队伍不分强弱,相互扶持,彼此取长补短,以最快的速度促进彼此成长。

六、课程评价

啦啦操课程评价的目的是让学生更加有针对性地找到自己的问题,更快速地发展与提升,针对自己存在的短处进行充分填补,对于自己的长处充分利用与提升。让学生共同成长,不断相互学习与提升,并适应比赛的需要,无论提升快与慢,都是适合学生的发展的,提升学生的能力,提升学生的自信心,从而养成终身运动的习惯。

评价内容如下。

运动能力的发展:对学生在学习与练习过程中表现出的能力进行评价,对学生啦啦操运动技术与技能进行评价,从学生初始状态建立成长档案,对学生成长表现出的综合能力进行评价,关注到学生的个体差异,让学生逐步成长,从而找到适合每位学生发展的需求,评价学生运动能力的阶段成长与锻炼。

健康行为的形成:在学习啦啦操课程的同时,让学生学会自信,阳光开朗,身心协调发展,在学习与练习技术与技能的过程中,发展学生自学和自练的能力,不断养成学生健康锻炼的行为能力,为学生终身锻炼打下基础,也让学生养成适应外部环境和社会环境的综合行为。此外,评价学生处理问题的心态和状态,健康行为与自我练习等。

体育品德的养成:学生在比赛和学习的过程中,表现出的行为能力和团队之间学生配合能力,训练与比赛后总结以及比赛场地的应变能力,针对舞台的应对能力,学生对舞蹈作品的表达能力,选择适宜音乐的能力,在啦啦操的学习和练习时,针对挫折与困难所表现出的体育品德等。

综上所述,啦啦操社团的学习,要站在学生的角度进行考虑,不仅仅看重比赛的名次,更加看重学生成长过程的需求,培养学生更好的姿态与自信。在面对困难与挫折时,学生更加阳光自信地面对问题所在,在逆境中学会成长,看重激发学生的学习兴趣,让学生学以致用,培养学生终身练习的习惯,推动学生积极、自信、开朗地面对一切。

第六节　棒垒球社团：激情对决的快乐

棒垒球运动是一项新小众的体育运动项目，学生对此项目尤为积极，棒球运动起源于18世纪的英国，一位棒球作家就说过这90英尺距离的决定是"人类最近乎完美的创造"。棒球包含的基本技术有接球、传球、击球和跑垒。棒垒球可以强身益智，教会学生坦然迎接未来挑战，风靡欧美百年的棒球运动其实非常适合身体灵巧、有速度、脑子灵、反应快的亚洲人，打棒球对提高学生体能、智力及团队合作精神有极好的促进作用。

一、课程背景

棒球运动固有的综合特点是其他运动项目所不可比拟的。学习交友，轻松对接国际社会，未来社会要求人才必须具备国际性，棒球运动正是进行中外青少年文化交流的绝佳平台。目前在京城就读的外宾子女，大都受家庭的影响，痴迷棒球运动。培养特长，争得机遇加盟名校。在首都著名高校中，如清华、北大、北工大等及知名中小学如人大附中、清华附中和附小、景山学校等，均成立了校级棒球队，棒球是国际名校间交往的重要节目。闵行区作为上海市"教育、体育"大区，多校联合发展棒垒球，为学生提供"一条龙"（体育特长）升学服务，棒垒球也为闵行区夺得很多荣誉，上海市和闵行区也为学生提供了很多比赛的机会，给学生提供了更多的舞台，让学生更加自信阳光，积极、主动投入棒垒球运动中。

二、课程理念

在棒垒球课程理念的引导下，坚持"健康第一"的教育理念，以发展本校学生核心素养为引领,重视育心与育体教育,充分体现健身育人的本质特征,从棒垒球教学中引导学生养成健康与安全的运动方式,促进学生身心全面发展,重视团队力量。通过棒垒球训练不仅仅能增强学生的运动体能,还能激发学生体验运动的魅力,逐渐养成锻炼的意识与习惯。棒垒球社团的理念将从以下几方面进行展现。

(一)"学练赛评"一体化

基于学生棒垒球的学习和练习,激发学生的学习兴趣,增强学生之间的配合,让学生懂得团队配合的重要性,将棒垒球运动更加具体化,让学生学以致用。此外,理论联系实际,让学生深入了解棒垒球运动背后的文化与内涵,学生在学习技术、技能的同时,加上体能的练习,难度的学练,形成一套完整的比赛阵容。同时通过各种各样的比赛,让学生积极拼搏,学会取长补短。此外,学练赛后进行不同形式的评价,让学生最大程度地得到完整提升。

(二)注重学生个体差异

棒垒球的教学在注重学生动作标准的同时,鼓励更多的学生参与到棒垒球学习中,学生兴趣浓郁加上教师的专业指导,会让学生有所收获,帮助学生不断地树立自信心,并逐渐变得阳光自信,动作的力度与空间轨迹会更加得心应手。在不断学习和练习的过程中,让学生学会自我总结与同伴之间相互帮助,彼此之间相互取长补短,相信每一位个体通过努力都会有不一样的经历与收获。

(三)激发学生爱国情怀

棒垒球教学不仅仅能让学生学习基本技术技能和专项的技术,还可以通过棒垒球渗透学生爱国主义情怀的教育。用海峡两岸比赛交流触动学生的心灵,培养学生注重点滴,并与红色教育相联系,在比赛中让学生有所触动,激发出学生强烈的家国情怀,培养学生的规则意识,社会责任感与使命感,发挥棒垒球运动的育人价值。

三、课程目标

体育课程以核心素养为依托,体现了体育课程性质,反映了体育课程的理念,从而确立了体育课程的目标。要培养核心素养,需要学生逐步形成正确的价值观、必备品格和关键能力,具体包括运动能力、健康行为和体育品德等方面。

（一）运动能力

通过棒垒球教学使学生在学练过程中表现出综合能力。不断地提高学生的上下肢协调能力，通过体能的强化，提高学生体力和能力的同时，逐渐降低动作形成的时间。通过专项运动技能的学练，学生对运动认知更为专业与准确，确保学生难度动作连贯，且更容易接受难度动作，以及动作更为流畅。

（二）健康行为

不仅仅表现为身心健康，更要表现出积极适应外部环境的综合行为。要通过棒垒球理论知识学习引导学生形成健康的生活方式，体育锻炼意识与习惯。通过棒垒球难度动作的学习与练习过程，让学生掌握与运用技术、技能，通过多样化的比赛套路让学生学会情绪调控，积极应对，提升环境适应能力等。

（三）体育品德

通过基本运动技术与技能增强学生对棒垒球运动的认知与技战术的运用能力。在练习专项体能的同时，不仅仅强化技术动作，更加增强学生体能和技战术，灵活操作。通过体育展示或比赛等，让学生学以致用，取长补短，理论联系实践等，提升综合能力。

四、课程内容

根据当今棒垒球运动的发展趋势，按照比赛场地位置，棒垒球可分为外场和内场；根据动作技术的类别，可分为传接球、地滚球、高飞球、打击、跑垒、战术配合。

1. 专项技术技能教学

(1)传接球训练；(2)地滚球训练；(3)高飞球训练；(4)打击训练；(5)跑垒、战术跑垒训练；(6)相关体能训练；(7)棒垒球实战——技战术配合训练。

2. 安全教育与心理健康教育

(1)运动损伤的预防与处理；(2)突发事件的防范与应对；(3)团队精神与情绪管理。

五、课程实施

本课程通过两种方法来实施。一种方法是全体同学根据自己的兴趣爱好,通过学校指定途径选择自己喜欢的课程进行学习。另一种方法是社团根据学生的专长有针对性地征求学生意见,引导学生选择适合自己的课程进行学习。第一种方法学生根据自我兴趣爱好组建队伍,第二种方法则根据学生自身的特长及专业性进行提高训练。

课程实施策略如下。

(一) 师徒结对的形式

让学生与学生之间两人或者三人师徒结对,能力强的带动能力稍微偏弱的,能力特别强的带动能力中等的,加快中等能力学生的迅速成长。结合师徒结对的仪式感,推动学生之间共同成长。师父将自己会的内容传授给自己的徒弟,在相应时间内,师父也重新复习,并在处理问题时进行总结,无法处理的则向教师请教,教师启发思路,让学生思维不断开拓,并学会总结。徒弟通过师父有针对性的指导迅速成长,不断提高自身素质和能力。

(二) 以趣带动学

鼓励学生勤加练习,不断提升自身素质,从心理上给予学生最大的肯定,帮助学生树立自信心,相信学生的兴趣爱好会让自身的能力提升得更快。同时,在学习和练习中不断提升学生能力,专业性地激发学生的学习兴趣。

(三) 创设情境方式

虽然教师将棒垒球技战术以及动作分解传授给了学生,但棒垒球动作技术还有一些难度。为了减轻学生的心理压力,加速学生身体的体会与练习,教师可选择创设情境方式进行有针对性与专业性的引导,让学生按由易到难、循序渐进的方式进行学习与练习,更快地增长核心能力。

(四) 小组合作学习

由于学生人数过多,加上为提升学生的互帮互助能力,在练习过程中教师可将学生按照能力分成不同的小组进行练习,并由社团的队长与教师进行巡查,让小组与小组之间进行交流与练习。能力提升特别快的,可以按照流动进行调整,能力有所下降的也调整到相应能力的队伍。队伍不分强弱,相互扶持,彼此取长补短,最快速地促进彼此成长。

六、课程评价

棒垒球课程评价的目的是让学生更加有针对性地找到自己的问题,更快速地发展与提升,并针对自己存在的短处进行充分填补,对于自己的长处则充分利用与提升。总之,让学生共同成长,不断相互学习与提升,适应比赛的需要,无论提升得快与慢,都是适合学生发展的,提升学生的能力,提升学生的自信心,从而使学生养成终身运动的习惯。

1. 选择评价内容:(1)运动能力的发展;(2)健康行为的形成;(3)体育品德的养成。

2. 选择适宜的评价方式:(1)注重评价方法多样化;(2)重视过程性评价;(3)加强运用现代化信息技术开展实时和精准的评价。

3. 注重评价方法多样化:棒垒球运动影响学生的持续发展,不能只看重学生终结性评价,即表现出来的最终能力。为了更好地激发每位学生的练习兴趣,不仅仅要关注学生个体差异,还要关注综合表现能力,应对困难及处理问题的能力,关注到学生持之以恒的发展,对学生进行科学合理的综合评价。

4. 重视过程性评价:重视学生在学习与练习过程中的评价,让学生能力得到充分提升,更好地体现出学生的个体差异。能力偏弱的学生,得到充分锻炼,并被给予更多的发展空间,树立良好的表现能力,从而更积极主动地参与到学习活动中。能力强的学生,得到更好的专业发展与提升,实现了专业能力的提升。无论学生能力强弱,都可以更加精准发展。加强运用现代化信息技术开展实时和精准的评价:通过现代化信息技术更科学合理地对学生能力进行评价。

5. 合理利用评价结果:(1)学生能力的提升,进队时就为学生建立最初档案,以学生自身的能力为起点,以不断分析学生自身的提升情况为依托,给学生个人建立成长档案,从而分析学生的综合能力。(2)学生平时的表现能力,每位学生都有个体差异,不能千篇一律地评价学生,不仅仅以学生能力为抓手,更要关注学生的努力过程,注重学生的兴趣爱好,相信当兴趣爱好提升时,学生就能积极主动地练习。

(3)注重学生的自评与互评,这样能引导学生发现自身存在的问题,同样可以站在学生的角度进行问题分析与思考,更好地解决学生存在的问题。学生之间的评价则可以碰撞出所有学生之间的新体验,在不断的实践中,拓展学生的思维,不断提升学生的能力。

总之,棒垒球社团的学习,要站在学生的角度进行考虑,不仅仅看重比赛的名次,更加看重学生在成长过程中的需求,培养学生更好的姿态与自信。在面对困难与挫折时学生可以更加阳光自信地面对问题所在,在逆境中学会成长。同时,看重激发学生的学习兴趣,让学生学以致用,培养学生终身练习的习惯,推动学生积极自信开朗地面对一切。

第七节 法治社团:弘扬法治精神

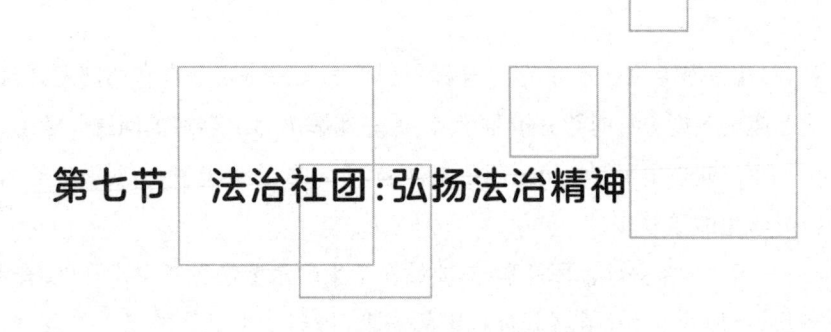

初中是形成世界观、人生观的重要阶段,初中学生具有旺盛的学习力和可塑性,在该阶段给他们普及法律知识,进行法治教育,使其坚定法治信仰,是全面依法治国、加快建设社会主义法治国家的基础工程。对于社会而言,加强法治教育是塑造法治公民的有效途径,而培养法治公民是推动法治社会的必然要求,对青少年开展法治教育对于弘扬法治文化,培养他们"自由、平等、公正、法治"的价值观,对于促进社会的和谐稳定有着重要作用。对于公民个人而言,青少年正处于走向逐步成熟的时期,这时期形成的价值观念、养成的品质将对其一生产生持续的影响,在该阶段对其进行法治教育,培育青少年的责任意识、法治意识和规则意识,增强其明辨是非的能力是非常必要的,有助于帮助青少年遵法、学法、守法、用法,懂得依法规范自身的行为,养成良好的行为习惯,为塑造合格的社会主义公民打下基础。

一、课程理念

法治社团的理念是弘扬法治精神,做文明少年。通过本课程的学习,帮助学生初步了解个人参与社会生活必备的基本法律常识,树立宪法至上的观念,积极学法,弘扬法治精神,在日常生活中规范自己的言行,认真做事,踏实做人,自觉践行社会主义核心价值观,立志做合格的社会主义接班人。

二、课程目标

法治社团以培育学生法治素养为目标,不仅仅强调学生法律知识的获取,还注重学生法治观念的养成以及法律的现实运用。在教学过程中,通过分析法治案例、进行法治辩论、开展法治践行等活动,引导学生自觉、主动热爱宪法,了解法律,认同法律,践行法律,培养学生在实际生活中发现问题、分析问题、解决问题的能力。

(一) 知法学法,了解法治常识

了解公民的权利和义务,懂得用法律的手段维护自己的合法权利,增强依法履行公民义务的能力,掌握基本法律常识,获得法律技能,构建法治认知。

(二) 弘扬精神,树立法治信仰

认同法治价值,具备一定的法治思维,树立法治信仰,将法治精神内化于心,形成对社会主义法治道路的价值认同和制度认同,成为社会主义法治的忠实崇尚者、自觉遵守者、坚定捍卫者。

(三) 与法同行,践行法治真谛

初步形成公民意识,将法治精神外化于行,在日常生活中践行法治,用实际行动遵纪守法,在现实生活中能有效运用法律知识、法治思维去解决现实困惑,以主人翁的姿态去参与社会生活,成为有责任、有担当的社会主义合格公民。

三、课程内容

法治社团依照《青少年法治教育大纲》中的要求,以《中华人民共和国宪法》和《中华人民共和国民法典》为主要学习内容,帮助青少年了解法律知识,养成法治观念,参与法治实践。

《中华人民共和国宪法》是我国的根本法,是治国安邦的总章程,所规定的内容是国家生活中带有全局性、根本性的问题,具有最高的法律效力、法律权威和法律地位。青少年肩负未来使命,需要学习宪法,了解宪法,热爱宪法,树立宪法意识,领悟宪法精神,树立宪法至上的观念,从而坚定正确的政治方向,坚定爱国情怀,为建设社会主义法治国家贡献力量。

《中华人民共和国民法典》是新中国第一部以"法典"命名的法律,在我国法律体系中具有极高的现实意义和时代价值,开创了我国法典编纂立法的先河,具有里程碑意义。这部被誉为"社会生活的百科全书"的法典,全方位地保护着人们,也保障着青少年的合法权益。其中,在政治、经济、文化等领域都有涉及青少年的相关规范。学习民法典，了解公民的民事权利和义务，知道侵犯民事权利要受到民事处罚是每个公民的责任。

四、课程实施

  法律条文是繁杂且晦涩难懂的，单纯给学生们讲授法律条文不符合初中学生的学习规律，也是不容易被学生接受的。法治社团教学基于学生的生活，尊重学生的主体地位，激发学生的学习兴趣，以活动构建课堂。教师在教学过程中，坚持正确的政治方向，坚持政治引领与价值引导相结合，让法治的种子在青少年心中不断生根发芽。教师还要坚持教学形式和内容的统一，不仅仅注重教学形式，还着重优化教学内容，教育教学形式不局限于单一甚至枯燥的方式，而是要充分尊重学生的主体地位，从学生的需求出发，设计丰富多样且生动活泼的活动，激发学生自主学习的探索欲，让学生好学、乐学，学生有话可说，学有所得。

（一）以案说法

  初中学生的法律知识储备尚少，再加上年龄阅历的限制，法律意识还较为淡薄。因此，在教学中，教师可以选择和学生日常生活息息相关的法律案例和常见的法律问题进行分析讲解，这样对于学生而言会更加易于接受。案例教学是法治教育常见的教学方式，不仅可以给学生呈现直观的法治案例，还具有极强的互动性。案例的选择应该慎重，有以下几个需要关注的点：1. 要注意案例的真实性，在真实情境、真实问题下更能够增强教学可信度；2. 尽可能选择正面案例，正面案例能带给学生正能量的体验，培养学生向上向善的力量；3. 选择的案例要具备一定的深度和广度，能够带给学生一定的思考空间。教师在教学过程中，除了关注案例，还应该注意引导学生针对案例进行思考和分析，让学生能够有所触动和启发，并主动寻找解决问题的途径。

  在实际教学过程中，可以采用观看法治案例视频的形式进行学习。例如，可以组织学生观看《今日说法》栏目，在直观感受案件的过程中，体验法治的力量，在观看完案例后，可以组织学生针对案例进行充分交流和讨论，分析案件，形成法治思维。此外，也可以通过漫画、图文等形式呈现案例，组织学生自主讲述法律案例故事。

（二）法治辩论

理越辩越明，辩论活动能较大程度地激发学生的学习兴趣，提高学生的参与积极性，培养学生的法治思维，拓宽学生的视野，锻炼他们的合作与沟通能力。开展法治辩论前，教师要精心选好辩题，规范辩论规则与流程，组织学生进行辩论资料的收集与整理。在辩论过程中，教师要注意对学生的观点进行引导与启发，辩论活动结束后，教师也要对辩论内容进行总结和提升。

法治辩论主题是非常丰富的，例如：维护社会稳定主要依靠德治还是法治？法律重在维护秩序还是正义？迟到的正义还是不是正义？普法更应该严肃还是娱乐？

（三）模拟法庭

为了激发学生的学法积极性，教师还可以组建模拟法庭，营造知法、学法、用法的良好氛围。在教学过程中，还原真实庭审现场，让学生们身临其境，扮演审判长、公诉人、辩护律师、被告人等各类角色，教师要提醒学生们做足准备，熟悉庭审流程，提前了解案例资料。在法庭上，真实模拟庭审，开展案件调查、辩论、调解等环节。在模拟场景中，学生以严谨、认真的态度融入角色，对案件进行演绎，能更为直观地感受到法律的神圣与威严。在这样的活动中，学生辨别是非的能力进一步得到发展，法律知识运用能力以及法律推理能力也都得到了进一步增长，他们更加懂得了如何运用法律的武器来维护自己的合法权益。

（四）主题讲座

初中生正处于身心快速发展的关键期，这时期的青少年易冲动，情绪化，后果意识差，有些学生在遇到问题时没能掌握正确处理问题的方式，往往以暴力化、情绪化的方式表现出来，从而造成不良后果，校园欺凌事件也时有发生。久而久之，影响青少年的健康发展，也不利于学校的建设。因此，可以"远离校园欺凌，营造和谐校园"为主题开展一次讲座，让学生们了解校园欺凌的形式及危害，引导学生们遵守校规校纪，自觉守法，规范自身行为，同时也学会保护自己，当自己遭受校园欺凌时，不要忍气吞声，应该及时寻求帮助。

随着互联网的普及与发展，青少年使用网络的频率也在增加，与此同时，互联网给青少年带来的负面影响也随之而来，未成年人沉迷网络的现象依然存在。在数据时代，个人信息泄露带来的安全问题也不容忽视，互联网海量的信息也扑面而来，青少年由于社会经验等的不足，容易受到网络的不良影响。因此，青少年迫切需要提高媒介素养,树立网络法治意识。为了应对互联网带来的挑战,可以组织开展"提升媒介素养,依法使用网络"的主题讲座,引导学生们学会辨识网络信息,合理利用网络,保护个人信息,同时,也引导学生们认识到网络不是法外之地,无论是在现实世界还是在网络世界,都要遵守基本的法律规范。

(五)普法行动

法治意识的形成不仅仅靠知识的学习,还需要依靠实践的养成。教师可以带领学生走出教室,进入户外进行实践学习,学生们一个个化身"小小普法宣传员",开展法治实践活动,给法治学习带来了更多的乐趣。学生们在社区发放普法宣传手册,向居民宣传反诈知识,促进社区的文明进步,也可以引导学生向家人进行法律知识的普及,鼓励家长和学生一起参与到学法活动中来,发挥家庭教育的作用。青少年的成长离不开家庭和社会的支持,外界的支持是非常必要的,能在无形中给学生提供一定的精神鼓励,激发他们的学习动力,而家庭和社会的配合过程,也是推进法治文化进家庭、进社会的过程,同时,也有利于在全社会营造良好的法治文化氛围。普法行动让法治社团更加充满活力和意义,能够发挥青少年在法治宣传中的重要作用。

此外,可以组织学生们精心准备普法脱口秀,在学校、社区进行展示;还可以在"国家宪法日"进行法律知识宣传;也可以化身小记者,走到学校、社会进行法治主题采访。

五、课程评价

随着时代的发展,教育评价也趋向多元化,法治社团的教学评价注重学生的学习过程,重点关注学生法治观念的形成。通过组织学生进行法治知识竞赛和法治心得汇报演讲,可以让学生在活动中进一步深化对自己能力的认知,从而更好地了解自我,完善自我,促进学生全面发展。

(一)开展法治知识竞赛

法治知识竞赛的举行旨在进一步提升学生学习法律知识的自觉意识,学生对于知识竞赛是充满挑战兴趣的,教师可以针对学生的学习情况,设置一定难度的法律知识竞赛题目,组织学生踊跃参与。通过知识竞赛,能在一定程度检测学生法律知识的掌握情况,也能反映出学生学习上的不足。

(二) 组织法治心得演讲

要求学生针对本学期的法治社团活动,结合自身实际,将自己的所学所获所感真实表达出来,并进行汇报演讲。演讲的过程也是对自己所获得的法律知识及运用体验进行总结提升的过程。

总之,滴水穿石,非一日之功,法治教育是一项基础且系统的工程,法治社团旨在通过学校社团这一平台,传播法治理念,让学生体会法治的力量,感受法治与我们同行。相信经过这一系列社团活动,学生能学有所成,知法于心,守法于行,自觉捍卫法律的权威,为建设法治中国而努力。同时,让法治意识在每一个青少年心中生根发芽,让法治之光照亮社会的每一个角落。

第八节 辩论社团:辩以明思

辩论学是指彼此用一定理由来说明自己对事物或问题的见解,揭露对方的矛盾,以便取得最后的认识或共同的意见。辩论是一种重要的思维方式和交流方式,能够帮助学生提高逻辑思维能力、语言表达能力、信息搜集整合能力和团队协作能力。为了培养学生的综合素质和能力,本课程将针对辩论社团的实际情况,设计一系列的课程内容和实践活动,帮助学生掌握基础辩论技巧和基本辩论策略,并在实践中提高辩论水平和能力。

本课程旨在通过学习和实践,帮助学生掌握基础辩论技巧,培养学生的必备品格、实践能力和核心素养。课程内容包括基础辩论技巧的学习、辩论赛前准备、辩论案例分析、实践辩论活动和辩论技巧提高。通过观摩经典辩论、模拟辩论、真实辩论、小组讨论等形式的实践活动,学生将在实践中掌握技能和经验,提高辩论水平和能力。

一、课程背景及理念

(一)课程背景

辩论社团作为一种学生组织形式,旨在培养学生的辩论能力、逻辑思维能力、语言表达能力、临场应变能力等。随着社会发展和教育改革的不断推进,越来越多的学校开始重视学生的综合素质教育,辩论社团也逐渐成为学校重要的课外活动之一。为配合我校构建"SAIL课程"体系,契合体系中的语言与交流类课程,开发学生智慧与潜能,发展学生个性,促进学生成长,注重课程实践,开展辩论社团,为广大学生提供一个展示自己能力的平台,提高学生的人文素质,推进初中生素质教育,加强学生之间的交流,进而形成一种勤于思考、敢于思辨、善于思辨的良好氛围。增强学生对辩论知识的认知,促使其积极主动参与到学习中来,引导学生的全面发展。

(二)课程理念

1. 以立德树人为根本任务

本课程以社会热点话题为辩题,引导学生用社会主义核心价值观的思想正确参与社会生活,全面看待社会现象,辩证认识问题,培养分析问题、解决问题的能力。坚定理想信念,厚植家国情怀,认同中国特色社会主义的理想信念。

2. 以社会发展和学生生活为基础

本课程立足于发展学生的核心素养,以引导学生学习掌握社会基本规范,提升辩证思维能力、语言组织能力、临场应变能力以及团队合作能力。以真实的社会话题和学生的生活为基础,增强内容的针对性和现实性,突出问题导向,引导学生发现问题、分析问题、解决问题,强化道德与法治教育。

3. 综合运用多种评价方式

本课程评价围绕学生的核心素养,发挥评价的引导作用,强化过程性评价,更加关注学生在学校、家庭和社会生活中的行为表现,关注学生的思想进步和能力提高。坚持学生自我评价、教师评价和同伴评价相结合。

二、课程目标

辩论社团课程的目标主要是培养学生的辩论能力、逻辑思维能力、语言表达能力和团队协作能力,使学生能够在辩论活动中发挥出自己的潜力和能力,进而更好地参与社会生活,提高核心素养,全面发展。

(一)提高学生的辩论能力

辩论社团课程的主要目标之一是提高学生的辩论能力。通过学习基本辩论技巧和实践辩论,学生可以正确认识什么是辩论,一改过去对辩论的片面认识,提高自己的辩论能力和思维能力,包括分析、推理、判断和表达等方面。这些不仅是辩论必备的能力,也对其他课程的思考及社会生活的参与有推动作用。

(二)增强学生的逻辑思维能力

辩论社团课程的第二个目标是增强学生的逻辑思维能力。在辩论活动中,学生需要运用逻辑思维,分析论点和论据的关系,推理和判断,从而提高自己的逻辑思维能力。通过对辩题两方立场的充分讨论,抛出自己的观点,搜索资料,整合资料为本方立场所用,提高演绎推理、归纳论证等能力。

(三) 提高学生的语言表达能力

辩论社团课程的第三个目标是提高学生的语言表达能力。在辩论中,学生需要清晰地表达自己的观点,同时需要注意语言的适度和流畅,从而提高自己的表达能力。因此,通过普通话发音训练及语音语调训练掌握基本的发音技巧,通过实践辩论,表达自己的观点,提高语言表达能力。通过对经典辩论赛的赏析,对辩论稿的分析,理解辩论语言和一般书面语的区别。

(四) 培养学生的团队协作能力

辩论社团课程的最后一个目标是培养学生的团队协作能力。辩论不是一个人的辩论,需要在团队中发挥自己的力量。在辩论活动中,学生需要与队友密切协作,分工合作,共同完成辩论任务。通过这样的活动,学生可以提高自己的团队协作能力和沟通能力。

三、课程内容

(一) 基础辩论技巧的学习

基础辩论技巧是学生掌握辩论能力的基础,包括如何构建论点和论据,如何反驳对方的观点,如何运用证据和统计数据等支撑论点,如何使用比喻、类比、引用等修辞手段等。学生需要通过课堂讲解、案例分析和实践活动等方式进行学习和练习,逐渐掌握这些基础辩论技巧。

(二) 辩论赛前准备

辩论赛前准备是辩论比赛中非常重要的一部分。学生需要学会如何准备辩论案例,包括如何研究、分析和选择辩论议题,如何搜集、整合切合本方立场的论据,如何设计和组织论点和论据,如何考虑对手的观点和策略,以及如何调整自己的辩论策略。这些准备工作的好坏将直接影响到辩论比赛的成败。

(三) 辩论案例分析

辩论案例分析是学生在辩论实践中需要掌握的一个重要技能。在辩论案例分析中,学生欣赏经典辩论,学习其他辩手是如何分析社会、文化等方面的辩题,从而掌握如何运用基础辩论技巧进行分析，如何评估案例中的论点和论据，以及如何设计和准备辩论策略。这些技能的掌握将为学生在辩论实践中提供有力的支持。

（四）实践辩论活动

实践辩论活动是学生在辩论社团中必不可少的一部分。通过模拟辩论、真实辩论、小组讨论等形式的实践活动，学生将在实践中掌握技能和经验，提高辩论水平和能力。在实践活动中，学生需要运用基础辩论技巧和案例分析进行实践，不断总结经验和不足，不断提高辩论能力和技巧。

（五）辩论技巧提高

辩论技巧提高是学生在辩论社团中努力追求的目标。在掌握基础辩论技巧的基础上，学生需要进一步掌握高级辩论技巧和策略，如何运用辩论逻辑、如何使用修辞手段、如何应对复杂的辩论议题等。这些技巧和策略的掌握将为学生在辩论实践中提供更强有力的支持，提高辩论水平和能力。

四、课程实施

根据我校、社团和学生的实际情况个性化设计辩论社团课程的实施方案。

（一）课程目标和内容的明确

明确辩论社团课程的目标和内容是实施方案的第一步。在确定课程目标和内容时，考虑学生的年龄、学习水平、兴趣爱好等因素，以及学校和社团的实际情况。

（二）课程计划的制订

制订课程计划是实施方案的关键步骤之一。在制订课程计划时，考虑到学生的学习负担和时间安排，并合理安排课程内容和形式，以便让学生在有限的时间内获得最大的收益。因此，课程计划制订如下（见表21）。

表21 课程计划表

课时	教学单元	教学目标	课程内容
1	辩论绪论	初步了解什么是辩论，辩论的作用，辩论赛的含义。	引经据典，通过文字案例、视频材料了解辩论的基本内容。

续表

课时	教学单元	教学目标	课程内容
2	朗读训练	掌握普通话发音的基本要求,训练朗读、演讲中抑扬顿挫的技巧。	发音训练、绕口令训练、辩论仪态训练。
3	辩论流程	了解辩论的基本流程、基本规则。	通过教师讲解,观看辩论视频,熟悉了解辩论赛的基本规则和要求。
4	辩论赛赏析	赏析经典辩论赛,巩固辩论流程、规则、辩手仪态、语言等。	根据辩题提出自己的看法;观看经典辩论赛,学习辩手的观点、仪态和技巧。
5	开篇立论	掌握破题、开篇立论的技巧和一般格式。学习如何构建论点和论据,如何反驳对方的观点。学习如何运用证据和统计数据等支撑论点,如何使用比喻、类比、引用等修辞手段。	通过一辩稿了解开篇立论的基本要求和一般格式,并能仿写。
6	攻辩技巧	了解攻辩环节的作用和技巧。	通过观摩攻辩环节视频,掌握作为攻方和守方的不同要求和技巧。
7	自由辩论技巧	了解自由辩论环节的作用和技巧。	通过观摩自由辩论环节视频,掌握自由辩论要求和技巧。
8	结辩技巧	了解总结陈词的作用,掌握总结陈词的书写要求和基本格式。	根据结辩稿了解总结陈词的基本要求和一般格式,并能仿写。
9	辩论思维	了解逻辑推理、论证的常用方法,如归纳法、演绎法等。	通过案例,运用比较的方法了解辩论的思维方式和逻辑推理方法。
10	辩论赛赏析	赏析经典辩论赛,学习如何分析政治、社会、文化等方面的辩论案例。学习如何运用基础辩论技巧进行分析,如何评估案例中的论点和论据。	根据辩题提出自己的看法;观看经典辩论赛,学习辩手的观点、技巧以及逻辑思维。
11	辩题讨论	辩论赛赛前准备,讨论辩题,确定辩论赛的辩题和立场。	通过对几个辩题的讨论分析,确定最终辩论实践的辩题;通过抽签确定正反方立场。

续表

课时	教学单元	教学目标	课程内容
12	辩论赛赛前准备	小组讨论确定辩位、分工,确定各环节稿子,组内模拟。学习如何研究、分析和选择辩论议题,如何设计和组织论点和论据。学习如何考虑对手的观点和策略,如何调整自己的辩论策略。	通过小组合作,做辩论赛前的模拟准备。
13	辩论赛	正式辩论实践。通过模拟辩论和实际比赛进行练习和巩固。	综合运用所学内容,小组合作参与辩论活动。
14	评价表现	评价辩论赛表现,完成评价表;反思自己的得失以及可改进之处。	通过完成评价表评价自己和其他同学的表现;赛后复盘,反思得失。

(三)学生参与的鼓励和支持

学生的参与是辩论社团课程的核心。为鼓励和支持学生参与,可采取多种方式,比如组织辩论比赛、奖励表现突出的学生、提供相关的学习资源等。鼓励学生全员参与,避免学生仅将辩论技巧记录在笔记上而不敢实践。

(四)课程效果的评估和反馈

对辩论社团课程的效果进行评估和反馈,是课程实施方案的最后一步。通过对课程效果的评估和反馈,可以及时发现和解决问题,从而不断优化辩论社团课程的内容和形式,提高课程质量和效果。

五、课程评价

课程评价将采取多元评价方式,以过程性评价为主,更加关注学生的学习过程和能力的提高,评价学习表现、学习能力和实践能力,进行全面评估。评价主体上采取学生自我评价、组内同伴互评和教师评价多种评价方式,激发学生的积极性和主动性,为学生提供有力的支持和指导。

(一)学习过程的评价

辩论社团的评价方式更重视过程性评价,考虑学生的学习过程和能力的提高。

评价学生的学习过程,可以从学生的课堂表现、实践表现、辩论知识的掌握程度、思维能力的提高、表达能力的增强等方面进行评估。

(二) 辩论实践成果的评价

辩论社团的评价当然也要从辩论实践成果的角度进行考虑。通过辩论赛,从比赛成绩、案例分析、辩论策略和技巧等方面进行评估,评价学生在辩论实践中的表现。

(三) 个人表现的评价

从评价主体看,辩论社团的评价方式应该考虑学生的自我评价,这是自我诊断、自我调节、自我完善的过程。具体包括评价自己在社团中的态度、参与度、团队合作精神、实践等方面。准确评估自己的优点与不足,及时调整学习策略与方法,促进自我发展。

(四) 教师评价和同伴互评

教师可以通过观察和交流等方式对学生进行评价和反馈,同伴评价可以通过小组讨论、辩论评价和互评等方式进行。通过教师评价,正确认识自己的学习效果,形成对自己更为客观、完整、清晰的认识。通过同伴互评,更清晰地了解自己的课堂表现,学习同伴的优点,改进自己的不足,培养自我认知和批判精神。

第四章
节庆文化的体验

有味道的节日,学生欢聚一堂,充满了欢乐和温馨,发现阅读的魅力,展示创新的力量,点燃艺术的激情,一串串绽放的烟花,让学生充满期待,并为此感到兴奋。

在我校科技节、艺体节、读书节、英语节四大节庆文化中,以课程为基础,构建活动体系;以学生为主体,开展活动;以教师为主导,提供支持;以合作为中心,拓展活动领域;以评价为导向,促进全面发展。科技节旨在激发学生们的科学兴趣和创新精神,培养学生的动手能力和探究精神。通过开展科技竞赛、科学实验、科技展览等活动,提高学生的科技素质和动手能力。艺体节旨在培养学生的艺术和体育素养,提高学生的审美能力和身体素质。通过开展文艺演出、体育比赛、艺术展览等活动,丰富学生的课余生活。读书节旨在培养学生的阅读习惯和审美情趣,提高学生的文化素养。通过开展读书分享、名著导读、读书沙龙等活动,激发学生的阅读兴趣。英语节旨在提高学生的英语实际运用能力,培养学生的跨文化交际能力。通过开展英语演讲、英语戏剧、英语角等活动,提高学生的英语水平。浦航节庆文化和课程实施氛围的建设,是学校全体师生共同努力、共同营造一个良好的学习环境和学习氛围,激发学生的学习热情和兴趣,让他们在中学时光中留下美好的回忆和体验。

第一节　科技节:独具匠心　创意无限

科技节为学生能够更多地参与科技活动创设了平台,从而培养学生的创新意识和实践能力。独具匠心、创意无限的核心思想使得学生在历届科技节中,通过开展各项科技活动和营造科技氛围,掌握了更多的科学知识,在有趣的科技活动中促进科技思维能力的提升,一定程度上提升了学生对科技的兴趣,为学生提供更多展现自我才华的机会,从而为发现和探究身边的科学现象提供更多的平台,体验科学探究的成功和喜悦。同时,也促进我校科技创新教育的开展和科技特色学校的创建。

一、价值追求

(一) 兴趣,启航探究素养

兴趣是最好的老师,科技节因具备较强的学生主体性,学生可以较好地参与其中,不断地促进学生认知结构的完善,更加强调学生兴趣和爱好的培养,不断地挖掘学生潜能,促进学生的全面发展。[1] 我校科技节在方案制定过程中,更加关注学生的探究素养,着眼于学校科技特色课程的开发,在日常的教学过程中不断提高自身的综合能力,学会发现问题、解决问题,提高自身的思维能力,使得他们能够运用课堂所学去解决学习生活中遇到的各类问题。让学生在日常的课程中不断提高他们发现问题、解决问题的能力,并且更加关注学生思维的提升,锻炼他们用科学知识尝试去解决生活中遇到的问题和现象。因此,科技节活动对学生探究素养的培养非常重要,学生在参与科技节的过程中可以按照自己的兴趣爱好去选择自己感

---

[1] 聂润秋.探索综合研究课与科技节的融合——以"建造太空基地模型"内容为例[J].湖北教育(科学课),2022(8):14—16.

兴趣的问题进行科学探究活动。因此,科技节为学生提供了更多的动手实践机会。通过科技节活动中的游戏化、多样化的科学探究活动,可以鼓励学生用科学的思维方式解决在游戏、生活中遇到的相关问题,并引导学生在自由自主的探索中深入学习,在创造愉悦的研究中保持探究的兴趣,全面提升学生的科学素养。

(二) 动脑,开发更多潜能

《上海市普通中小学课程方案》中明确提出,课程方案在设置过程中应该更加关注学生的主体地位,更加关注学生德智体美劳全面发展,更加看重学生可持续发展的目标,使得每位学生都能够在课程中有所收获。因此,我校在制定科技节方案时牢牢把握学生主体地位这一思想,设置了金字塔形的科技节活动方案,更加关注学生的参与度和参与率,让各个层次的学生在科技节中都有可以够得到的目标,以发挥更多的潜能。此外,科技节活动的设置根源于课程,包括校本课程、拓展课程、社团课程,从而更好地实现从体验到创造的过渡,也与科技节的"独具匠心 创意无限"的主题相契合。

(三) 动手,让创意活起来

科技节活动一直以我校科技教育传统优势和特色为中心,以拓展课和社团课等课程资源为依据,使得学生在科技节的各项活动中不断挖掘潜能,让自己的创意活起来,通过动手实践,不断地进行科技创意的完善,与此同时也不断提高动手能力以及团队合作能力,不断地丰富和完善初中生的综合素质,促进学生的全面可持续发展。往届科技节往往会与自主拓展型和探究型等课程相联系,使得师生共同参与科普教育宣传实践活动,在这个过程中,促进学生个性特长的提升,使得越来越多的学生有可以展示自己才能的机会,使得不同层次的学生都具备了差异化的个性化发展空间,让学生的创意活起来。[1]

二、目标设计

(一) 创建校园文化,营造良好科技氛围

校园文化是学校软实力的体现,需要经过长期潜移默化的影响才能达到一定

---

[1] 李国兴,周晓松.科技创新教育,从课程创新开始[J].上海教育,2015(Z2):98—99.

的效果。学校以六启课程资源为基础,设计了具有科技底蕴的校园环境,在公告栏张贴相关的资料,使得师生在浓郁的科技人文环境中不断接受熏陶和感染。利用大屏幕播放专题栏目,向学生推送生活中的科学知识,同时讲授小发明、小实验的方法。此外,学校还设有专门的创新实验室,为学生提供了活动、参观、学习的场所,大大提升了学校的科技教育氛围,在每年的社团成果展示中,3D打印、小小科学家、天文探秘、水火箭制作与发射等多个社团向学生展示学生作品,并面向全校师生开放。此外,还举办一定的校内竞赛,使得学生从单纯的兴趣爱好提高到学校特色活动,在这个过程中锻炼了学生的动手能力,促进了学生形象思维和逻辑思维能力的提升。同时,从中选拔一些优秀的学生,参与市区级比赛。通过上述各种方式,创建校园科技文化,不断营造良好的科技氛围,促进学生科技素养的提升。[1]

(二) 逐渐开发和完善科创新课程体系

在校本课程《小小科学家》《3D打印》等的基础上,将 STEM[科学(Science)、技术(Technology)、工程(Engineering)、数学(Mathematics)四门学科英文首字母的缩写]理念延伸到社团课堂,更加关注"普及与提高、课内与课外"相结合,实现科技教育的普及化和课程化,慢慢演变成具备个性化的创客教育课程体系。经过多年的努力,目前校本课程已具有一定的特色,形成多元化的"启航"课程蓝图,开发了满足学生发展的个性化课程。针对不同年龄段的学生都有不一样的要求,低年级(六、七年级):玩一玩、装一装、想一想;高年级(八、九年级):想一想、做一做、动一动。[2]

学校设立多个社团,学校开设 24 点、数独、3D打印、天文探秘、水火箭的制作与发射的科学与数学类,衍纸、书法、英语戏剧、啦啦操等的艺术与健康类,趣味英语影片赏析、职业生涯等自我与社会类,演讲与口才、"奕言弈语"辩论等语言与交流类,四大类别七大领域近 30 门课程。科技组教师依据学校实情设计开发具有学校特色的校本课程,给孩子们提供了动手实践的平台,激发了学生的创新潜能。社团课成为学生最喜欢的课堂。学校利用周一的拓展课、周四的社团课,给学生提供更多的实践可能,让学生在活动中充分发挥自身个性。学生依据自己的兴趣和特点,

---

[1] 彭志强,刘丽玲,陈鼎昆,等. 快乐科技节,筑梦向未来[J]. 发明与创新(小学生),2023(3):28—31.
[2] 田明玉. 创客教育显成效,科技节上亮风采——迁西县第三实验小学科技创新教育纪实[C]//教育部基础教育课程改革研究中心. 2021 年基础教育发展研究高峰论坛论文集. 2021:2.

选择满足自己需求且能够有所提升的课程内容。

三、内容安排

科技节活动内容的安排以及主题活动的选择,应该关注全体学生,让他们在科技活动中有所提升,注重科技普及及学生技能的提高。活动内容的安排不能脱离学科课程,应以社团课和拓展课为依托,更加关注知识的拓展和延伸。科技节内容的设置不应该拘于形式,应该注重学生创新能力的提升,关注学生的体验感和参与度,让学生都能够在科技节活动中获得提高,关注过程性评价和结果性评价,不断地提高学生对科技的兴趣,提升学生的科技素养。

(一)选择活动主题,注重普及和提高

科技节主题的选择应该符合时代特点,一定要与学校的实情、学生的学情相结合,一切活动的开展以学生的兴趣点和好奇点为契机,让学生充分发挥自己主人翁的意识,以主题贯穿科技节活动的全过程,基本做到学生全员参与,更加关注活动的普及率,更加关注学生能力的提高。学校成立第一年就举办第一届科技节,学生大多来自郊区的农村家庭且外来务工子女众多,科技素养相差甚远。为了鼓励学生学科学、爱科学,培养他们的科学创新意识,学校开展了《让科技的梦想插上翅膀》首届校园科技节活动,分设"沟通你我""飞行之梦""身边科学""未来幻想"四个主题,这次活动评选出 10 名科普微童话之星。

2015 年,学校各方面设备设施不断完善,依据学校航天特色,学校还专门成立了星空馆,并委任专门的教师进行管理。针对该场馆,学校举行了《畅游星空显身手,创新无限展风采》暨校园科技节活动。活动围绕航空航天主题展开,成效显著,有多位学生参与闵行区青少年科技创新大赛及其他的航空绘画类比赛,并取得了不错的成绩。其他主题性活动也紧跟社会发展的需要和学校的实际情况,如第三届的主题是《仰望苍穹 飞天圆梦》,第四届的主题是《奇思妙想 点石成金》,第五届的主题是《奥秘无穷 出神入化》……第九届的主题为《乘科技之舟 探花卉之谜》。每一届科技节的主题都与当时的大环境和学校的实际发展相契合,最大限度地促进学生各方面的发展,尤其是让学生能够更加关注社会发展元素,使之与科技紧密结合,促进学生的发展。

(二) 依托学科课程,注重拓展和延伸

任何科技活动都需要依托课程才能够更好地开展,教师和学生的参与度才能够有所保障,使得科技活动能够较好地焕发出持续的生命活力。因此,学校在制定科技节活动方案时,要较好地发挥课程的作用,注重学科课程的拓展与延伸。

科技活动的设计要立足课堂,并做到课外有所延伸,让学生能够在课堂基础之上有所提高。如青少年科技创新大赛中的科幻画、雏鹰杯、白猫杯、人工智能、开源硬件等比赛活动,都与美术、信息科技、化学、物理等学科有着非常大的联系。应当依托学科课程,进行拓展和延伸,开发出自己的拓展型课程。学校针对相关比赛活动,在拓展课和社团课中开设了《小小科学家》《3D打印》《创意编程》《水火箭社团》等,其中包含雏鹰杯、智力七巧板、综合实践和青创赛、明科杯等的研究性学习,在六七年级开设相关的学科课程,更加关注相关知识的普及度。社团课和拓展课都属于走读性课程,开设的时间和场所都是固定的,这样就能够较好地保障活动的正常开展。学校根据上述相关课程,开展具有一定难度层级的校园科技节活动,降低活动难度的同时,也提高了学生的活动兴趣,让学生感到他们才是科技活动的真正主人。

(三) 创新活动模式,注重体验与参与

每届科技节活动都要求全员参与,多主题、多层次的项目,使得所有的学生都可以根据自己的兴趣点,选择自己感兴趣的活动进行参与。纵观往届科技节的活动设置,可以看出活动的设置更加关注学生的体验,更加关注学生的参与度,例如,第三届科技节,主题为《仰望苍穹 飞天圆梦》,分设"身边科学""动力探究""未来幻想"三个主题,"身边科学"针对六七八三个年级举办了植物名片征集大赛、创意标本设计大赛、生态瓶DIY。"动力探究"举办了纸飞机比赛、水火箭比赛、太阳能机器人比赛。"未来幻想"举办了星空幻想绘画比赛、星空模型制作大赛、星空演讲比赛。第九届科技节主题为《乘科技之舟 探花卉之谜》,设置了"巧制花态""践寻花意""探秘花旅"三个主题。"巧制花态"旨在通过制作不同形态的物品,学会解释其中蕴含的科学知识。"践寻花意"则是让六年级学生制作花卉铭牌,为校园内的花卉挂上铭牌;让七年级学生赏花识草,绘制校园已有的花卉地图,并构思设计未来校园花卉地图;让八年级学生探花解密,了解花卉的构造,从而更好地实现对花卉外形和习性、寓意的理解。"探秘花旅"以花卉为主体,进行系列探究活动。让六年级学生以手绘或电子形式介绍一种花卉,制成小报或思维导图;让七年级学生探究花卉颜色产生的原因,土壤酸碱性、微生物等对花卉的影响,肥料、声波等因素对植物生长的影响,以PPT汇报的形式录制成视频;让八年级学生以"××因素对××植物生长影响的探究"为主题进行研究,其中涉及对植物成长日记的观察,数据记录,数据分析,并撰写研究报告。

每届科技节主题确定后,都会有针对性地设置三个主题,主题内针对不同的年级制定由简到难的活动方案,并让学生参与其中。此外,学校还利用微信公众号、班级微信群、QQ群等平台进行相关科技活动的宣传,让科技活动彰显更大的魅力,让学生真正成为活动的受益者,使得每个年龄层的学生在科技节活动中都能够有所收获。

(四) 关注活动评价、注重兴趣和素养

评价是检验活动开展质量的标准,在科技节活动的开展过程中倘若缺乏相应的评价机制,科技节活动的展开就会流于形式,达不到理想的效果。学生是否达到科技节预期的目标,通过科技活动综合素养是否得到提升,没办法去衡量。因此,在制定科技节活动方案时,应该设计一套科学的评价方案,能够较好衡量学生通过科技活动在知识与技能、过程与方法、情感态度与价值观等方面的达成度。[①]

通过九年的探索之路,我们得出一个结论,科技节活动的设计不能脱离课程,不能想当然,要牢牢依托课程,围绕学校的课程开展,创设一定的主题,关注学生的素养提升,关注学生的全员参与,关注不同层次的学生,注重普及和提高。此外,还要关注活动的反思和评价,这样的科技节活动的开展才会更显实效,也更能体现出科技节的意义。

四、评价保障,提高学生的科技思维水平

(一) 科技节的实施方法

我们开展的科技节活动是学校课程体系的一部分,既然是课程,就要有课程实

---

① 刘庆兵.让科学流行起来——东莞松山湖中心小学主题性科技节活动的实践与认识[J].湖北教育(科学课),2017(1):98—99.

施的时间、师资、内容及课程评价。

我校科技节一般是在每年的三月中旬开始,从开幕式、相关主题活动的开展到闭幕式,一般会持续六周左右。此外,科技节工作的筹备有专门的工作组,校长任组长,科技总指导任副组长,组员为学校科技组的成员,包括科学教师、信息技术课教师及物理课教师,充分体现了学校的扁平网络化管理思想。科技节活动的内容根据主题而定,内容丰富多样且具有一定的层级性。在科技节的实施过程中,一般分为体验阶段、竞赛阶段、展示阶段,活动模式层层深入,使活动的成效更高,深受学生的喜爱。

科技节活动的组织和作品的收集,以班级为单位进行,由活动指导教师负责,统一收集作品并按照统一标准进行评比。学校作品的收集及评比,由负责该项目的任课老师在课堂上完成,最后将结果汇总上报给科技总指导。这种操作方法一方面可以减轻班主任的负担,另一方面也减少了层级的损耗,同时又能使得相关活动的落实更加高效充分。

(二) 科技节的评价方式

学校针对科技节活动的相关内容设计了一套科学的评价方案,每届科技节在开展过程中通过问卷的方式对学生相关知识的掌握情况进行前测和后测,了解学生们在知识技能、过程与方法、情感态度和价值观等方面的掌握程度,更加注重学生的全方面发展,不仅仅关注他们技能的提高,而是更加关注培养科技素养、情感态度,激发他们科学探究的兴趣。在评价学生个体的同时,还对活动的参与度进行记录,评选出优秀班级和科技之星,让评价贯穿于活动始终。[1] 此外,科技节闭幕式期间会下发问卷,让学生现场评价指导教师,评选出优秀指导教师,还会让他们就本次科技节的相关活动谈一谈自己的想法,以便有针对性地调整下一届科技节的活动方案,让学生能够在科技节中得到更多的进步。

---

[1] 福建省学会研究会. 中国特色科技社团科技评价体系研究[J]. 学会,2009(12):24—36+64.

第二节 艺体节：艺术润心 运动强身

我校致力于培养学生的核心素质,通过组织各种艺术活动,让学生在欣赏、表现、创造和融合艺术的过程中,更好地理解和传承中华民族艺术的传统精髓,增强民族自信和自豪,同时了解世界文化的多样性,拓宽艺术视野。我们重视艺术课程在培养学生审美和人文素养方面的作用。在教学过程中,我们注重学生的艺术感知和情感体验,激发他们对艺术的兴趣和热情,使他们在欣赏、表现、创造、联系和融合的过程中,形成丰富、健康的审美情趣。此外,我们强调艺术课程的实践性,让学生在以艺术体验为核心的多样化实践中,提高艺术素养和创造能力。我们鼓励艺术学科之间的融合,注重艺术与其他学科的关联,充分发挥协同育人功能。同时,我们注重艺术与自然、生活、社会和科技的联系,汲取丰富的审美教育元素,传递人与自然和谐共生的理念,促进学生身心健康全面发展。

为了让校园文化生活更加丰富多彩,我们努力营造一个积极向上、清新高雅、健康文明的校园文化氛围。同时,我们还为师生提供了一个展示才华的舞台,有助于提高他们的审美能力和素养,丰富学生的文化生活,发挥个性特长,启迪智慧,激发创造和创新能力,从而推动素质教育的实施和校园精神文明建设的进步。校园艺体节正是这样一个重要的平台。

一、价值追求

艺术和体育教育是学校教育的重要组成部分,它们被明确规定在国家教育教学大纲中,学校的使命之一就是帮助学生学会认识美、发现美、欣赏美和创造美。培养具有审美情趣和审美能力的学生,也是我们教育的重要组成部分。高尚的审美情趣和卓越的审美能力是现代人所必须具备的重要素质。

(一) 鉴赏,提高艺术鉴赏能力

艺体节可以培养学生的审美能力。艺体节上展示的作品都是经过筛选的,是质量很高的学生作品。学生在欣赏这些作品的过程中,不仅可以感受到艺术的美,还可以学会欣赏艺术作品的技巧和方法,从而培养他们的审美能力。

(二) 兴趣,激发对艺术的热爱

艺体节可以激发学生的艺术兴趣。在艺体节上,学生可以欣赏到各种不同类型的艺术作品,比如音乐、舞蹈、绘画等。这些作品不仅可以让学生感受到艺术的美,还可以让学生了解不同的艺术形式和风格,从而激发他们对艺术的兴趣和热爱。

(三) 凝聚,提高班级凝聚力

艺体节可以增强学生的团队意识。在艺体节上,学生可以参加各种团队活动,比如班班唱比赛、艺术比赛项目、篮球3对3比赛等。在这些活动中,学生需要与其他同学合作,共同完成一项任务。这样可以增强学生的团队意识和协作能力。

(四) 创新,激发学生想象力

艺体节可以提高学生的创造力。在艺体节上,学生不仅可以创作、欣赏作品,还可以参与各种艺体活动。比如,他们可以参加音乐比赛、戏剧比赛、舞蹈比赛、绘画比赛、趣味运动比赛等。在这些活动中,学生可以发挥自己的创造力,创作出自己的艺术作品,从而提高他们的创造力和想象力。

二、目标素养化

依据《学校艺术教育工作规程》,以培养人才为宗旨,以学校为基础,关注所有学生,激发学生对艺术的兴趣和热爱,培养学生健康的审美品位和良好的艺术素养,促进学生德智体美劳全面发展,引导他们追求真实、善良、美好,展现青少年活力四射的精神风貌,丰富校园文化生活,推动学校艺术教育的持续发展。

(一) 校园艺体节是落实中学生审美素养的重要载体

1. 在校园艺体节的丰富活动中体验美

校园艺体节是校园文化生活的重要组成部分,通常在特定的时间和地点举行,涵盖音乐、美术等多个领域。学校会将艺体节细分为各种活动,如音乐类、美术类等。音乐类活动包括个人才艺比赛和集体比赛,如"校园好声音"歌手赛、"乐动弦音"器乐比赛、"班班有歌声"歌咏比赛、"舞动青春"班级集体舞大赛等。美术类活动包括摄影展、板报比赛、书法比赛、Logo设计比赛和明信片设计比赛等。体育类活动如"篮球嘉年华"等比赛以及各类专题文化讲座。艺体节活动鼓励全校学生参与,而且学校还布置了校园小舞台让学生们自由观看。校园艺体节将审美教育以文化"渗透"的方式融入中学生的校园文化生活,让学生们在丰富多彩的艺体节活动中去体验艺术之美。

2. 在校园艺体节的自主实践中创造美

在中学阶段的艺体节活动中,我们应该充分发挥学生的主动性,利用艺术活动的个性化和创造性特点,提高学生的艺术实践能力,培养他们的个性和创造力。除了艺术学科老师的策划和学校各部门的配合,还应该让学生更多地参与到活动组织中,明确各个职能组的分工合作,使每个小组的同学既能各司其职,又能相互配合。例如,对于集体项目的比赛,需要对场地、灯光、音响等有较高的要求,参赛人员较多,活动组织难度相对较大。这时,学生可以参与到各个工作环节中,如舞台监督、节目调度、音响控制、主持词撰写、节目单设计、比赛音频收集、观众秩序维护、后勤保障、评委接待、摄影摄像、微信平台宣传等。这样的组织方式既能确保艺体节活动的顺利进行,又能锻炼学生的组织能力、实践能力、沟通能力,激发他们的创新意识,从而使其在参与艺体节活动的过程中创造出美的艺术。

(二)校园艺体节是提高中学生审美素养的有效途径

1. 通过校园艺体节培养审美情趣

美育的一个重要任务就是培养学生健康高尚的审美品位。审美品位,即审美鉴赏力,是指人们欣赏、鉴别和评价美丑的特殊能力,它基于个人的实践经验、思维能力以及艺术素养。"中国学生发展核心素养"中的"人文底蕴"包含的审美情趣,就是指让中学生具有健康的审美价值取向,并善于进行艺术表达和创意表现。在校园艺体节活动中,班级戏剧比赛和班班唱比赛深受师生喜爱,也是学生们最期待、参与热情最高的活动,它们在培养中学生的审美情趣方面发挥了重要作用。为了鼓励没有声乐、戏剧基础的同学参与,我们对每个班的表演人数做了一定要求,同时明确了参赛曲目和戏剧主题,鼓励学生创编出积极向上、反映中学生朝气蓬勃、奋发向上精神面貌的作品。每个班级各具特色的表演展现了学生丰富的艺术情感,体现了音乐的旋律美;深情的歌声、整齐划一的动作与灯光、音响、舞美相结合,呈现出富有感染力的意境美;精心编排的节目和情境设计,体现了艺术的审美需求,表达了艺术的内涵美。通过这些表演和实践,中学生可以理解中外艺术的丰富多元性,通过艺体节活动实践培养他们的审美能力,提高他们的审美情趣。

2. 通过校园艺体节提高审美能力

中学生的审美能力是指他们在进行审美活动时所表现出的稳定的个性心理特征,主要包括感受美、体验美和创造美的能力。通过校园艺体节的音乐、美术、文学等多方面的艺术实践,中学生可以参与到一系列审美活动中,从而提升他们的审美素养。由于中学生的审美素养主要体现在他们的审美活动中,而进行这些活动需要具备一定的审美能力。因此,中学生的审美能力是他们的审美素养的核心。通过参与校园艺体节的审美活动,中学生可以将所学的审美知识逐渐转化为审美技能、技巧,从而在审美素养方面实现从"知识"到"智慧"的转变。

三、内容多样化

校园文化艺体节形式多样,包括绘画展览、舞蹈表演、声乐演唱、乐器演奏、朗诵戏剧和各种体育项目等各种艺体形式的活动,学生能够通过校园文化艺体节这个平台展现自己的特长,激发自己的情感,提高审美意识,丰富精神文化,迸发学科学习的灵感。

(一) 紧扣时代主题,呈现方式趣味多样

校园文化是学校在长期办学过程中形成的物质文化、精神文化,对学生思想道德素养的提升发挥着举足轻重的作用。校园文化在一定的社会环境的影响下,营造出热爱学校、热爱民族、热爱祖国、热爱世界的校园氛围。同时,也是培养学生创新精神、审美情趣的育人载体。校园文化艺体节则是全校师生对校园文化认识的实践,其可以将艺术教育和校园文化有机结合,实现对学生的文化浸润、文化感染、文化熏陶。

因此,校园文化艺体节要将德育与美育相结合,就需要以符合社会主流价值观的内容为主题。围绕主题展开活动,使举办方式呈现出多样性,让学生具有参与感和体验感。教师需要善于发现现实问题,提出具有吸引力、值得学生深入思考的校

园文化艺体节主题,并创设有利于学生思考的问题情境。如花香进校园这一主题,教师可引导学生将校园环境花卉布置和艺术表现形式相结合。活动期间,教师围绕这个主题,举办各种形式的校园文化艺体节活动,教会学生尊重自然规律,与环境和谐共存,花香艺术铺满校园。

(二)社会美育与校园文化艺体节有机衔接

社会美育资源丰富,它的重要载体有艺术馆、博物馆等,其核心任务是发挥社会美育力量,协助学校开展美育,与学校美育形成联动,让学生对美的感知不仅停留在学校教育层面,而是拓展到平时的生活中。社会美育需要辅助学校艺术教育。整合社会资源,形成校内外艺术教育的合力。

社区是学生除学校外活动进出最为频繁的公共场所。因此,社区有必要也有责任成为社会艺术教育的重要组成部分,承载社会美育的功能。社区参与的方式可以是多种多样的,如壁画展览、街头雕塑创作等。依据社区活动主题,校园文化艺体节的主题与其交相辉映。鼓励学生以家庭为单位,作为社区居民不定期参加社区艺术馆的活动,陶冶情操。同时,社区艺术馆可以公开展示匹配度很高的学生参加校园文化艺体节的作品,这样的作品展示不仅可以提高学生的参与度,而且可以得到家长的重视,以此提高校园文化艺体节的举办质量。

社区还可以为学生搭建舞台,与校园文化艺体节同期举办表演活动。由于校园文化艺体节时间有限,表演人数有限,很多学生没有登台表演的机会,而社区与学校的协同合作可以给学生更多的展示机会,鼓励学生表演,提高学生的自信心和创造力,让学生参与创造美。

校园文化艺体节活动形式丰富多样,绘画、舞蹈、朗诵等各种艺术活动为学生展示艺术特长提供了平台,同时也有利于学生综合素养的提升。

第三节　读书节：阅读致远　书香悠长

在当今信息爆炸的时代，电子媒体的普及和快速发展，让人们获取知识和信息的方式变得更加多样化和便捷化。然而，读书作为一种传统的获取知识的方式，在现代社会中依然具有重要的地位和价值。尤其是对于中学生来说，阅读对于他们的综合素质和人生发展有着重要的影响。然而，由于学习压力和课业负担的增加，很多中学生对于阅读的兴趣和热爱逐渐减弱。因此，为了鼓励和推动中学生阅读习惯的养成，中学举办读书节活动具有重要的意义。

我校为落实立德树人根本任务，营造了校内浓郁的读书氛围。倡导师生、家长多读书、读好书，培养健康阅读习惯，提升科学文化综合素养，为精神打底，为幸福奠基。我校自建校以来，每年都会举办读书节。遵循"向着梦想远航"的办学理念，我校希望通过历届读书节活动的举办，进一步完成"健身心，广兴趣；乐学习，善实践；有理想，能远航"的培养目标。

一、价值追求

（一）培养阅读兴趣和习惯，提升阅读能力和素质

读书节活动的首要目标是培养中学生对阅读的兴趣和习惯。通过开展各种有趣的阅读活动，激发学生的阅读兴趣，使他们主动阅读，形成良好的阅读习惯，并从中获得快乐和满足感。

读书节活动旨在提升中学生的阅读能力和素质。通过阅读不同类型的书籍，学生可以扩大知识面，提高词汇量，培养批判性思维和分析能力，培养思辨能力和创造力，提升综合素质。

(二) 促进交流与分享,丰富学校生活

读书节活动提供了学生之间交流和分享的机会。学生可以与同学们一起参与读书活动,交流心得和感想,互相推荐好书,分享阅读的快乐。这样不仅可以促进学生之间的友谊和合作,也有助于拓宽视野,开阔思维。

(三) 弘扬文化传统,培养终身学习意识

阅读作为一种传统文化形式,读书节活动可以弘扬中华文化的精髓。通过组织经典文学作品的阅读与讨论,激发学生对传统文化的兴趣和热爱,传承和弘扬中华优秀传统文化的精神内涵。

读书节活动的目的之一是培养中学生的终身学习意识。通过读书活动,学生将体验到学习的乐趣和价值,培养学习的主动性和自觉性,激发他们终身学习的热情,并为将来的学习和成长打下坚实的基础。

中学举办读书节活动的背景在于培养中学生的阅读兴趣和习惯,提升阅读能力和素质,促进交流与分享,弘扬文化传统,培养终身学习意识,倡导健康生活方式。这些理念都有助于中学生的全面发展和终身学习能力的培养,为他们的未来发展打下坚实的基础。通过读书节活动,中学可以为学生们提供一个丰富多样的阅读平台,激发他们对阅读的热爱和热情,让阅读成为他们生活的一部分,并从中获得快乐和成长。

二、目标设计

(一) 举办多类校园读书活动,促进学生阅读

丰富的活动可以将阅读与学科知识融合起来,提高学生对知识的理解和应用能力。为此,学校组织各类书展,学生可以在展览中浏览和购买各类书籍,包括故事书、科普书、文学作品等。这将激发学生的阅读兴趣,同时也为学生提供一个了解和获取新书的机会。在各个学科课堂上,各科教师安排了与读书相关的活动,例如,进行小组读书讨论、文学作品解读、写读书笔记等。另外,学生可以在读书节期间参加任意读书分享会。在这些分享会上,他们可以选择自己喜欢的书籍,分享阅读心得和感受。这不仅能够增加学生之间的交流与合作,还能让其他学生从中受益,发现新的阅读材料。

此外,学校邀请了知名作家或作家代表来校园举办讲座或座谈会。学生拥有

了与作家面对面交流的机会,了解了他们的写作背景和创作经验。这样的活动激发了学生对文学创作的兴趣,增加他们对文学的理解和欣赏。

(二) 多途径提高阅读能力,培养综合素质

多种比赛的举办促进了学生的阅读积极性。为此,学校组织了诵读比赛,鼓励学生背诵和朗读优秀的文学作品。这样的比赛不仅能够提高学生的口语表达能力,还能培养他们对文学的审美意识和情感表达能力。书法是中华传统文化的瑰宝,也是艺术与文字的结合。多种主题的书法比赛活动,再加上专业书法家进行指导和讲解,可以培养学生对艺术的欣赏能力,提高他们的书写和字体美感。另外,学生们自发组织了朗诵比赛和戏剧表演,通过朗读和表演,更好地理解文学作品,这样的演出不仅能够提高学生的表演能力,还能让他们深入理解文学作品的内涵和情感,加深对文学的理解和欣赏。别有创新的是,学校还设立了读书驿站,提供了一个安静的阅读环境,让学生可以自由选择书籍进行阅读。同时,驿站还设立了一些互动区域,如读后感写作区、书评展示区等,这些展示区可以展示学生的诗歌、散文、小说等作品,同时也可以组织一些文学评论和鉴赏的活动,让学生更好地理解和欣赏文学作品,鼓励学生进行文学创作和分享。

这些活动可以在中学的读书节中互相结合和补充,形成一个多样化、丰富的活动内容,旨在激发学生对阅读和文学的兴趣,培养他们的综合素质和创新能力。通过读书节的举办,学校可以为学生提供一个全面发展的平台,让他们在阅读与创作中成长和进步。

三、内容安排

中学举办读书节活动是一种鼓励学生阅读、提升阅读兴趣与能力的重要途径。我们将读书节当作一个文化推广机会,通过展示、宣传、推广各种优秀书籍,开展优秀的读书活动,促进学生的文化交流和传承。我校举办读书节活动的过程分为三个阶段。

(一) 筹备阶段

在开始举办读书节活动之前,学校必须进行充分的筹备工作。首先,学校需要成立一个由老师、学生和家长组成的筹备组,负责规划、组织和协调活动的各项事

宜。筹备组将制定活动主题、目标和时间表,并确定所需的预算。一旦筹备工作完成,学校就会开始进行活动的宣传推广。学校可以通过校内广播、海报、宣传册、校园电子屏幕和社交媒体等渠道向全体师生宣传活动信息。同时,学校还可以邀请媒体参与,增加活动的知名度。另外,读书节活动的开幕仪式是整个活动的重要部分。在开幕仪式上,学校领导和相关嘉宾将发表讲话,强调阅读的重要性,并介绍活动的意义和目标。此外,还可以邀请知名作家或文化名人进行主题演讲,激发学生的阅读兴趣。

(二) 举办阶段

在读书节活动期间,学校将组织丰富多彩的阅读活动,以吸引学生的参与。这些活动包括阅读比赛、读书分享会、诗歌朗诵、作文比赛、绘本故事会、阅读马拉松等。通过多样化的活动形式,学生可以在轻松愉快的氛围中感受到阅读的乐趣。学校的图书馆也将在读书节期间举办图书展示活动,展示各类精选图书,包括小说、科普书籍、历史书籍、文学经典等。此外,学校还可以设置临时的图书借阅角,供学生借阅心仪的书籍,鼓励他们积极参与阅读。

当然,还会有名人分享与互动环节,学校将邀请知名作家、学者或文化名人到校进行分享与互动。这些名人可以给学生们带来独特的阅读体验和启发,并且可以回答学生们对阅读的疑惑和问题。这种亲身接触名人的机会,将会激发学生对阅读的兴趣和好奇心。

(三) 结束阶段

读书节活动的闭幕仪式是对整个活动的总结和表彰。学校领导和筹备组成员将在闭幕仪式上致辞,回顾整个读书节活动的亮点和成果。同时,还会表彰在活动中表现出色的学生,并对他们的努力和成就给予肯定和奖励。

通过举办读书节活动,中学可以提升学生的阅读兴趣和能力,丰富他们的知识和阅历。这不仅有助于学生的学业发展,还培养了他们的思维能力和创造力。读书节活动不仅是学校教育的重要组成部分,也是培养全面发展的学生的有效途径。

四、评价保障

读书节的举办旨在鼓励学生培养阅读兴趣、提高阅读能力,并促进家校合作。

在此目标的基础上,我校对读书节的开展形成了一套完整的评价保障。

(一) 活动策划

好的校园读书节需要有精心策划的活动方案,包括主题选择、活动形式、嘉宾邀请、宣传推广等。主题选择应该贴近学生实际,符合学生阅读需求,能够引导学生阅读有益的书籍。活动形式应该多样化,包括讲座、读书会、展览、比赛、演出等,以吸引不同类型的学生参与。嘉宾邀请应该注重邀请知名作家、学者、专家等,以提高活动的权威性和吸引力。宣传推广应该充分利用校园媒体、社交媒体等渠道,让更多的学生了解和参与活动。

(二) 参与者体验

一个好的校园读书节需要关注参与者的体验,提供良好的活动环境、丰富的活动内容、专业的组织服务等,让参与者能够愉快地参与活动,获得丰富的收获。活动环境应该舒适、安全、便捷,包括场地布置、音响灯光、交通住宿等。活动内容应该丰富、有趣、有价值,包括主题演讲、互动交流、文艺表演、游戏竞赛等。组织服务应该周到、细致、专业,包括报名注册、活动安排、现场协调、安全保障等。

(三) 社会影响力

好的校园读书节需要具备一定的社会影响力,能够吸引更多的人参与,引起社会的广泛关注和讨论。可以通过媒体报道、网络直播、社交媒体等方式,让更多的人了解和参与活动,提高活动的影响力和知名度。同时,也可以通过活动成果展示、优秀作品评选、志愿者招募等方式,让更多的人,包括学生家长,分享活动成果,感受阅读的魅力,提升阅读素养和能力。

第四节　英语节：中西交流　开阔视野

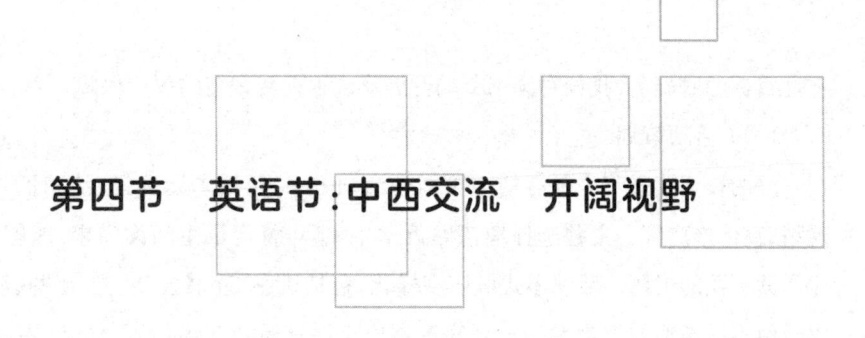

由于处于郊区地段，孩子们的英语学习资源并不充分，整体的英语水平也较低。英语作为一项在生活和工作中都非常实用的语言工具，它的高利用率使得它的国际地位非常高。因此，掌握英语是非常必要的。然而，现在的孩子对于英语的学习热情相对较低，很多孩子只会写却无法开口讲。所以，我们学校开展了多种多样的节庆活动来激发孩子们学习英语的热情，以及鼓励每个孩子都能开口讲英语。只有开口讲了，作为语言工具的英语才能充分发挥它的实际作用。

一、价值追求

提高学生对英语学习的兴趣，培养学生的自我能力是教育工作者和家长共同关注的重要目标。英语是一门全球通用的语言，在现代社会中扮演着至关重要的角色。因此，激发学生学习英语的兴趣，并让他们能够自我驱动地学习，是非常重要的任务。要提高学生对英语的兴趣，首先需要创设一个有趣的学习环境。教师可以采用多样化的教学手段，如游戏、音乐、故事等，来吸引学生的注意力。此外，引入一些有趣的英语学习资源，如英语电影、动画片、英语歌曲等，也可以增加学生学习的趣味性。其中，学生之间的互动可以促进英语学习的积极性。教师可以组织学生间的小组活动，鼓励他们用英语交流、讨论问题。此外，还可以通过角色扮演、辩论赛等形式，激发学生的学习兴趣，并提高他们在英语沟通方面的自信心。自主学习能力对于学生的学习发展至关重要。教师可以鼓励学生制订学习计划，设定学习目标，并帮助他们建立学习反馈机制。同时，教师还可以推荐一些适合学生自主学习的英语学习资源，如在线课程、学习应用等，让学生能够独立进行学习，提高自主学习能力。实践是学习的关键。为了锻炼学生的自我能力，教师可以组织英语角、英语演讲比赛等活动,让学生有机会实践他们所学的知识。同时,鼓励学生参加一些国际交流项目或志愿者活动,让他们有机会运用英语与他人交流,提高自信心和应对能力。阅读是提高英语水平的重要途径。教师可以推荐适合学生阅读水平的英语读物,如故事书、报纸、杂志等。鼓励学生每天坚持阅读一定时间,帮助他们养成良好的阅读习惯,提高英语阅读能力,增加词汇量。

每个学生的兴趣和学习方式都不尽相同,教师和家长应该关注学生的个体差异,采用灵活多样的教学方法。了解学生的兴趣爱好,结合他们的特点设计教学内容,可以更好地激发学生的学习热情。及时给予学生积极的反馈和鼓励,是激发学生学习兴趣的有效途径。教师和家长可以经常表扬学生在英语学习中取得的进步,鼓励他们克服困难,坚持不懈地学习。建立学习支持系统,让学生在学习过程中不感到孤单。教师和家长可以定期与学生进行交流,了解他们在学习中的困惑和需求,并提供帮助和指导。此外,学习伙伴或学习小组也可以互相支持,共同进步。

根据以上几点方式的结合,我校每年举办校英语节,以丰富多彩的英语活动创设有趣的学习环境、鼓励学生参与互动、培养自主学习能力、提供实践机会以提升英语学习的兴趣。通过这样的有效方式,学生对英语的兴趣不断增加,自我能力也得到了不断提升。只要我校持之以恒地创办下去,孩子们的英语水平定会更上一层楼。

二、目标设计

(一) 丰富文化内涵,激发学习热情

每年的英语节都有不同的文化主题,主题形式丰富多彩。我校根据不同主题设置了相应的各种比赛环节。在比赛准备的过程中,孩子们需要上网查阅各种英语相关资料,翻阅词典,使英语能力得到充分提升。不同的比赛目标不同,锻炼的能力也不同。英语节活动分级竞赛是一种有趣和教育性的活动,旨在鼓励学生参与英语学习和提高他们的英语能力。这种活动通常在学校或社区中举行,涉及不同年龄和英语水平的学生。英语节分级竞赛的主要目的是激发学生对英语学习的兴趣,鼓励他们参与英语相关的活动,提高他们的听、说、读、写能力,并增加其对英语文化的了解。该活动还有助于培养学生的自信心和表达能力。参加英语节分级

竞赛的学生可以来自不同年级和英语水平。通常会将学生按照不同年级分为不同组别,并根据学生的英语水平分为初级、中级和高级组别。英语节分级竞赛的内容涵盖了多个方面,以鼓励学生全面提高英语能力。常见的活动内容包括英语演讲比赛、即兴演讲、朗读比赛、英语知识竞赛、英语写作比赛以及英语歌曲比赛等一系列丰富多彩的活动。各种活动的评判标准通常根据不同的活动内容而有所不同。对于演讲类比赛,评判时可能考虑清晰度、表达能力、内容连贯性和语法正确性。对于朗读类比赛,可能会评估发音的准确性、语调和语速。对于写作比赛,评判可能会考虑语言运用、结构和内容表达等情况。英语节分级竞赛通常设有奖项,以奖励在不同组别中表现优异的学生。奖品可以是书籍、学习资料、文具或奖金等。此外,参与活动的每个学生都会得到参与证书或奖状,以表彰他们的努力。这样的活动不仅可以提高学生的英语能力,还有助于培养学生的自信心、领导力和团队合作精神。通过与其他学生竞争,学生们能够相互学习、交流并共同进步。分级竞赛设置为学生提供了展示英语技能和才华的舞台,同时也激发了他们对英语学习的兴趣。这样的活动有助于促进英语教育的发展,培养更多优秀的英语学习者和交流者。

(二)丰富英语知识,提升英语能力

英语节是一项举办英语活动的盛会,旨在丰富学生知识,提高英语能力。在这个活动中,学生们可以通过参与各种有趣的英语活动,拓宽视野,提高语言技能,并与他人分享交流。英语节为学生提供了一个了解不同文化和国家的机会。学生可以参与与其他国家学生交流的活动,学习他们的语言和文化。通过与来自不同背景的人交流,学生可以开阔视野,增加对世界多样性的理解。此外,英语节通常会举办各种主题演讲、讲座和研讨会,让学生接触新的知识领域,拓宽知识面。在英语节中,学生将有更多机会与其他学生用英语进行沟通。通过与母语为英语的学生进行交流,学生可以提高自己的口语和听力技能。此外,英语节通常会组织各种英语竞赛和游戏,激发学生学习英语的兴趣,从而更主动地去学习和运用英语。参与英语节需要学生主动表现自己的语言能力。当学生在活动中积极参与并展示自己的语言技能时,会增强他们的自信心。这种自信心不仅有助于英语学习,还使学生在其他学习和生活方面受益。在英语节的筹备和活动中,学生通常需要与其他学生合作。这有助于培养学生的团队合作能力和沟通技巧。学生需要共同解决问题,协调安排活动,并一起为活动的成功举办而努力。通过团队合作,学生学会了如何与他人合作,培养了解决问题的能力。英语节通常会展示英语国家的传统文化和习俗。学生通过参与庆祝活动,品尝当地美食,观看传统演出等,能更深入地了解英语文化。这样的经历可以激发学生对英语学习的兴趣,使他们更加热爱这门语言。通过参与各种英语活动,学生可以拓宽知识面,提高语言技能,培养自信心和团队合作能力,同时加深对英语文化的理解。因此,学校每年举办英语节,并积极推动学生参与其中,以促进他们的全面发展。

三、内容安排

英语节的形式非常多样化,不同年级的学生,对英语的学习和掌握能力各有不同,对文化内容的理解也不尽相同。因此,年级不同,活动比赛的内容也各不相同。不一样的活动内容,使孩子们每年锻炼到的能力也有着细微的差别。每个孩子的兴趣爱好不同,有的喜欢演讲,有的喜欢唱歌,有的喜欢绘画。因此,整个英语节提供了丰富的活动内容让孩子们参与,比如,英语唱歌比赛;课本剧展演;舞台剧演出;讲故事比赛等各种各样且不同领域的活动形式。提高了孩子们参与的积极度以及学习英语的热情。在活动的准备过程中,孩子们需要自行去网上搜集材料。

(一) 自主准备内容,激发英语潜能

在学习英语的过程中,学生自主参与和准备英语活动是一种非常有效的学习方法。这种方式不仅能够提高学生的英语水平,还能增强学生的学习兴趣和主动性,并且能够激发更多学生参与其中。比如,学生可以自主组织英语电影或者纪录片放映会,为同学们精选一些有趣的英语影片。在放映后,可以进行简单的讨论,了解大家对影片的理解和看法。这样不仅可以提高听力和理解能力,还能让学生感受到英语在生活中的实际运用。学生也可以策划英语知识竞赛,邀请同学们参加。竞赛可以包括词汇测试、语法练习、听力理解等环节。通过竞赛,可以激发学生学习英语的积极性,让学习变得更加有趣和富有挑战性。另外,学生可以组织英语文化节,展示各个英语国家的传统文化和习俗。可以设置展台,展示相关图片和资料,也可以进行民俗表演和美食分享。通过英语文化节,学生不仅可以了解不同国家的文化,还能提高其对英语语言和国际交流的兴趣。

(二) 形式丰富多彩，学生展示自我

我校每年举办的英语节中有着各种各样丰富多彩的活动内容，供不同年龄段的同学根据自己不同的兴趣爱好选择参与其中。每年我校英语节的经典环节就是单词王比赛。在测试学生英语词汇时，我们会设计一些有趣的游戏，以吸引学生的兴趣和积极参与。单词王的比赛每年也会以不同的形式出现，比如，单词接龙：学生们围成一个圆圈，每个人轮流说出一个英语单词，下一个学生要用上一个学生说的单词的最后一个字母开头，说一个新的单词。如果有人说不出单词或重复了已经说过的单词，就被淘汰。这个游戏可以增强学生对单词的记忆和联想能力。单词猜谜：老师用简单的线条和图形画出一些与某个单词相关的形象，学生根据图画猜测对应的英语单词。这有助于培养学生对单词形象的记忆和理解能力。速记挑战：在黑板或白板上展示一系列单词，让学生观看几秒钟，然后转过去写下尽可能多的他们记得的单词。这个游戏可以帮助学生提高记忆和拼写能力。单词拼图：将一些单词的字母打乱，让学生重新拼出正确的单词。这个游戏有助于学生熟悉单词的拼写和结构。翻转记忆：在一张纸上写下一系列单词，然后让学生闭上眼睛，老师快速翻转纸张并隐藏其中的单词，学生睁开眼睛，尝试回忆并写下他们能记得的单词。这个游戏可以帮助学生加强对单词的记忆能力。单词竞赛：将学生分成小组，设计问答环节，组员之间互相提问、回答，看哪个小组能在规定时间内回答最多的问题。可以设定各种题型，包括填空、选择、解释单词意思等，以增加趣味性和挑战性。单词迷宫：设计一个迷宫，迷宫的每个房间里都有一个单词或图片，学生需要根据提示找到正确的单词或图片，并沿着正确的路径穿过迷宫。这个游戏可以帮助学生运用词汇知识解决问题。我们在设计这些活动时，会根据学生的年龄和英语水平调整难度，并确保在游戏过程中融入足够的互动和竞争元素，以激发学生的学习兴趣和积极性。同时，活动的目的是帮助学生学习和记忆英语词汇，因此，要保持教育性和趣味性的平衡。

课本剧表演也是众多孩子们非常喜爱的一个活动内容。这种表演通常帮助学生提高英语口语和表演能力，以及团队协作能力。首先，需要选择适合学生年龄和英语水平的简短故事剧本。可以是一则传统的童话故事，一场简单的戏剧，或者一个针对学生兴趣的原创故事。根据剧本中的角色数量和性质，进行角色分配。确保每个学生都有机会参与，并根据学生的英语表现和自愿进行分配。同时，安排一

段时间进行排练,以确保每个角色都熟悉他们的台词和角色情感。这将有助于提高整体表演质量。准备舞台布景和必要的道具,使表演更具真实感和吸引力。当然,这取决于预算和可用资源。根据需要,考虑添加音效和音乐来增强表演的氛围,这可以是简单的背景音乐或特定场景所需的音效。此外,还要确保为每个角色准备合适的服装和化妆,使他们更符合所扮演的角色。最终,安排一场公开表演,邀请老师、同学和其他观众观看他们的精彩表演。表演是一种有趣且有效的英语学习方式,可以提高学生的口语表达和自信心。确保安排充分的排练时间,营造良好的表演氛围,并鼓励学生积极参与,享受这段难忘的经历。

　　英语演讲比赛是一个有益的活动,通过它,参赛者可以提升语言能力、表达技巧和自信心。参赛者报名参加演讲比赛,并选择演讲主题或从给定主题中挑选一个。自此,参赛者开始准备演讲,收集资料,组织思路,写稿或进行口头练习。参赛者通过演讲比赛,锻炼并提升了英语口语表达能力,从而更自信、流利地运用英语进行演讲。在演讲过程中,选手学会了如何清晰地组织思路、有效地传达信息,并使用恰当的语言和肢体语言来吸引听众。参赛者在比赛中面对观众和评委,挑战自我,赢得认可,从而增强自信心和心理素质。在准备演讲的过程中,参赛者会深入研究主题,广泛阅读和收集信息,从而扩大知识面和见识。演讲比赛是对参赛者努力的认可和奖励,激励他们继续努力,持续进步。演讲比赛的经历对于个人的成长和未来的发展都有积极的影响。

　　唱歌是一个学生可以展现自我风采的比赛内容,深受学生的喜爱。举办一场英语歌曲比赛,邀请参赛者用英语演唱他们喜欢的英文歌曲。这样的比赛可以促进学生英语语言能力和演唱技巧的提高。举办一场新闻播报比赛,邀请参赛者用英语模拟新闻主播,播报即时新闻或特定主题的新闻报道。可以帮助参赛者提高口头表达能力和新闻解读技巧。英语节期间,每周四中午的广播内容改为英语新闻播报展示活动,让学生或参与者可以展示他们所准备的新闻报道,分享关心的话题或当地新闻。无论是英语歌曲活动还是新闻播报活动,都可以促进学生英语语言技能的提高,同时也为学生提供了展示和分享以及英语学习的机会。

第五章
生涯发展的细腻

你是目标导向、喜欢竞争和挑战的军事家？你是善于表达、热情且有说服力的教育家？你是喜欢规则、注重细节的建筑家？还是喜欢和谐稳定、情感细腻的和平家？让我们看到自己的优势，扬长发展。

我校自建校以来，开展了丰富多样的职业生涯规划课程。我校的校本课程一直注重学生的职业生涯规划教育。2020年3月，我校成立了"浦江镇初中生职业生涯指导工作室"。同年6月，工作室招募了第一批成员。同时，开展了师生心理营养课程和师生DPA动态性格测评。结合我校学生的实际及学生发展核心素养的要求，我校提出了"2+2+1"的课程和实践路径。第一个"2"即依托道法和心理两门课程，将学科教学与生涯发展理念相融合。引导学生认识自我，认识世界，培养生涯规划的意识与能力；第二个"2"即DPA动态性格测评和心理营养课程；"1"即系列职业生涯主题班会，以班会为载体，班主任带领学生开展生涯探索，找到发展目标及内在动力，提升班级凝聚力，提升教师的带班能力。除了以上的课程设计，我校还开设了丰富多彩的拓展课、家长学校系列讲座和一对一的学生心理辅导，以助力职业生涯规划教育。

第一节　职业生涯规划：课堂教学的设计与渗透

在初中阶段，道法课和心理课中都有对职业生涯相关话题的探讨。在我校职业生涯指导工作室成立后，更加注重职业生涯规划在这两类课程中的系列设计和探究。

一、利用道法课程，让学生初步接触"职业生涯规划"

在初中阶段的学科课程中，都有相关职业生涯的单元。在道法课中，道法老师认真研磨了相关话题，在六年级上册的第一单元第二课《少年有梦》中，有关于对学生梦想的认识。在九年级下册的第六单元第二课《多彩的职业》中，有关于职业的介绍。学生通过这些单元知识的学习，对职业有了较为系统的认识。道法老师对这两节课进行了详细设计，拓展了道法课中对于职业生涯探究的内容。

二、利用心理课程，让学生初步认知"职业生涯规划"

我校的心理课程一直重视生涯规划教育。心理老师在具体的教学实践中，形成了职业生涯规划系列课程。

第一，《我的角色》，了解学生目前和未来需要承担的角色义务和责任。《我的梦想》让学生说说自己的梦想，了解梦想是怎样的。《三百六十行》让学生了解不同的职业，先从介绍自己喜欢的职业开始，再介绍父母的职业，了解职业的多样性。

第二，《宝贵的时间》，让学生了解实践管理的重要性，对时间进行合理规划。心理老师基于《心理健康自助手册》第九单元主题"我的新时空"，参考《时间银行》内容并作了适当调整，上了《宝贵的时间》一节研讨课，以一个关于时间的谜语导入,通过小视频《苍蝇的一分钟生命》、绘制自己周末的"时间饼图",引导学生认识到时间的宝贵,深入理解时间的价值,并主观上想要珍惜时间。

第三,《黑点》一课对同学影响深刻,黑点并非污点,黑点寓意着人生路上的挫折、困难,在黑点上作画,可以画出娇艳的玫瑰,可以画出活泼的木偶。每个孩子成长路上都会有挫折困难,那该如何面对呢?失去双腿的廖智可以借助假肢舞出精彩人生。带着一种积极的心理暗示,带着一种勇于克服困难的顽强精神,黑点也可以转化为亮点。

第二节　探索自我特性：性格测评与营养课程

2020年9月，职业生涯规划工作室引入了DPA(Dynamics Personality Assessment)动态性格测评和心理营养课程。

一、DPA动态性格测评

DPA动态性格测评是指通过问卷将测评者的答案经过多次算法后，形成一个三维图谱。三维包括个性（自我）认知、角色认知、社会认知。其中"个性认知"图谱部分能看到学生的个性思维及动力呈现。"角色认知"部分能够看到学生最近的学习心情、难度、学习进展、能耗等状态。"社会认知"部分相当于受测者的外部形象，也通常是老师眼中的学生的形象。整个图谱的指标呈现，能够支持受测者看见自己独有的个性思维优势和内在独特力量。

我校学生分批开展了DPA动态性格测评。通过分析学生的性格特征，给学校决策、教师教学和学生个人职业优势及学生学习风格转变都提供了非常有价值的建议。

（一）DPA动态性格测评项目实践起始年级——2019级七年级

团队对项目实施的试点年级的老师前期所做的DPA报告进行了解读，通过对受测教师报告的解读，让老师们初步了解了DPA，也让老师们有解读学生DPA的能力。

DPA将学生性格分为五大类，即黑桃型、红桃型、方块型、梅花型、整合型。黑桃型的孩子目标导向，喜欢竞争和挑战，是军事家，善于抓住重点，逻辑性强，有较强的创造性思维和抽象思维，有决断力，以结果导向，胸怀大志，有掌控欲，不怕竞争，不喜啰嗦。红桃型的孩子关系导向，喜欢舞台和肯定，是教育家，善于表达，真诚乐观,热情且有说服力。方块型的孩子细节导向,喜欢规则和精准,是建筑家,注重细节,严谨认真讲规则,重视专业及经验,过程导向,事必躬亲,重承诺,有责任心。梅花型的孩子情感导向,喜欢和谐和稳定,是和平家,情感细腻,有耐心,助人型,有服务精神,亲和友善,中长程发力,避免冲突。

2020年10月,专家团队对项目试点年级七年级的90名学生进行了DPA动态性格测评和分析。90名学生按每个班报名顺序的前15名学生组成。学生在规定的时间内完成问卷,专家团队从学生个人、班级层面、年级层面、家长层面对测评结果进行了多维度分析。

(二) DPA动态性格测评项目实践关键年级——2017级九年级

2021年7月,工作室对我校九年级学生共113人进行了DPA测评,并进行了数据分析。同年9月,DPA专家导师为九年级全体学生和家长进行了一个半小时的测评结果及每项指标的详细解读和指导。这为他们后续的升学和职业选择提供了非常关键的指导和帮助。

通过DPA测评发现,在学生的性格特质中,占比最高的是红桃,表现出需要得到鼓励、舞台、认同和被看见的学生比例占多数;其次是黑桃,表示出希望独立自主、被重视的学生也比较多;梅花和方块略低,表明整体反应速度快、人际格局大,但仔细度方面可能有一定的挑战。

首先,通过以上整体分析,给出了三条针对性非常强的教育建议。

其次,从班级层面,分别列出了班级中哪种性格特质的人数最多,班主任需要做哪些调整等。根据班级性格特质的整体分析,给予班主任和学科老师相应的教育教学建议。

最后,基于学业进展顺利程度与心情满意度的数据(按特质统计)分析,从年级层面进行了特点总结、原因分析和教育建议。

(三) DPA动态性格测评项目实践深入年级——2021级六年级

2021年7月,根据"相似则相互认同"的原则,工作室将新六年级所有学生与班主任进行性格测评,将一些特殊的学生进行班级调整,甚至将整个班级与班主任进行重新调整,使班主任与本班学生的性格更匹配。由此,班主任更容易发现本班学生的优点,更加喜欢他们,也更有利于学生的发展。因为当学生在和班级总体特质有相似之处,或者和班主任的主导特质有相通之处时,学生更容易适应初中学习生涯。

二、心理营养课程助力师生健康成长

如果DPA动态性格测评是"术",那么心理营养就是"道"。作为生涯规划工作室的主要项目内容之一,心理营养课程覆盖我校生涯工作室的所有成员,后期也覆盖到了全校的班主任培训。因为作为班主任和任课教师,我们经常会面对一些来自学生的挑战,例如,情绪问题、行为问题、动力问题等,这些学生的"偏差行为"往往会耗费我们大量的精力。就像一株植物,我们希望它枝繁叶茂结出硕果,重要的是给到它阳光、水和养分。孩子也一样,我们希望他身心健康成长,除了要满足他的生理营养,也要满足他的心理营养的需要。孩子的"偏差行为"往往都是"营养不良"的表现。

一方面,老师们分批参加为期14天的《心理营养线上训练营》活动,工作室成员们采用结对、练习打卡、线上培训课程的形式完成训练营的学习。此训练营不仅让教师对"心理营养"这一心理学概念有了系统学习,更是在每天的练习、对话与访谈中让教师从认识自己到了解学生,学会运用"五朵金花",即"爱、连接、安全、独立自主、价值感"。通过接纳、重视、肯定赞美认同、安全感和榜样来浇灌这五朵生命之花。正如老师们所说的:"在教育方面的信念就是每个孩子都有闪光点,都需要尊重。""每个孩子的成长背景、生活环境、家庭教育方式不同,造就了不同的性格特点。作为老师,尊重差异、接纳差异,是走近孩子内心的关键所在。"从不同的角色出发,给孩子底层需要的心理营养。

另一方面,生涯规划工作室也会定期进行线下培训活动。我校全体班主任和自愿报名的老师都参加了培训。通过培训,老师们可以找到更多更好帮助学生和家长的办法,使学校教育和家庭教育的理念达成统一,方法形成互补,教育形成合力。老师们学习到了"冰山模型",并结合具体案例分享,打开了老师们的思路,让老师们理解漂浮在外的冰山也许只是表面现象。我们在面对学生的时候也要学会去找寻学生藏在内心的感受、想法、期待、渴望,学会在无条件接纳的情况下给予学生足够的安全感,才能够真正帮助到孩子。

学生通过DPA动态性格测评,对自我性格的优势和劣势都有比较清楚的认识。

同时，根据动态测评报告，有个性化的改进建议，这对于学生的自我改进具有很强的可操作性。同时，根据性格的归类，学生初步了解了自己比较倾向或者比较适配的职业方向。通过教师培训，老师们收获很多，从而反哺学生，学生们也获得了丰富的心理营养。

第三节　讨论美好人生：开展职业生涯主题班会

众所周知，如果一个人不具备"责任""沟通""诚信""体谅"等基本职业素养，那么个人在职业上的个性特质或者优势就会被瓦解。因此，在校级层面的德育顶层设计上，我们根据学生在不同阶段的年龄特征和心理发展需求，分年级明确了德育工作的重心：六年级注重"养行规、懂礼仪"；七年级注重"纠习惯、明事理"；八年级注重"讲品行、会学习"；九年级注重"强意志、会思辨"。从整个初中学段来规划学生个人品质的发展，更好地培养学生的基本职业素养，更好地贯彻"立德树人"目标。

比如，在七年级，职业生涯方面，我们开展了系列的主题班会课。以下是七(1)班班主任翟庆阳的班会课"家族职业树之'我的未来不是梦'"和七(3)班班主任郭桃英老师的"兴趣伴我生涯路"主题班会。

家族职业树之"我的未来不是梦"

七(1)班　翟庆阳

【教学目标】

学生能明白家人及从事的职业对他们未来职业决策的影响；

学生通过活动可以挖掘自身的特质并能增强信心；

增强家校联系，促进家校共育。

【活动准备】

彩笔、家族职业树纸张、录制的视频合集、多媒体课件。

【活动过程】

环节设置	主持人活动	学生活动
一、歌曲引入	播放《我的未来不是梦》	跟唱《我的未来不是梦》
二、互动交流1	主持讨论——未来的梦想——期望的职业	分组讨论并请代表发言
三、绘制家族职业树	介绍家族职业树的绘制方法	根据方法绘制家族职业树
四、互动交流2	根据问题主持互动	发言交流
五、总结	师生共同总结	
彩蛋：音视频互动	播放家长的音视频合集（介绍现在所从事的职业，该职业的要求，对子女的职业期望）	看视频、听音频，与刚才内心的想法做对比

兴趣伴我生涯路

七(3)班 郭桃英

【设计理念】

兴趣是最好的老师，是学生主动付出的动力。初中生虽然形成了一定的兴趣倾向,但对自己兴趣的认识未必清晰和准确,大部分学生对兴趣的认识还停留在感官兴趣层面,以享乐为主。另外,学生在生涯规划中往往有这样的疑问:我有很多兴趣,但都不能作为选择职业的依据,怎么办?本课属于生涯规划课程,旨在引导学生进一步科学、全面地了解兴趣,把兴趣和能力、价值联系起来,掌握兴趣升级的关键,用兴趣开拓精彩人生。

【教学目标】

1. 知识与技能:认识到兴趣在生涯规划中的重要意义。

2. 过程与方法:初步探索自身的兴趣,掌握让兴趣转化升级的关键。

3. 情感、态度价值观:意识到未来是动态变化的过程,用兴趣拓展人生。

【教学重难点】

兴趣三个阶段的解读,兴趣转换升级三因素的理解和运用。

【教学方法】

游戏法、讲授法、演示法。

【教学过程】

引导语:同学们好,欢迎大家来到今天的课堂,首先让我们大声读出我们的课堂公约:积极参与、尊重他人、认真倾听、真诚分享。

好的,有多少投入就有多少收获,相信我们尽情投入就会有更多收获。那么现在就让我们开启今天的旅程吧!

(一) 导入环节:"大风吹"

1. 教师导语:首先,我们来进行一个热身活动——"大风吹"。

2. 活动规则:

① 老师说:"大风吹。"学生齐答:"吹什么?"

② 老师说某种情况,符合情况的学生起立去找其他空座位,不能坐原来的座位。

③ 没有位子的同学展示自己的名片,并在下一轮活动中寻找座位。

3. 学生活动。

4. 教师提问:在刚刚的活动中,老师说的都是些什么类型的词?——和兴趣有关的词。每个同学都有许多的兴趣。

5. 提问:那么老师想问问大家,了解自己的兴趣和做自己感兴趣的事情有什么好处?

6. 学生回答。

7. 教师小结:(呈现 PPT)没错,当我们做自己感兴趣的事,我们会感到很愉悦,很有激情和动力。那如果我们从事的职业是我们感兴趣的事,我们的工作和生活也会愉悦很多。有调查显示……所以说,在探索职业选择的时候,我们常常会把兴趣作为一个重要因素去考虑,那今天我们就要来探讨一下关于兴趣的话题。让我们进入今天的课堂——兴趣与生涯规划。

(二)工作环节一:快乐兴趣岛

1. 教师导语:在心理学上经常有人会把职场比作大海,而不同的职业就像海上的岛屿,你选择了哪个职业就是上了哪个岛。我们今天在现场也简单布置了几个岛。

一共有 6 个岛(自然原始的岛屿,深思冥想的岛屿,美丽浪漫的岛屿,亲切友善的岛屿,显赫富庶的岛屿,现代井然的岛屿),分别对应一张桌子,每个岛上都有这个岛屿的名称、岛屿特征,以及岛上的人主要从事什么事,接下来我们要进行选择。

首先有请各位岛主给大家介绍你的岛屿。

2. 情境:如果你有 7 天的假期,让你选择在一个岛上度假,你会选择哪个岛屿?选择哪个岛,就请你坐到那个岛上。

① 学生活动。

② 教师:坐在一起的同学,你们进行了相同的选择,看看哪些同学和你的观点是一样的?我想请同学交流一下:你为什么选择来这个岛上度假?

③ 学生交流分享。

④ 教师随机采访某个岛上的游客。(2 个岛)

⑤ 教师小结:关于度假的选择,多是根据喜欢、舒适等情绪体验来选择。

3. 情境:好,现在,让我们把人生的时钟往后拨 10 年。10 年之后,你已经是个即将踏上工作岗位的人,正处在人生的十字路口。

如果要让你在一个岛上居住五年的话,大家又会做什么选择?注意,这次是要居住,这就意味着你要从事和这个岛相关的工作,并且要能够养活自己。请大家再选择一次。

① 学生活动。

② 教师:都选好了吗,哪些同学是调整过了的,举个手?我们来思考一下:为什么你现在的选择和刚才的度假选择不一样了?

③ 教师随机采访2位学生,学生回答。

④ 教师小结:居住一段时间的选择,会考虑到自己的能力,能不能胜任这个岛上的职业,需要根据技能和能力来选择。

4. 情境:让我们再把时钟往后拨10年。第二个10年之后,你已经到了30岁,各方面都处于人生中最巅峰的时候。如果要让你在一个岛上定居一辈子的话,大家又会做什么选择?这次时间更长了,定居一辈子。一辈子的选择一定要慎重一些,可以思考下,请大家做出选择。

① 学生活动。

② 教师:好,选好了吗,这次你为什么选择在这个岛上定居一辈子呢?

③ 随机采访,学生回答。

④ 教师小结:居住一辈子的选择,更多出自大家觉得什么是最重要的,根据价值和意义来选择。

5. 教师总结:这样一来,显然,兴趣之间互相转化升级的关键就在于情绪体验、技能和能力、赋予的意义。兴趣并不是单一的,它和人的情绪体验、学习工作表现、赋予的意义价值紧密相连。

(三) 工作环节二:我的兴趣升级路

1. 教师导语:接下来就让我们尝试把自己的兴趣升级。

写一写:在第一行,请写下让你感到开心、快乐,乐于进行的五件事。在第二行,请写下对你来说有意义、有价值、重要的三件事。

请观察,第一行和第二行的内容是否有相类似的或可以做一做加法,将它们联系在一起,延伸开来的?

由此,你得出了哪些可以考虑的志趣方向?

(如,看剧是快乐的,同时自我充实是有意义的,那么编剧、摄影或许是你可以考虑的志趣方向。唱歌是快乐的,同时还能感染影响他人,所以是有意义的。那么,歌手、音乐老师或许是你可以考虑的方向。)

2. 学生思考并小组内分享。

3. 请学生全班分享。

4. 教师总结:老师发现很多同学在考虑的时候有些难以决定。这是可以理解的,对现阶段的我们来说,让我们现在就对自己的兴趣赋予终身的价值和意义,确实是有点难的。因为我们现在看过的、经历过的世界还是太小了。这个世界大到我们无法想象,我们的未来拥有着无限的可能。

(四) 兴趣与生涯规划案例分享

(五) 结束环节

他们在追逐兴趣和梦想的道路上没有放弃过,通过自己的努力奋斗,最终在各自的岗位上发光发热。我们本都是无名之辈,但因为坚持和努力变得与众不同。最后,我们一起来唱歌曲《无名之辈》。

第四节 家校双向合作：家庭教育咨询的技巧

家校合作畅通是学校高质量办学的重要保证。在职业生涯方面，更需要家庭和学校的双向奔赴。我校在职业生涯规划工作室的引领下，开展了系列家长学校讲座和家庭教育咨询工作。

一、家长学校系列讲座

我校一向注重家长学校的质量。自工作室成立以来，每个学期都有家长学校的系列讲座。2022学年下半学期，我们进行了四次线上讲座。2022年12月2日开展了讲座《青春期孩子学习动力从何而来》，内容有以下几个方面，如何发现孩子学习和成长的动力？如何做才能点燃孩子的学习动力？父母如何支持青春期孩子的学习？2022年12月9日，开展了讲座《初中生常见心理状态及应对》，包含初中学生常见的心理状态、家庭教育中父母面临的普遍挑战，给初中家长的指导建议；2022年12月16日，开展了线上家长学校活动《与孩子一起面对压力与挑战》，讲座的具体内容有：父母如何看清自己的焦虑和高期待？父母如何看到孩子的压力与挑战？父母怎么说怎么做才能真正帮到孩子？2022年12月23日，开展了讲座《孩子用"叛逆"告诉我们什么》，内容包括：青少年的"大脑"是什么状况？青少年的"叛逆"在传达什么信息？如何读懂这些信息，帮助孩子度过青春期？

二、家庭教育一对一咨询

职业生涯规划工作室团队会定期开展家长一对一咨询。面向每届九年级家长，开展线上一对一的咨询，把脉初三学生的心理困惑，指导家长进行有效亲子沟通,为初三备考提供强有力的支持。2022年12月,在试点年级七年级,总共50名学生家长分两批进行了一对一线上咨询,每次指导50—60分钟,帮助家长了解孩子行为背后的动力驱动,有的放矢地进行家庭教育,建立良好的亲子关系,规避青春期可能发生的冲突,更好地促进孩子的学业成就。通过咨询,家长和孩子之间彼此理解,互相看见对方的优点,虽然有的家长还不能完全掌握并熟练使用最正确的沟通技巧,但已有意识改变以往不良的沟通方式;矛盾也有反复,但冲突的次数少了,两次冲突间隔的时间也逐渐长了。有的家长反馈,自己孩子的脸上洋溢着自信的笑容,努力的方向更明确了,内心的信念更坚定了;还有的家长表示,原来一直跟孩子有冲突,只是我们不懂他;原来人和人真是不一样,性格没有好坏,只有不同。可见,家长的观念发生了根本性的改变。

我们常常会问孩子"你将来要从事什么工作",但不太去问孩子"你将来要成为一个怎样的人"。职业生涯规划是帮助学生认识自我,探索职业发展兴趣,谋求人生发展方向,并促进人格完整,提升生命的意义和价值的活动。我校职业生涯规划的"2+2+1"教育模式旨在引导学生自我察觉、兴趣探索、生涯决策,帮助学生破除迷茫和不知所措,把未来握在自己的手中。

第五节　心理健康教育：全力守护学生的健康

当今社会，对学生的心理健康越来越重视，通过了解心理学，大家也对学生的心理状态、心理发展有了一定了解。心理学家埃里克森认为人的自我意识发展持续一生，他把自我意识的形成和发展过程划分为八个阶段，这八个阶段的顺序是由遗传决定的，但是每一阶段能否顺利度过却是由环境决定的，所以这个理论被称为心理社会阶段理论。每一个阶段都是不可忽视的。初中生就处于第5个阶段青少年期，学生面临着自我同一性和角色混乱的冲突，生理和心理的变化会让学生感受到身心的冲突、矛盾。根据马斯洛的需要层次理论，除了最基础的生理的需要，安全的需要，社交的需要，尊重的需要，学生们还有自我实现的需要，学校要让学生们感到自我的价值，相信自己有很大的潜能等。

启心德育是一种以启发学生内在的道德情感和价值观为核心的德育模式。它强调通过启发学生的内心，引导学生自觉地树立正确的人生观、价值观和道德观，从而培养学生的道德品质和社会责任感。主要特点包括：1. 强调启发；2. 以学生为主体；3. 以情感为纽带；4. 以实践为基础；5. 以个性化为特色。围绕学校"启心德育"的顶层设计，学校坚持打造心理健康教育品牌，重视心理健康教育工作，大力开展生涯教育。学生将来会是社会人，学校应为学生将来可持续发展奠定必要基础，其中发展学生健康心理，积极开展生涯教育是重要基础之一。

学校以"向着梦想远航"为办学理念，在"育心育德　逐梦远航"的心理健康教育理念引领下，从2014年建校起就设立心理咨询室，至今未发生因学生心理方面问题而产生的事故，被评为上海市心理健康教育合格校。回顾近十多年来学校心理健康教育工作和生涯教育发展的过程和成绩，主要得益于在追求学生"逐梦远航"的过程中，紧扣"育心育德"，并进行了不断思考和实践。

一、全员同频"齐心阵"

根据相关心理学理论,《中小学德育工作指南》及我校办学理念、办学目标等,聚焦学生核心素养,围绕启航教育,积极探索"启心德育"课程体系,落实立德树人根本任务。以创建闵行区文明校园为抓手,完善以学生发展为核心的育人体系,逐步形成课程育人、文化育人、活动育人、实践育人、管理育人、协同育人等长效机制,大力开展生涯教育,继续为实现"培养'有理想,明事理;健身心,广兴趣;乐学习,能实践'的社会主义合格的建设者与接班人"的育人目标提供可持续发展的保障。

(一) 工作机制上,突出"全面",实现"齐心"运行

学校成立了由校长任组长,分管副校长、德育主任任副组长,心理健康教师、班主任及各年级组长为组员的心理健康教育工作领导小组。每两周召开例会,班主任、各年级组长、心理健康教师对学生的情况进行分享,对班级学生的心理情绪状态情况进行讨论。比如,开学前期的会议内容,就是班主任分享初步家访后了解到的学生的家庭情况,这样学校就能及时重点关注家庭经济困难及其他需要特殊关注的学生。近十年,我们遇到过很多特殊情况的学生,如抑郁症患者、渐冻症患者、孤儿等。通过例会,让校领导们了解学生们的情况,能更好地管理学校的日常。举个例子,患渐冻症的学生不能走路,每天坐轮椅上下学,按照惯例,每年班级的楼层都会有变化,但是为了方便这位学生坐轮椅,3年的教室都安排在底楼。当学校在三楼多功能厅搞各类活动时,就会看到这样一个场景,楼梯上,男老师背着患渐冻症的同学走在前面,后面是同班同学抬着轮椅。学校心理健康教育工作领导小组希望每位学生都能得到尊重、理解、认同,并健康快乐地成长。

校领导制定了与学校工作五年发展规划同步的心理健康教育工作发展规划,明确指出心理健康对学生发展的重要性;定期召开专题研究心理健康教育的例会,邀请专家对老师们进行相关心理专题的讲座:如何与学生沟通、如何与家长沟通、提高教师自身的心理素质、控制情绪的方法等。此外,还会邀请有经验的老师、班主任分享他们在上课、班级管理、学生教育中用到了什么方法技巧。把落实心理健康教育要求作为各学科课堂评价标准之一,以评价考核促全员参与等。

每周六、七年级开设心理健康教育课,八、九年级开设心理专题讲座。涉及到

的心理健康教育内容包括适应性教育、青春期教育、挫折教育、如何应对考试焦虑、情绪管理、时间管理、如何有效沟通等适合学生理解和发表看法的话题。通过心理健康课程活动,让学生们了解自己的心理状态,及时有效处理自身的心理困扰,自己处理不了时懂得求助他人,表达自己内心真实的情绪情感。

学校心理咨询室每天中午开放1小时,但如果某节课学生情绪不好,心理老师也会邀请学生来心理咨询室进行沟通,了解并帮助学生纾解不良情绪。心理健康教育宣传多元辐射,学校每学期都会在周一的升旗仪式上对全体师生进行心理健康内容的宣传,学校微信公众号也会不定期发一些学校心理健康的活动,每周四的红领巾广播也会有相关心理健康的知识内容;每学年根据上海学生心理健康教育发展中心发起的学校心理健康教育活动主题,开展心理健康教育的相关活动。如以"润泽心灵"主题开展了制作手绘海报、制作短视频、主题班会课、心理健康课上分享故事等活动。

建立健全了涵盖学校、家长、社区等不同层面的心理健康教育工作网络。学校和周围的社区一直保持着紧密的沟通状态。比如有位单亲学生,由于妈妈生病,有段时间只有她一个人在家,当时学校是不知道孩子的真实情况的,妈妈也没有联系班主任说明情况。经由社区工作人员及时与校领导交流才了解到,为此学校才能及时关注到学生的生活情况和心理状态。社区的一些公益活动、节庆活动、志愿者活动也会邀请学生一起参与,如敬老节活动、捐书活动、义卖活动、烘焙活动、垃圾分类活动等,既让学生们得到了锻炼,又让学生们很有参与感、成就感。工作机制"覆全面""真运行",确保了全员参与的"真同频",使心理健康教育有效落在实处。

(二)队伍建设上,突出"全员",实现"齐心"提升

学校实施心理健康教育工作的成效,很大程度上取决于实施教师的能力和水平。一直以来,学校在"分类施力,全员提升"的原则下加强实施心理健康教育工作的队伍建设,尤其在大力推进全员导师制工作的过程中,融入心理健康教育工作。

一是在心理健康教育教师队伍建设上"聚力"。在双向选择的基础上,学校确定了一支心理健康教育教师队伍,一方面创造机会参加国家、市、区各种有关心理教育的培训,比如上海市学校心理咨询师初级、中级的培训课程,闵行区医教结合学生焦虑团体辅导培训等,并加强培训考核;另一方面以他们为学校实施心理健康教育的主体,重点建设学校心理咨询室,给学生做心理知识的宣传工作,学校帮助

他们赋政策、明责任、定目标、搭舞台,调动心理教师从事心理咨询工作的热情。

二是在班主任队伍建设上"着力"。班主任是学生全面发展的引导者、组织者,特别是对学生健康心理的形成发挥着至关重要的作用。班主任是接触学生时间最多的老师,他们也最了解班里每位学生的情况。有时学生发生突发事件,班主任是最快了解情况的老师,所以学校要加强对班主任心理健康教育的培训,比如了解中学生青春期的相关知识、如何与学生进行有效沟通、情绪管理的方法等。也会让老班主任带新班主任,通过新老班主任"一带一"的方式,帮助新班主任更快熟悉班级管理、学生管理、日常工作等。每学期会有主题班会的展示评比活动,既促进了班级活动的展开,又提升了班主任的工作能力。

三是在其他教师队伍建设上"用力"。教育部在修订的《中小学心理健康教育指导纲要》中明确指出:全体教师都应自觉地在各学科教学中遵循心理健康教育的规律,将适合学生特点的心理健康教育内容有机渗透到日常教育教学活动中。为了增强全员参与心理健康教育意识,提高全员实施心理健康教育的能力,学校利用教师集中学习时间,请校内外的专兼职心理教师或专家进行心理健康教育知识培训,利用教研活动时间开展"在课堂教学中如何渗透心理健康教育"的研讨,促进学科教师在教学中推动学生健康心理自觉意识与实践能力的形成和提高。

四是在家长队伍建设上"发力"。学生健康心理的形成离不开家长的正确引导和恰当的做法。教育部修订的《中小学心理健康教育指导纲要》指出,积极开通学校与家庭同步实施心理健康教育的渠道,要指导家长转变教育观念,了解和掌握心理健康教育的方法。在很多未成年人因心理问题产生"悲剧"的案例中,我们都能痛心地发现家长的"简单粗暴"和"沟通缺位",因此,学校利用家长会向学生家长宣传家庭教育知识,指导家长如何与青春期学生进行沟通。学校定期开展家长学校活动,邀请家委会的家长们对学校提出一些意见和建议,互相理解,相互合作。在学校家长开放日时,邀请家长们走进课堂,了解学生在校上课学习的情况,了解老师上课和课下的工作状态,促进老师和家长的相互了解和协作。平时,学校组织艺体节、迎新活动、毕业典礼等大型活动时,也会邀请家长来学校观赏及参与。学校利用各种方式进行学生健康心理知识的宣传和指导,引导家长学会理解孩子,学会与孩子沟通,学会肯定鼓励孩子,学会与老师配合,逐步提升家长参与发展学生健康心理的意识和能力,有效"助力",强化"补位"。

二、校本建设"同心圆"

教育部修订的《中小学心理健康教育指导纲要》指出,中小学心理健康教育,是提高中小学生心理素质、促进其身心健康和谐发展的教育。为进一步促进学校内涵发展,品质提升,我校将心理健康教育工作纳入到学校"启心德育"课程体系中,作为校本课程建设重点之一,以发展学生健康心理为本质,"育心育德",画出校本建设的"同心圆"。

(一) 定准"圆心",以理念目标"立根筑基"

在学校"向着梦想远航"的办学理念下,把"育心育德　逐梦远航"确定为"启心德育"课程理念。根据《中小学心理健康教育指导纲要》提出的心理健康教育总体目标,结合学校实际,确定了"启心德育"课程总体目标,即引导学生不断正确认识自我,增强调控自我、承受挫折、摆脱障碍、调节适应能力;从心出发,发展学生健康心理,培养学生健全的人格和良好的个性心理品质,引导学生自觉地树立正确的人生观、价值观和道德观,从而培养学生的道德品质和社会责任感。定准"圆心",就有了"领航灯""聚焦点",建设过程中就不会"走样""跑偏"。

(二) 聚焦"圆心",以课程文化"发茎繁枝"

"启心德育"课程文化内容是课程建设的主体。紧扣"育心育德"的本质,本校聚焦理念目标,从不同方面着力,促进心理健康教育工作"发茎繁枝"。

一是开发校本教材。学校在六、七年级每周开设了一节心理健康教育活动课。除了利用选定的《心理健康学本》(华东师范大学出版社)《初中生心理健康自主手册》(上海教育出版社)作为主要教材外,针对生情,学校还组织心理教师围绕"对现有教材内容如何做延伸,如何做补充,如何做整合?"进行研讨。在多方实践、搜集、整理、研讨的基础上,正在着手校本教材的编写工作。

二是丰富活动内容。实践中,我们主要通过"一园一墙一站一节一部"的建设,不断丰富课程活动内容。

"一园"即为浦航欢乐园:我们把心理咨询室命名为"浦航欢乐园",处在五楼僻静处,总面积为90多平方米,分设3个区域:团体辅导室、学生活动室、咨询室兼资料室。整体环境舒适、温馨、宁静。"浦航欢乐园"每天中午12点至13点都安排心理健康教师值班。还设立"静静心理热线"和"悄悄话信箱",针对学生及家长提出的问题或烦恼确保做出热情的回应和沟通。

"一墙"即为浦航文化墙:学校为每个班级设立了"浦航文化墙",留给各个班级进行个性化布置。内容可以是学生个性作品、目标心愿、心理健康知识、心理烦恼解惑等,学校定期进行评比表彰,营造了浓郁的心育氛围。

"一站"即为红领巾广播站:学校设立了红领巾广播站,每周四中午开播,每期均设有"心理小问号"专栏,由学生或心理教师负责撰稿播音。栏目的开通,既帮助学生了解到了有关心理知识,又帮助学生解决心理疑惑,成了心理知识普及和自助的有效路径。

"一节"即为浦航心理节:学校自2015年起每学年开展一次"浦航心理节"活动。每届心理节都有明确的主题。心理节期间,学校开展"心理手抄报比赛""心理知识竞赛""讲励志心理故事比赛""大手牵小手共成长""浦航心理小博士评比"等活动,让学生在形式多样的主题活动中,既长知识,又激兴趣,更提能力。

"一部"即为浦航青春健康俱乐部:学校在浦江镇社事办卫生健康科、浦江镇计划生育协会的大力扶持下,定期请持有市心理咨询员证书的教师或区心理协会成员,来校为学生或家长进行心理知识普及或心理疏导技巧方法的讲座。根据不同年段学生的特点,定期围绕学业监测减压、克服学习困难焦虑、同学间人际相处、青春期健康心理等方面开设讲座与辅导,同时开展青春健康俱乐部活动,并组织学生走出去,参观浦江镇青少年活动中心、"青春正当时"科普馆。浦航青春健康俱乐部的开办,对教师及家长实施心理健康教育和发展学生健康心理起到了极大的助力作用。

三、交流提升"中心词"

心理健康教育工作的特殊地位决定了学校心理健康教育工作要扩大交流,提升质量。一直以来,我们坚持以"育心育德"的秉性,大声诵响交流提升的"中心词"。学校借助世外教育集团委托管理项目,引进优势教育资源,在原有心理健康教育工作的基础上,探索并实践职业生涯规划的"2+2+1"教育模式,成立"浦江镇初中生职业生涯指导工作室"。

工作室结合我校学生的实际及学生发展核心素养的要求,提出"2+2+1"模式。通过前期感知、认识，工作室就"什么是生涯规划？""学校、教师、家庭在生涯规划中扮演什么角色？""2+2+1课程体系"等问题向全体老师做了详尽的解释。卢文来老师开设了一场精彩的《职业生涯何时起》的讲座，从一个意象、三个结构图和四个工具，为老师们指点迷津，从而更好地认识自我、探索自我、发展自我、赋能生命。

（一）学校根据第一个"2"进行教育模式的实施

1. 学习心理营养课程，增强心理能量。作为班主任和任课教师，经常会面对学生的情绪问题、行为问题、动力问题等，这些学生的"偏差行为"往往都是"营养不良"的表现。为了给予学生足够的"营养"，所有成员参加了为期14天的《心理营养线上训练营》活动，采用结对、练习打卡、线上培训课程的形式完成训练营的学习，在每天的练习、对话与访谈中，从认识自己到了解孩子，学会运用"五朵金花"——"接纳、重视、肯定赞美认同、安全感及榜样"建立"爱、连接、安全、独立自主和价值感"，给予孩子恰当的心理营养，使老师们成为他们的"重要他人"。通过参与上述活动，老师们都表示受益匪浅，在平时与学生的交流过程中也运用了所学方法，与学生的关系更近了一步。老师理解学生，学生也会更加理解老师，愿意和老师分享内心的感受，让老师能更好地发现学生的心理健康状态。

2. 参与DPA动态性格测评并学习解读。工作室成员首先做了两项测评：个人价值观与多元智能测评，DPA动态性格测评，并听取了导师们的解读，对自我有了更清晰的认识。老师们首先进行了测评，DPA导师对测评结果及每一项指标进行了详细的解读和指导。围绕黑桃、红桃、梅花、方块四种类型，详细地介绍了每项数据、图形的含义。测评结果，相当于一份个人画像，从图表中可以解读出当下的性格特征、个人潜质和行为风格。通过测评结果，找到自己的优势教育方法和管理方法，同时可以通过学生的DPA测评结果，了解和洞察学生行为背后的性格驱动，更好地运用自身资源，找到因材施教的策略，促进每一位学生的优势成长，提升个人的影响力和价值观。

学校职业生涯指导工作室推出四节微课，帮助老师们学会解读测试图表。具体分黑桃、红桃、梅花、方块四个专题，每位老师在本班找一名此类型的学生进行具体分析，让老师们更加了解学生，在工作中更加有的放矢。在每次的指导中，指出每种类型学生的正向点评示范及总结负向点评的禁语，规范老师们的话语系统。在一次次的培训后，老师们也能通过图表数据进行解读，从而更加了解学生的内心动态。

根据"相似则相互认同"的原则,学校职业生涯指导工作室将新六年级所有学生与班主任进行性格测评,将隐形数据显性化后,对一些特殊的学生进行班级调整,甚至将整个班级与班主任进行重新调整,使班主任与本班学生的性格更匹配,班主任更容易发现本班学生的优点,更加喜欢他们,也更有利于学生的发展。在全员导师匹配的过程中,学校也根据"相似则相互认同"的原则,在师生进行双向选择的基础上进行适当调配,帮助学生匹配更加合适的导师,从而更有效地开展全员导师制相关工作。

学校职业生涯指导工作室针对有升学压力的九年级毕业班,对每一名学生进行了 DPA 性格测评,将隐形数据显性化,并召开家长会。通过科学的分析,不仅可以让孩子看见自己性格的优势和力量,悦纳自我,找到优势学法,养成优势学习习惯,促进成长,为将来的学业提升和职业选择打下良好的基础;还可以让家长了解孩子行为背后的性格驱动,有的放矢地进行家庭教育,建立良好的亲子关系,规避青春期冲突;更为重要的是,让老师们了解了孩子们的性格特质,从而更好地运用自身的专业和资源,找到因材施教的策略,促进每一位学生的优势成长。

(二) 学校开展第二个"2"和"1"的教育模式实施

开展第二个"2"和"1"的教育模式实施,主要是将生涯规划和心理健康教育课、道德与法治课进行融合,用好主题班会这个"1",组织学习开展《家族职业树之"我的未来不是梦"》《生命诚可贵 旅途值回味》《兴趣伴我生涯路》《我的生活地图》及《十万梦想》五个高质量的主题班会课。心理健康教育课和道德与法治课的有些内容是相通的,课程从学生兴趣、家族的职业、日常生活着手,通过绘制家族职业树、生命线、生活地图,选择兴趣岛,项目分配等方式,引导学生树立正确的价值观、学会如何面对选择及如何实现自己的梦想。

第六章
因材施教的实现

每个人都有自己的特点、兴趣和爱好，因材施教就是要用心琢磨每个学生的需求，用细心描摹的方式点燃他们的火焰。

因材施教是一种以学习者为中心的教学策略,旨在根据每个学生的个人特点、学习程度和兴趣爱好,提供适合他们的教学方法和资源。因材施教就是要用心琢磨每个学生的需求,用细心描摹的方式培养他们的潜能。"类分教学"能够充分考虑学生的个体差异和需求,制定个性化的教学策略和方法,从而提高教学效果和学生的综合素质;"协商学习"以学习者为中心,通过教师和学生共同参与,鼓励学生在合作学习中发挥主动性,培养自主学习和增强合作精神;"补救教学"能够增强待优生的学习动力、提高学生掌握程度、增强学生自信心、培养学生的思维能力和创造力。

第一节 类分教学：促进全面发展

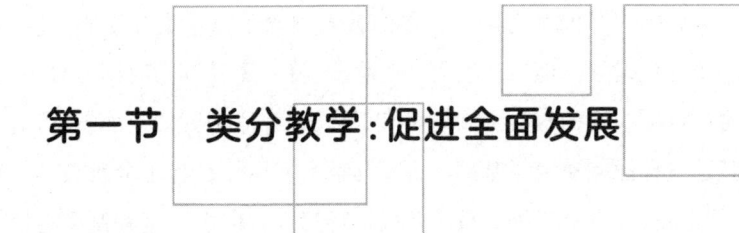

因材施教是我国优秀的教育原则。《义务教育课程方案（2022年版）》中指出义务教育课程要"面向全体学生，因材施教"。类分教学作为因材施教的方法之一，是促进学生发展和教育公平的重要途径。学校在类分教学的理念指导下，通过性格测评助分班、分层教学助提升、比赛竞技长天赋、兴趣选修促发展4种教学方法的实践，将理论与学校实际情况相结合，满足不同类型学生的实际学习需求，促进学生的个性化和全面发展。

一、类分教学的内涵与意义

孔子提出的育人理念要"深其深、浅其浅、益其益、尊其尊"，并主张"因材施教，因人而异"。孔子会观察学生的性格、能力、年龄等特点，根据学生的实际情况进行针对性的教育教学。因材施教的概念最早由宋代理学家朱熹提出，"圣贤施教，各因其材，小以小成，大以大成，无弃人也"。[1] 教育需根据人的资质和才能培养，培养出更优秀之人。

西方主张"因材施教"理念的代表人物有：著名的教育学家苏格拉底、亚里士多德、昆体良等。西方教育学也有"因材施教"相关理念的产生和变革的发展史。苏格拉底作为古希腊伟大的哲学家、教育家，虽没有明确提出因材施教的教育理念，但他所提出的"苏格拉底法"——谈话法，并非直接授予学生知识原理，而是从学生已知的事物和知识体系出发，经过师生提问、对话，引导学生找到答案，认识事物背后的原理，也有因材施教这一教育思想的体现。古希腊哲学家、教育学家亚里士多

---

[1] 袁征."因材施教"的真实困境[J].教育发展研究，2015(6)：5.

德提出"因才施智"的教育理念。他的教育理念是以学生为中心,关注学生的全面发展和个性化发展。他以7岁为一个阶段,将人受教育的时期划分为三个阶段,提出教育应该顺应人的身心发展规律,以实现德智体美劳的全面发展,这为之后的教育自然适应性原则奠定了基础。古罗马教育家昆体良提出分班教学和因材施教相结合。分班教学有利于提高教学效率,节省时间,但由于这种制度有统一的教学内容、方法、任务、要求,不利于学生的个性发展。因此,他认为教育者应该在熟悉学生后,针对学生的性格特征、能力差异,以不同的教育方法、演说风格来促进学生的个性和长处发展。这一班级教学制度也一直保留至今。

类分教学即"分类教学"或"按类教学",可以按照学生的能力特长进行分类,根据学生自身的特点,分门别类地进行特异性教学,是因材施教的做法之一。类分教学不等同于分层教学。分层教学是根据学生的知识、能力水平,分成水平近似的组别、层次进行教学,以更好地提高和发展学生的能力。类分教学不仅仅是在学习水平方面对学生进行分层教学,它更关注学生的能力特长、兴趣发展等方面,对学生进行拔优提升。

类分教学是一种新的教育模式,是符合和适应教育改革和义务教育各学科课程标准(2022年版)的教学模式。类分教学是在学生的差异基础上生成的,新课改要求教师关注学生的差异。类分教学可以有利于学生的终身学习和教师的专业发展。对于学生,类分教学既能在知识学习上给予学生最大化的帮助,提高学业成绩,也能在能力特长、人格发展方面辅助学生激发兴趣和拓宽眼界,发展特长,清晰认识,发展潜能,以达到促进学生最优发展的目的。在学生核心素养的培养上,类分教学可以多角度地帮助教师达成教学目标,帮助学生夯实知识基础,提高能力,促进全面发展。对于教师而言,尤其是新时代下的年轻教师们,努力实践类分教学将是一项巨大的挑战,也是一种珍贵的磨炼。在专业知识上,教师有更大的动力终身学习,把握学科前沿;在教育能力上,教师会不断学习和实践实施类分教学需要的教育理念、方法、经验,不断积累,提升自我;在心理健康教育方面,基于目前的教育状况,各阶段教师都需要掌握一定的心理咨询调节能力,这也是促进教师完善和提升自我的机会。

二、类分教学的理论依据

　　类分教学的研究相对较少。在高等教育中,为满足社会需求,教育上会根据人才需求的不同方向,培养专业技术人才等。因此,在培养模式上,会采用按类教学的方法。在基础教育阶段,类分教学的实践应用是适用于新课改、新课标的要求。类分教学在体育课程上的研究较多,如深圳高级中学高中体育将体育教材分为五大类,区分选修和必修。同时,学生根据兴趣自由选择课程,将班级合并重组,进行分类教学。这种教学模式的改变丰富了教学内容,学生也提高了对课程的重视性和兴趣。[①]

　　目前,类似类分教学的做法还有差异教学、分层教学等。差异教学是因材施教教育思想的继承和发展,立足班级教育群体中的个体差异,满足学生个别学习的需求,在教学中把共性和个性、统一和多元辩证结合。[②]差异教学关注不同学生个体在学习和发展上的障碍差异,强调学生的主动学习,教育者根据不同学生的需求给予帮助。这一教学思想在基础教育和特殊教育领域都有一定的实践应用。在特殊教育领域,由于智商障碍,多数教师针对不同学生会开展差异教学。[③] 在基础教育初中数学小组合作探究中,教师根据学生学情分组,培养学生的自主学习能力,加强指导的针对性和有效性,提升数学核心素养。[④]

　　分层教学一般是在原有班级授课制的条件下,依据课程标准、教材要求,根据学生的基础知识、能力水平的差异,分成水平近似的组别进行教学,有利于学生在原有基础上的进一步提升。分层教学的常见模式有三种,一是保留原有班级,进行课堂教学目标分层;二是走班制,形成新的教学群体;三是能力目标分层,根据知识和能力的监测情况进行层次调整。

　　不管是类分教学、差异化教学还是分层教学,总的都是基于因材施教的理念。基于目前的相关类分教学的理论和实践研究状况,这些实践做法还存在一定的问

---

① 刘晋,邓日桑,王素珍.高中体育分类教学模式[J].体育学刊,2001(4):92—95.
② 华京生.差异教学与个别化教学的比较研究[J].中国特殊教育,2014(10):10—13+27.
③ 赵小红,华国栋.个别化教学与差异教学在特殊教育中的运用[J].中国特殊教育,2006(8):40—45.
④ 付占军.差异教育理念下的初中数学小组合作学习探究[J].新课程研究(中旬),2019(11):2.

题和挑战有待解决。一是具体的实施策略没有明确的做法，在缺乏专业人员支持的情况下，大多数仍然需要教师教学经验的积累、交流与实践，难以程序化地进行实施和考察。二是大班教学的现状下，对每一位学生或每一类学生设计一套教学方案并长时间实施和检测，不是教师个人能够实现的，需要学校、教师、学生、家庭全方位配合，需要巨大的教育投入。三是以上教学都有一个共同的前提就是教师需要对所有学生有全面、客观的了解，这对于教授班级较多的教师而言无疑是一个巨大的挑战。四是每个学生都是完全独立且不同的，教师制定的教学方案需要在实施过程中及时调整更新，在实践过程中教师容易身心俱疲。

三、类分教学的主要做法

基于以上类分教学的教育理念，我们学校分别根据学生的学习水平、能力特长和兴趣爱好以及性格特点等设置教学、选修课程和活动，有性格测评助分班、分层教学助提升、比赛竞技长天赋、兴趣选修促发展四个有效做法。

（一）性格测评助分班

学校根据DPA动态性格测评反馈的学生和班主任教师的性格特点进行分班教学。DPA动态性格测评可以将人的性格分为黑桃、红桃、梅花、方块四个大类，能够让老师和学生更好地认识和了解自己，分析自己的性格优势和劣势，扬长避短。老师能根据测评结果发现可能需要重点关注的学生，促进学生身心健康发展。学校根据测评结果，将与班主任性格契合的学生分到一个班级，在保证教育公平的同时，尽力让老师和学生能更轻松愉悦地相处。学校根据DPA动态性格测评分班教学已经第三年，根据前几年的教学成果来看，这种分班方式对学生和老师都是有利的。

（二）分层教学助提升

学校根据学生的学习水平进行分层教学。学生之间的个体差异是必然存在的，教师通过观察、测试后，依据学生知识基础和学习能力差异分成不同层次。分层教学的实践关键在于做好五个环节：分层备课、分层上课、分层作业、分层评价、分层辅导。教师在集体备课进行单元教学设计和课时教学设计时，依据学生层次，设计相应的分层教学目标和活动任务要求，调动学生的学习积极性。分层上课，需要教师了解个别学生差异,对概念性强、难度较高的内容进行分解讲解,而基础性的知识可以为学生提供更多时间,让学生自主学习、温故知新。在课堂教学中,教师采取多层次的教学。课堂上的活动或练习设计不同难度等级,学生可以进行必做和选做训练,让更多学生在能力范围内得到训练和获得学习的成就感。分层评价包括课堂互动点评,课堂听写、默写,课后的口头提问,阶段性的单元测试等。分层作业布置和分层辅导是分不开的。在分层辅导的实施上,包括课上和课后两大部分。课上先重点解决共性问题,再分组或分不同要求,解决个性问题。此外,除了师生辅导,还可以设置小老师,一对一或一对多帮扶学习,尽可能促进每一位学生的发展。

例如,在我校蒋圣楠老师针对随班就读学生设计的《在平面与立体之间——纸巾盒的四季变装》这节课上,学生被分为不同小组,在废旧的纸巾盒上展开创意联想,进行创意改造并展示。蒋老师针对随班就读学生的学情特点,微调了教学目标,精心设计教学环节,设置了实物触摸感受,鼓励全体学生动手改造,帮助特殊学生提升自我,为其未来发展打好基础。

(三) 比赛竞技长天赋

学校根据学生的不同能力、特长组织和带领学生参加不同的比赛和活动,主要包含创新思维天赋、艺术天赋、体育天赋、语言天赋四个方面。针对具有创新思维能力的学生,教师组织、培养其进行课堂的探究实践活动,校内的科技节活动,鼓励并辅导其参加课外的科技创新比赛,如青少年科技创新大赛。同时,利用校园的星空馆、天文创新实验室、危化品安全教育体验馆等科普馆,激发更多学生对自然科学、创新实践的兴趣。针对具有艺术天赋的学生,包括在音乐、美术、舞蹈等方面具有一定能力、特长的学生,学校定期组织艺体节活动,让其一展风采。教师对部分特长生进行专业培训提优,参加校外的相关比赛,为自己和学校争光。针对具有体育天赋的学生,学校开设篮球、棒垒球、高尔夫等体育特色课程,训练校队,带领参加比赛。针对具有语言天赋的学生,学校开设英美文化之旅的外教口语课、定期举办英语节,同样培养辅导学生参加校外活动和比赛,进一步提高其语言能力。

例如,教师对于擅长自然科学探究的学生,利用课余时间进行技能培训。教师利用自身的专业特长,带领学生调查校园周边河流的水生动物多样性,参加"上海市青少年生态文明探究小论文评选"并成功获奖。教师引导学生发现校园周边河流的环境问题,帮助构建实验探究问题,提出探究假设,设计探究方案,实施方案并撰写探究报告。学生通过动手采集四个不同河流微环境下的样点的浮游动物与底栖动物,进行生物多样性统计,将科学探究方法与生命科学的生态系统多样性调查的相关理论知识付诸实践,充分开发其探究实践天赋,落实核心素养。

(四)兴趣选修促发展

根据兴趣爱好设置可自主选择的社团课和拓展课,包含科学与数学、艺术与健康、自我与社会、语言与交流四大模块。科学与数学模块的3D打印结合最新技术,让学生动手体验,并制作成果。艺术与健康模块的衍纸,进行纸艺创作,培养学生对美的感知力、锻炼动手能力、激发创造潜力。自我与社会模块的职业规划,帮助学生探索并认清自我,提前摸索和尝试进行自己的人生规划,为未来作好准备。语言与交流模块的演讲与口才,通过排练节目,进行舞台展演,锻炼语言表达能力,丰富校园生活。

以《理论助实践 花香沁人心》为例,这是一节选修课,对花卉、生物、手工有兴趣的学生自主报名参加。本节课的主要目的是丰富素质教育的活动内容,寓教于乐,理论与实践相结合,培养学生的实践探究能力,促进学生德智体美劳全面发展。学习花卉知识,锻炼色彩搭配,提高学生的审美,发展学生的动手能力和创造能力。在教学设计上,主要依据《义务教育生物学课程标准(2022年版)》提倡的对学生探究实践能力和跨学科能力的培养,利用课后服务时间进行落实,提高学生的核心素养。课前,教师根据参加课程的学生的学情,均匀分配组别,让每个组内都有各种能力、性格的学生存在,有利于学生小组任务的完成,促进组内的合作互助。

此外,本节课进行生物和劳动技术的跨学科融合,主要分三个模块,模块1是理论部分主要包括被子植物的基本结构的组成、花的结构学习;模块2是实践部分,动手解剖花卉;模块3是DIY部分,利用材料自制花卉作品。

首先,模块1的学习主要来自上海教育出版社初中《生命科学》第二册的第四章第一节——植物。学生通过理论学习,回顾和认识校园花卉植物的生物学名,花的结构组成。该部分利用课堂提问和小组知识竞赛的形式展开,提高学生的积极性和参与度。例如,校园中梨花、紫叶李和樱花这三种花的区分,学生连线抢答。校园中很多花会在同一时间盛开,形态颜色相似却不同,学习了基本的花卉结构知识后,用专业的生物语言描述不同花卉结构的差异,进一步提升学习效果,也能提高学习成就感。刚开始尝试使用专业词汇描述花卉特征对学生而言具有一定难度，但是生物核心素养的落实需要学生内化知识，并表达出来。这一过程看似艰巨，其实学生只是缺乏尝试。在教师的鼓励下，学生也从一开始不敢尝试到积极发言，增加了学习信心和学习成就感。在这样的比赛中，学生明显更乐于加入到课堂的学习中，锻炼和活跃了科学思维。

其次，模块2的学习也在一定程度上基于"植物"这一节课。教师以当季能直接采摘到的垂丝海棠作为材料，提供镊子等工具，让学生观察花的结构，并基于实物联系书本。在解剖过程中，有学生提出课上未曾提过的子房内多个心皮的现象，认识到教材的学习仅仅只是一般规律，由此进一步认识到自然界生物结构的复杂性，不同生物的特性还需要多观察、多实践、勤思考。

最后模块3的DIY制作花卉部分，学生利用扭扭棒这一劳技课用到的材料，根据教师给出的简单教程进行创作。在这一过程中，教师主要提供文字和视频教程，将学生分小组合作完成作品，学生根据个人能力、特长分工，教师观察并指导学生制作科学的、真实的花卉作品。比如，向日葵的叶呈卵圆形，且互生在茎上，特别提醒学生需要注意叶的组装位置和顺序。同时，花卉颜色的选择和搭配以及包装等均可以锻炼学生的审美和创造意识。

学生根据兴趣选择本课程，用理论助力实践，理论与实践相结合。教师挖掘校园资源，设计系列活动，从理论到实践，从观察美到创造美，充分利用课后服务，提高学生的综合素质。通过动手实践的解剖发现自然界的花的结构美，DIY制作扭扭棒花卉，激发创造美的能力，促进学生发展。

成效的反馈和评价一般以学业考评、比赛成果、作品展示、探究报告、论文等形式呈现。我校类分教学的做法一主要以学业考评为评价方式；做法二主要以学生考评为评价方式；做法三主要以比赛成果、探究报告和论文为评价方式；做法四主要以作品和探究报告为评价方式。做法一上，根据性格特征分班后，学校的整体学业考评结果是上升的。做法二上，分层教学实施后，不管是上游、中游还是下游水平的学生，整体的考评成绩是提升的，这得益于分层教学中对不同水平学生的关注。做法三上，学校每年都有很多学生在各类科技竞赛、体育竞赛、艺术比赛、语言比赛上获奖，其中包括市级一等奖和区级奖项。做法四上，从学校的社团课和拓展课的开展情况来看，学生积极性很高，课堂参与度强，最终上交的个人或小组的探究报告或作品也借由科技节等活动得以展示，进一步提升学生的学习积极性。

　　初中学段是基础教育的关键时期，是学生培养兴趣爱好的重要阶段。我校在类分教学的理念指导下，将理论与学校实际情况相结合，与班级学生个人情况相匹配，在实践中摸索出最适合的教学模式，满足了不同类型学生的实际学习需求，凸显了以学生发展为本的新课程理念。这种做法符合面向全体学生，因材施教的基本原则，促进了学生的个性化和全面发展。

第二节 协商学习:激发学习动力

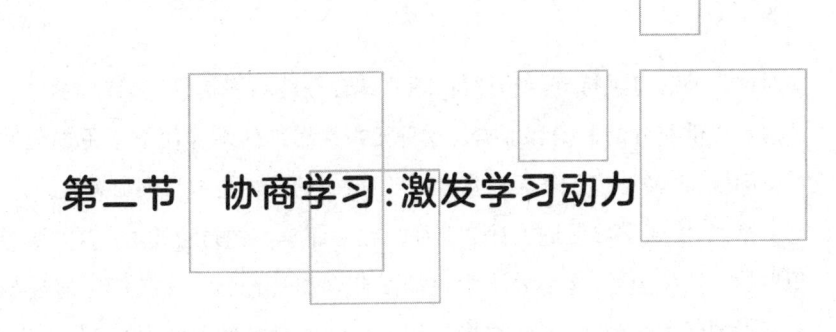

协商学习是指让学生参与课程及教学方案的制定与决策,与教师共同商讨学习目标、学习内容、活动形式、分组和评价方式等。[①] 协商学习可以帮助实现教师的因材施教,从而个别化地满足学生的学习需求。

一、协商学习的意义

协商学习强调学生之间相互合作、共同探讨问题和分享知识。这种学习模式旨在培养学生的自主学习能力、批判性思维和团队合作意识,对课堂教学和学生发展有巨大的促进作用。

首先,协商学习有助于促进学生深度学习。在协商学习的过程中,学生需要积极参与讨论和交流,针对问题进行深入思考并提出自己的见解。通过与同学之间的互动,学生可以从不同的角度了解问题,发现问题的本质,拓展思维广度和深度。相比于传统的单向传授知识的教学模式,协商学习鼓励学生自主探索,增强了学生对知识的理解和应用能力。

其次,协商学习激发了学生的学习兴趣。学习过程中的交流与合作使学习变得更加有趣和生动,学生更容易保持积极的学习态度。当学生发现他们的观点被尊重和接受时,他们会感到自己受到了重视,从而增强学习的主动性和积极性。在这样积极的学习氛围中,学生更愿意主动探索知识,主动参与讨论,从而提高学习效果。

第三,协商学习有助于培养学生的批判性思维。在协商学习的过程中,学生需

[①] 龚妍,谢兴.协商学习在高中英语教学中的应用[J].教学月刊(中学版),2005(11):20—21.

要对他人的观点进行分析和评价,理解其合理性和逻辑性。同时,学生需要为自己的观点提供充分的论据和证据。这种批判性思维的培养使学生更加理性和全面地看待问题,不轻易接受表面信息,培养了学生的思辨能力和创新思维。

第四,协商学习促进了社会交往。在协商学习的过程中,学生需要与同伴进行积极的合作和沟通,这培养了学生的团队合作精神和社交技能。通过与不同背景和观点的同学互动,学生能够增进相互之间的理解和尊重,培养跨文化交流能力。这些社交技能在学生未来的职业生涯和社会交往中都具有重要的意义。

总之,协商学习是一种重要的学习方式,它促进了深度学习,激发了学生的学习兴趣,培养了学生的批判性思维,并促进了学生社会交往能力的形成。因此,教师和学校应积极引导学生逐渐适应和掌握这种学习方式,以取得更好的学习效果。

二、协商学习的发展

协商学习是一种基于合作和互动的学习方法,旨在促进学生之间的合作与交流,共同解决问题,取得更好的学习成果。这种学习模式强调学生之间的互动与合作,相较于传统的单向教学方式,协商学习更加注重学生的主动参与和批判性思维。在协商学习中,学生被赋予更多的自主权和选择权,他们可以一起制定学习目标、决定学习内容、讨论学习方法,并共同解决学习过程中遇到的问题。这种学习方式鼓励学生主动思考、积极探索,并培养他们的团队合作能力和社交技巧。在教师的引导下,学生形成一个相互支持、相互促进的学习社区,促进知识的交流与分享。

协商学习有许多不同的形式,其中一些常见的包括小组讨论、合作项目、角色扮演和合作解决问题等。学生在这些活动中被鼓励分享自己的想法和观点,尊重他人的意见,并通过合作寻求共识。这种学习方式可以增强学生的自信心,培养他们的沟通能力,并且能够提高学习动力和兴趣。

在协商学习中,教师扮演着导师的角色,他们不再是简单地传授知识,而是成为学生学习的引导者和支持者。教师应该创造积极的学习环境,鼓励学生表达自己的意见,激发学生的学习热情,并及时给予学生反馈和指导。教师还可以利用技术手段,如在线平台和社交媒体,促进学生之间的交流与合作。

三、协商学习的具体实施

协商学习的具体实施步骤包括计划、协商、教学、学习成果展示和交流以及反思和总结这五个主要的阶段。

（一）计划阶段

在计划阶段，教师需要精心设计整个协商学习过程，确保学习目标明确，即希望学生在这次协商学习中获得什么样的知识、技能和能力；任务合理，根据学习目标设计相应的学习任务，确保任务具有挑战性和可完成性；考虑学生的学习需求和背景，选择适合的学习资源，包括教材、参考书籍、网络资源等，以支持学生的学习；并合理安排学习时间，确保学生有足够的时间完成任务，并预留时间进行讨论和交流。

（二）协商阶段

在协商阶段，教师和学生之间的合作至关重要。二者可以就学习内容、课堂活动形式、作业形式和评价方式等方面共同进行商议，尤其要鼓励学生提出自己的观点和建议。

1. 协商学习内容

协商学习的第一步，教师和学生应该共同决定学习内容。这种协商可以通过小组讨论、问卷调查或个别会谈来实现。教师可以提供一个基本的学习框架，但应鼓励学生提出自己的兴趣和学习需求，这有助于增强学生的学习动机和参与度。在协商学习内容时，教师应该重点关注教学目标、课程内容、学习资源、时长和进度等方面，以确保学习内容与教学目标相符，满足学生的不同需求，促进学生深入学习，以及便于学生有条理、有规划地完成学习任务。

2. 协商课堂活动形式

协商学习的另一个重要方面是确定课堂活动形式。课堂活动是学生参与学习的关键环节，应该充分考虑学生的兴趣和学习风格，可以采用小组讨论、角色扮演、实地考察、多媒体演示、学生报告、问题解决等多种形式，增强学生的互动和参与度，帮助学生应用知识和技能解决问题，加深对知识的理解。

3. 协商作业形式

作业是巩固学习成果和培养学生自主学习的重要手段。在协商学习中，作业形式的选择应该充分考虑学生的学习需求和个性。除了传统的书面练习外，教师还可以采用研究报告、项目合作、实践操作、反思日记、创意作业等其他形式检测学生的学习成果，实现知识的内化与运用，并进行课后的拓展提升。

4. 协商评价方式

在协商学习中，评价方式应该体现学生的综合能力和个性特点。传统的考试成绩并不能全面反映学生的学习情况。教师可以提供多种评价方式供学生选择，如：综合评价，综合考虑学生在课堂表现、作业质量、参与讨论等方面的表现，形成综合评价结果；自我评价，鼓励学生对自己的学习进行自我评价，帮助学生发现自身的优势和改进空间；360度评价，让同学、家长和教师一起参与评价，形成全方位的评价结果；学习成果展示，通过学生的报告、展示或展览形式展示学习成果，评价学生的学习效果等。

（三）教学阶段

在教学阶段，教师充当引导者的角色，通过提问、讨论、案例分析等方式，引导学生主动思考并探索学习内容；同时，根据学生的学习需要，提供必要的学习支持和帮助，包括解答问题、提供参考资料等，促进学生的学习进程；及时监督学生的学习进度，确保学生按时完成学习任务，并适时调整教学策略；鼓励学生对教学过程进行反馈和提出建议，以不断改进教学质量。

（四）学习成果展示和交流阶段

在学习成果展示和交流阶段，学生可以通过口头报告、展示海报、演示实验等方式，向全班或小组成员展示他们的学习成果；并与他人分享自己在学习过程中遇到的问题、解决方法以及学习心得，促进彼此之间的经验交流；还可以鼓励学生对其他同学的学习成果进行评价，通过同伴互评以促进学生对自己学习成果的审视和改进。

（五）反思和总结阶段

在反思和总结阶段，学生和教师一起回顾整个协商学习的过程，一起评估学习效果，比较学习前后的变化和进步。学生反思自己在学习过程中的收获和不足，总结经验教训，为制订下一阶段的学习计划提供参考。教师则反思在整个协商学习过程中使用的教学方法和策略，总结协商学习的优点并找出不足之处，努力寻求改进措施，为将来教学活动的调整和设计提供参考。

通过以上五个阶段的实施,协商学习可以更好地激发学生的学习兴趣和学习动力,培养学生的自主学习能力和合作精神,提高学习效果,促进全面发展。

【案例1】协商学习在英语戏剧表演拓展课教学中的运用

英语戏剧表演是提高学生英语口语表达和团队合作能力的有效途径。协商学习作为一种学生主体的教学方法,在英语戏剧表演拓展课中具有重要的应用价值。

(一)计划阶段

在英语戏剧表演拓展课教学中,教师可以与学生一起规划舞台表演的目标和内容。学生可以选择经典的英语戏剧剧本,如《罗密欧与朱丽叶》或《哈姆雷特》,并协商决定表演的形式和风格。每个小组可以根据自己的兴趣和实际情况,选择适合的角色和对话,并制订学习计划。这样的计划制订过程能够激发学生的主体性和创造性,让他们在实践中发现问题并寻求解决方案,有助于培养学生的团队合作和协商能力。例如,一个小组选择表演《罗密欧与朱丽叶》,协商决定角色分配和对话编排。学生可以通过集体讨论协商,根据个人特长和兴趣分配角色,并共同制订排练计划。

(二)协商阶段

在协商学习的过程中,教师可以提出引导性问题,鼓励学生思考和互动交流。例如,在舞台表演的协商阶段,教师可以提问:"你们认为在表演过程中该如何更好地展示角色的情感?"这样的问题能够激发学生的思考和创意,促进彼此之间的思想碰撞和合作学习。学生通过交流和协商,分享自己的想法和建议,提出不同的观点和解决方案。他们可以探讨如何运用肢体语言、声音表达和舞台布景等元素来增强角色的情感表达。这不仅有助于学生提高表演技巧,还有助于培养他们的合作精神和创造力。

(三)教学阶段

在教学阶段,教师可以借用协商学习的方式设计丰富多样的教学活动。例如,教师可以组织学生学习角色扮演技巧、表演技巧和英语口语表达等方面的知识。然后,教师可以指导学生进行表演排练,并提供反馈和建议。教师还可以鼓励学生相互观摩和评价,从中获取更多的学习灵感和改进方向。这样的教学方式注重学生的参与和主动性,有助于提高他们的表演能力和团队合作能力。

（四）学习成果展示和交流阶段

当学习完剧本台词，掌握了人物角色动作、情感等，教师可以安排学生进行排练及后续的学习成果展示和交流。学生可以通过舞台表演或录像等形式，向全班或其他观众展示自己的表演成果和英语口语表达能力。同时，学生还可以互相提问和回答，共同分享学习经验和感受，交流总结学习成果。

（五）反思和总结阶段

在舞台表演结束后，教师可以引导学生进行反思和总结。学生可以回顾整个表演过程，分析遇到的挑战和克服的困难，总结经验和教训。教师可以提出适宜的问题，引导学生思考，如"你们觉得表演时遇到的最大挑战是什么？"从而促进学生对学习过程的思考和深入理解，巩固学生的学习成果，培养他们的批判性思维和自我发展能力。

协商学习在英语戏剧表演拓展课教学中的应用能够激发学生的合作性和创造性，提高他们的英语口语表达和团队合作能力。通过在计划阶段共同规划，在协商阶段引导学生交流，在教学阶段设计多样化活动，在学习成果展示和交流阶段互相学习，在反思和总结阶段深化思考，能够更有效地促进学生的全面发展。因此，在英语戏剧表演拓展课教学中积极运用协商学习方法具有重要的实践意义。

四、协商学习的成效

从教师层面来看，协商学习有助于教师发现学生在合作中表现出不同的学习特点，从而更好地了解每个学生的学习风格和需求，并根据学生的个性化需求提供针对性的指导和支持，使每个学生都能得到适宜的学习帮助。同时，由于教师在协商过程中充当着引导者和激励者的角色，鼓励学生主动思考问题、提出观点，协商学习也有助于教师创设良好的合作学习环境，促进学生之间的互动交流，帮助学生建立良好的合作与沟通技巧，并激发学生思考。

从学生角度来看，首先，在协商学习环境中，学生可以通过与同伴相互讨论和交流，更深入地理解学习内容，提高对知识的记忆和应用能力。其次，协商学习鼓励学生思考、讨论和辩论。在与同伴合作解决问题的过程中，学生不仅可以学会倾听他人观点，还可以提出自己的观点并找到解决问题的方法。这培养了学生的批判性思维和问题的分析、解决能力,帮助他们在面对复杂情境时更好地思考和应对。第三,协商学习强调学生的主动性和自主学习。学生在这种环境中更多负责自己的学习,他们需要组织学习时间、主动探索和研究问题,这培养了学生的自主学习能力,并增强了他们的学习动力。

总之,协商学习无论是对教师的教还是学生的学来说,都起到了巨大的促进作用。通过与学生建立积极互动,了解学生的需求和差异,并促进学生之间的合作与交流,教师可以更好地满足学生的学习需求,提高学生的学习成效。与此同时,教师和学校也应当认识到协商学习的挑战,积极探索,创造条件,大力开展协商学习实践,最大限度地发挥协商学习的成效。

第三节　补救教学:发现个性差异

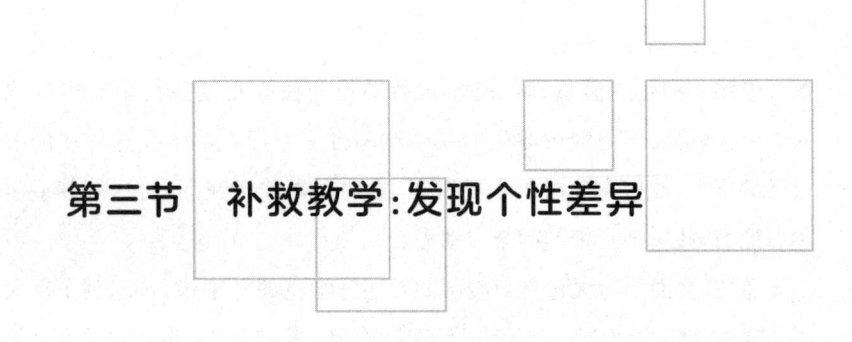

近年来,我校借助政府、市、区教育系统的帮扶,想办法帮助大班额环境下学习方面处于不利地位的学生,采取相应的教学措施,提供额外的帮扶,改善学生的学习现状,帮助学生进步,即补救教学。从学习知识入手,稳固学生发展,促进学生全面发展、个性化发展。

一、补救教学的意义

就目前我国的教育发展现状而言,学校仍是承担着绝大多数个体一生大部分教育活动的重要场所,学校教育是受教育者成人成才的必由之路。学校通过特定的制度安排,以一种标准化的操作方式将学校教育时间精心切割为井然有序的时间点或时间段,以达成对受教育者的高效率与规模化的培养。但这种一致化的制度安排使学校在某种程度上成为"标准化、工厂化的人力资源建造场所",接踵而来的就是无形中给处于这种制度围栏中的个体带来"同步化压力",个体可能由于难以紧跟群体的节奏或者是缺席而引起恐慌。[①] 在学校教育的班级授课制下,部分学生难以跟上正常教学进度,对教学内容的学习与基本知识的掌握可能就远远落后于一般学生。因此,补救教学为我们义务教育阶段的学生提供兜底保障,尤其关注基础学科范畴内低成就学生的再学习,教学内容多为语文、数学、英语等学科的基础知识,其他学科也将补救教学贯穿在教学当中,辅以学生在未来生活中可能用到的基本生活常识和生活技能等。补救教学可解学生个性化发展的难题,教师会帮助学生获得基本的学习技能,引导学生确立合适的学习目标,激发学习动机,避免

---

① 王枬.学校教育时间和空间的价值研究[J].教育科学研究,2019(11):93—96.

学生因没有掌握合适的学习方法而陷入"学习困难成绩表现差进行补习"的恶性循环,促进待优生的良好发展,有效落实补救教学。

(一)改善学生学业状况,缩小学生学习差距

补救教学的核心价值即为"补救",补学生之所缺,救学生于所困。针对学业落后的学生,学校应为其提供更多的教育支持,利用课余时间,为其提供适合其学习速度与能力的学业帮扶,缩小他们与一般学生的学业差距,弥补集体授课模式对学生个体差异性的忽视,提升班级整体教育质量。可见,落实补救教学,使其成为学校教育教学工作的有机组成部分,是在国家规范校外培训机构,强化学校教育主阵地作用这一背景下保证学习弱势学生发展的有效途径。

(二)提高学校教育质量,深化学校育人价值

补救教学由学校为学生提供学业补救,延伸与开阔学校的固化教育,其目标在于发挥学校主阵地的作用,拓展学校育人空间,发挥学校教育的专业性和引导性功能,使学校承担起"教"和"育"的应然使命。补救教学能为学生提供基础知识的辅导与帮助,保证了学生能从校内获得丰富的"营养供给",不断提升学生的综合素养。

(三)提升课后服务水平,推进落实"双减"新政

在"双减"政策背景下,补救教学促进教育公平,兼顾质量与公平,促进义务教育的优质均衡发展,使每一个孩子都能享受公平且有质量的教育。"双减"政策下,校外培训渐渐淡出教育板块,学校的教育主阵地作用将得到进一步强化。提升课后服务水平,提高教育教学质量成为学校的重要职责。随着政策的推进,家长的教育焦虑得以缓解,学生的学业负担得以减轻。但现实存在部分学生由于学业基础差或家庭教育缺失等原因,存在辅导刚需无法满足的现实问题,学校的补救教学承担起学科类的辅导,部分待优生的辅导,帮助推进落实"双减"政策的同时,兼顾教育质量。

(四)推动教育均衡发展,加快实现教育公平

为促进教育公平,需给予教育系统中的每一个个体更多的人文关注。如何给予学生更多的爱、更多的关怀、更多的包容、更多的支持?补救教学,为有需求的学生提供多样化的辅导,是保障在校学生学有所得、学有所获,提高整体教育质量的重要环节,也是保证教育过程公平与结果公平的重要途径。补救教学是学校教育的有益延伸与补充,其公益属性促进我国教育公平建设的良好发展。学校应多关注待优生,保证他们享有与一般学生同等的教育资源与机会,最大限度地保证教育结果的均等,因而必将成为推进我国教育公平发展的又一重要举措。

二、补救教学的主要做法

(一) 分策略补救

教师在实施补救教学时可以根据待优生的数量、学习情况、教学内容等灵活安排,有效组织补救教学。针对待优生的成因:缺乏学习动机和学习兴趣、基础知识不扎实、基本技能不熟练、思想匮乏、学习活动经验缺失等,教师可将教学重心首先放在激发学生的学习心向(学习动机、学习兴趣和自信心的综合体)以及打牢学生的"四基"上。

1. 激发学习心向

美国认知教育心理学家奥苏贝尔认为有意义学习的心向是指学习者积极主动地把符号所代表的新知识与学习者认知结构中原有的适当知识加以联系的倾向性。在学科教学中体现为学生对该学科的学习动机、学习兴趣和自信心等情感态度。[1] 待优生的补救教学首先要激发他们的学习兴趣和学习动机,使其重新建立学好该学科的信心。学习动机分为内部动机和外部动机,准确识别学生的学习动机类型至关重要。

我校教师通过与其他教师的相互配合,通过观察、与学生谈话、教师互相交流等方法进行判断。外部动机型学生表现为渴望得到别人的赞赏和尊重,会考虑升学和就业等问题,以此作为自己学习的最大动力,因此教师要多鼓励和称赞学生。例如课堂上简单的题目可以让其回答,并及时给予肯定和鼓励;批改作业时给予正面评价和鼓励,即使出现过多错误也要适当鼓励,如"这次作业有错误,要再细心些,期待你下次可以做得更好!"教师还需要帮助学生树立合适的目标,大到升学目标,小到学期目标、月考目标。内部动机型学生会对该学科学习本身产生兴趣,能

---

[1] 戴维·保罗·奥苏贝尔,毛伟. 意义学习新论——获得与保持知识的认知观[J]. 现代远程教育研究, 2018,152(2):2.

从中体会到乐趣，勇于接受挑战。对于内部动机型的待优生来说，他们的成就动机较低，努力和收获不成正比，会渐渐失去信心，容易演变成习得性无助。教师可以采用课间一对一批改作业的形式，教给学生正确的学习方法，帮助其养成良好的学习习惯。学习兴趣能维持学生的学习动力，启发式原则从学生的实际出发，能最大限度地发挥教师的主导作用，调动学生的学习兴趣，应贯穿于整个教学过程中。我国孔子提倡的启发式教学原则能有效地激发学生的学习兴趣。在使用启发式教学时，教师需注重启发的时机，关注学生的独立思考。给予自由探究的过程，在关键点适时点拨、暗示。教学中的课堂导入是激发学生学习兴趣和提高课堂效率的关键环节，容易激发待优生学习兴趣的导入方式有直观导入、情境导入和故事导入。我校教师在采用直观导入时，借助实物、模型、投影和实际操作等，对教学内容进行演示，并引导学生产生疑问进行思考，如利用数学教学中的三角板、英语教学中阅读真实的报纸、化学教学中的课堂演示实验、生物教学中的影像观看等，在语文课文有关竹节虫的学习中，教师拿出课前刚刚制作的竹节虫，这种导入方式，学生易于接受，能帮助学生建立感性认识。情境导入时，教师运用生动的语言或者利用多媒体创设情境，模拟生动有趣的学习环境，使得学生身临其境，感同身受，积极投入到课堂学习中。故事导入时，教师会通过讲述与教学内容相关的具有启发性、科学性的小故事，并融入课堂教学中，迅速吸引学生的注意力，激发学生的学习兴趣。

2. 补救"四基"理念

"四基"是中国特色各学科教育体系的核心理念，即基础知识、基本技能、基本思想以及基本活动经验，此理念以谋求学生的全面发展为导向。说明学科教学不仅要关注学生基础知识技能的掌握，更要关注基本思想的感悟和基本活动经验的积累。

在我校的数学教学中，秉持着待优生的补救教学以夯实学生的基础知识技能为基本目标，努力丰富学生的数学活动经验，使学生掌握基本的数学思想方法。数学科目没有单纯的知识，也没有脱离知识的技能，学科思想建筑在知识和技能之上，它们相互交织，渗透在学科教学活动经验中。因此，待优生的补救教学可以从基础知识技能和基本思想方法两个维度入手。数学教师从六年级开始抓住任课班级里的每名学生，尤其是学习困难的部分学生，保证其掌握基础知识，教师牢牢把控课本作业练习的批改、反馈以及订正情况,必须"过关",促进学生打牢基础知识和基本技能的根基,奠定学生终身发展的基石。

3. 整合知识结构

学科知识往往是零散地分布在教材的各个章节中,任课教师在教学时注意联系前后知识,将各个章节的重点整合起来,帮助学生建立完整的知识结构。基于此,可以采用单元教学实施补救教学。单元教学提倡教材内容的重构,从关注零散的知识点到关注系统的知识团,从碎片化教学走向整体教学。

例如,我校的物理教学,在进行补救教学时,物理教师以点带面,让学生可以通过巩固学过的知识,了解新的知识,进而建立起完整的知识结构。学科技能是在掌握该学科知识的过程中发展起来的,在形成的过程中,能促进学生对原有学科知识的掌握与理解,在技能形成之后又有利于其对后继知识的学习。

4. 训练思维技能

初中是待优生激增的学段。有些学科还要求学生的思维必须上升到抽象水平,此时,若只注重知识和技能的训练,学生便只会一味地死记硬背,机械地记忆算法,那么他们的认知能力和思维水平很难得到提高。学生只有领悟到隐藏在知识背后的学科思想方法,才会领会到该学科的魅力,从而学会用科学的思维方法解决学科问题。学科思想和学科活动并不是单独存在的,学科教学过程本质上是学生学科思维的活动过程,是在积累学科思想。

在我校的理科教学中,尤其在刚步入初中时的科学科目教学中,多采用学生先探索的方式,通过观察、分析、归纳、类比等活动让学生对学科事实产生感性认识,使学生形成知识体系,体会其中的学科思想,最后能够举一反三,灵活运用。对待优生实施补救教学可以提升待优生的学科基本学习能力,增强他们的学习获得感,教师从激发学生的学习心向开始,循序渐进地实施补救教学,有利于促进待优生的转化,从而提高整体教学效率。

5. 巧用数据教学

闵行区推出了用智慧笔来辅助教学的行动。智慧笔的使用将学生的作业情况实时传递给教师,以便数据统计,和对后续的教学进行深度分析,方便教师分层讲评。针对待优生的作业情况,教师经过构思设计符合待优生基础的题目,可巩固学生基础,跟进练习,获取知识。

我校从六年级学生开始初探智慧笔的使用,教师凭信息指导可针对性补救教学,智慧笔作为教学的有力抓手,明确班级中待优生需要巩固和拓展的知识,教师有根据地设计对应的题目,辅助教师教学。

6. 矫正教育自弃

教育自弃的产生主要来自个人、家庭、环境、社会四大因素。但最主要还是由于个人不能准确地自我认知和定位未来而产生的。个人原因中包括:因为基础差,看不到升学的希望才产生了自弃心理;除了基础差外,还有就是缺乏父母应有的辅导关爱,这种情况往往会导致两种结果的出现,一是容易让孩子形成自卑、怯懦的性格,进而发展到自弃,这在女孩儿身上表现得比较明显;二是使孩子缺乏教养,粗俗野蛮,具有攻击性,容易制造事端。这种情况大多在男孩子身上出现。作为老师,可以在知识上为学生补缺补差,悉心教育,理解关怀。家长应该经常对孩子进行电话跟踪、督促、关怀、引导,让孩子从心里感到父母就在身边,不产生孤独感,从而对未来充满信心。

树立成功典型,开展励志教育,丰富校园生活,是矫正自弃心理的有效途径。针对自弃心理中因为没看到或看不到希望的这类学生,我校通过收集因求学而有所成功的事例对学生进行引导,也经常对学生开展励志教育,从感恩、报国、成才、成功等方面激励学生,帮助他们树立远大目标,确立人生航向。学校还会经常举办文化活动,以此陶冶学生情操,丰富学生生活,让学生感受到学校并不只是课堂、作业、考试、升学,而是育人的摇篮、艺术的殿堂、成长的沃土、学习的乐园。

(二) 分教学环节补救

1. 课前——知识传递

课前准备包括学生主导和教师主导两个部分,根据待优生的学习状况,我校教师对学生主导的课前环节精心设计学案,有针对性地对待优生进行补救教学。

针对性课前环节基本操作模式为教材导学、检测诊断、问题归析、分类预设,实现对待优生课前准备学案的设计。我校教师在新课学习之前将学案发给学生,学生利用学案进行前置学习。学生结合教材自学和查阅相关资料进行理论准备,同时完成教师精心设计的学案内容,例如【自主学习】和【合作探究】部分,完成学案后教师会根据待优生的填写内容,给予相应的肯定和引导性的订正。教师引导学生正确地打开课堂,有助于待优生可以从课堂开始就进入学习状态,增进待优生有效学习的信心。

2. 课中——知识内化

教师根据课程目标、学习目标对学生的过程性学习进行即时评测，智能终端及时反馈统计数据，可帮助教师分类释疑、分层讲评、个性化辅导和跟进巩固，大大提升了课堂教学效率。

在英语学习的课堂中，教师发现班级内部分学生在英语课堂中表现出低成就，且慢慢边缘化的趋势，甚至因无法跟上学习进度产生挫败感及无助感。时间积累，这部分学生会失去英语学习的兴趣及动机，教师关注到这部分学生后，需给予其足够的关注与指导，重视英语学业低成就学生的学习需求，降低学生英语能力的差异程度，教师精心设计在课堂中可增加这部分学生学习兴趣的好问题，增加英语学业低成就学生的学习兴趣，让学生自己爱上英语。同时，教师创造学习英语的机会，使其能逐步跟上学习进度，最后融入主流学习环境。

3. 课后——知识补救

体现在家庭作业的布置上，学生在课后、放学和假期完成。教师在分析学生的课堂表现后，严谨地安排家庭作业。家庭作业要以学生的基本学习能力和身体条件为基础，以符合学生的个性化需求和兴趣为出发点，充分考虑学生的自身条件以及家庭教育辅导条件，避免超学生负担的作业内容，要求目标明确性、内容科学性、形式多样化、课业差异性等。同时，我们的教师及时地进行检查，特殊时期会与家长沟通，多方会谈，找到培养改善学生学习习惯的有效办法，可以独家定制，一点点落实。同时，密切关注家长参与、陪伴、支持、督查的履行状况。学校还会承担布置、抽查、培训和总结等任务。学生个体则需要坚持参与、自查和反馈，务求全体落实。总之，多角度为待优生发展提供有效帮助。

课后小练习的诊断测评，能有效帮助教师识别学生学习中的强弱项，使教师能够根据学生能力发展的需要和实际情况有的放矢地开展教学设计。

4. 课后辅导——知识补救

分层教学的应用，我校积极利用课后辅导课为弱势群体学生补习，方式为班集体式补习，通过给待优生拟定新的教学方案、教学方式，让学生可以跟上班级平均水平。

例如，在数学学科的教学过程中，从每道题的正确率可反映出问题各有不同。

于是，任课教师就将同类问题学生归类分析，利用课后服务时间进行小组分类指导，通过布置共性作业和个性化作业，帮助学生巩固拓展。在"作业布置"模块界面，任课教师发布同类问题学生共性作业并设置客观题答案，学生在规定时间内完成后可即刻获得反馈，依据学生的完成情况继而设置相应的跟进练习。同时，培养学生自我评价、自主学习的能力。对于待优生出现的个性化错误，教师再进行点对点辅导和练习推送，达到知识点的理解、掌握和运用，实现精准教学和个性化辅导，从而实现本校对于待优生的有效补救。

5. 单元复习——知识巩固

单元巩固课的主要目的是帮助学习者更高效地实现知识点的自我内化与提升，它的根本任务就是把一单元彼此关联的所有知识点串联起来，在学生的头脑中条理化、系统化。在此阶段，因为学生的学习能力不同，每个学生对单元知识的掌握水平也出现了较大的差距。因此，对于待优生单元复习的教学效果是很多老师最为关注的问题。

我校教师实行的单元复习活动包括分析学情、借助思维导图设计学案。我校数学组教师会组织引导、评价反馈和单元总结助力待优生上进，教师还不断反思更新单元巩固练习、个别辅导和分层作业。例如，学生在初一上册有理数一章绝对值的后续学习中，有理数的运算、算术平方根、平面间两点距离的学习也会涉及绝对值内容，那么教师在进行补救教学时的具体做法为以点带面，让学生巩固学过的知识，了解新的知识，进而建立起关于绝对值的完整知识结构，使学生对原有数学知识有更好的掌握与更深的理解，促使学生充满信心地学习后继的知识。

教育所培养的学生不仅要成为高分学子，更要成为拥有内驱力和主动发展特质的人，加强学生对社会主义核心价值体系的认同教育，并通过教育管理的全过程加以渗透，促进学生树立远大目标和崇高理想，自觉提升自己的道德水平，不断增强爱国主义精神以及自身加强德育学习的动力。

我校积极施行补救教学，促使待优生积极主动地参与到课堂当中，增加了学生的学习兴趣，促进了他们主动表达自己的看法，增加了待优生的课堂互动，激发了待优生的内在动力和学习积极性。补救教学也同样唤醒了学生的精神生命，促进我校学生逐步建立一种精神动力，追求生命存在的意义和生命价值。逐步促使待优生拥有一个更加广阔和丰富的发展空间。

第七章
校园文化的熏陶

阳光透过百年香樟,洒在大地上,一片宁静而和谐的环境;爬满围墙的月季,不停地向学生们招手;红白相间的教学楼,具有现代派的学术风格;漫步在校园里,你可以听到鸟儿在树枝间歌唱,看到蝴蝶在花丛中翩翩起舞……

校园是广大学生和教职员工生活、学习、工作及成长成才所处的主要环境。校园文化是学校内部共同价值观、集体理想、道德规范及特殊的行为准则等的总和，它彰显全校教职员工共同的精神信念、理想目标、行为准则、学术规范及文化传统。[①]

[①] 石国华.基于"三全育人"理念的高校校园文化建设研究[J].北京联合大学学报,2023,37(2):29—33.

第一节 广场文化:香樟浸润童心

广场文化,是指城市广场所呈现的文化现象以及在广场之中所展示出来的文化。它包含了富有文化气息、体现美学趣味的广场建筑、雕塑以及配套设施;在广场上进行的专业或民间的各种艺术性表演或展示;广场中群众性的各种娱乐、体育等休闲活动等。其主要载体是各种含有文化与审美意味的艺术性活动。校园广场则是校园文化的物质反映,它是一定历史时期内的教育思想和设计观点,是学校物质文明建设和精神文明建设的示范地和集中地。校园广场文化即校园广场所呈现的文化现象以及在广场中展示出来的文化,是校园文化的重要组成部分,是校园文化形态的主要表现之一,是学校物质文明和精神文明的结晶。

苏霍姆林斯基在《帕夫雷什中学》一书中说过,用环境、学生创造的周围情景,用丰富的集体精神生活的一切东西进行教育,这是教育过程中一个微妙的领域。[①] 校园广场文化就是这样一个微妙的领域。它是学校教育的必然产物,是一种特定的文化环境,在培养人才的过程中具有美育功能,这种美育功能不同于课堂教学中教师教、学生学的以单向灌输为主的教育功能。它也不是以强制性的手段来使学生接受教育,而是通过非强制性的手段,在耳濡目染、潜移默化之中感染学生,这是校园广场文化的重要特点。校园广场文化作为一种环境文化,它的主要教育作用在于创造一种文化氛围,去感染、陶冶师生。生活在校园中的人会在不知不觉中接受教育,并内化成信念、觉悟、习惯,从而带上特定学校的烙印。

[①] [苏]苏霍姆林斯基.帕夫雷什中学[M].赵玮,王义高,蔡兴文,等译.北京:教育科学出版社,1983:105—106.

一、香樟广场的文化内涵

2002年,江西抚州廖坊水库工程获批动工,绵延数里的香樟树与村庄将面临淹没消失的命运。上海古胤置业有限公司总经理马达东看到家乡的香樟树被砍倒遗弃,爱树如命的他忧心不已,于是组建专家团队将部分香樟树迁至八百公里以外的上海。在闵行区政府的统筹协调下,2018年3月26日,上海古胤置业有限公司赠树仪式在浦航实验中学举行,公司将一棵有着数百年历史的香樟古树赠送给浦航实验中学,希望孩子们茁壮成长,成为栋梁之材,同时传承临川文化,为学校塑形铸神。

经相关园林专家对学校的地质进行考察后,学校将这棵百年香樟树移植于原三棵树广场,香樟广场由此得名。

(一) 目的明确性

党的二十大报告指出,"全面建设社会主义现代化国家,必须坚持中国特色社会主义文化发展道路,增强文化自信,围绕举旗帜、聚民心、育新人、兴文化、展形象建设社会主义文化强国,发展面向现代化、面向世界、面向未来的,民族的科学的大众的社会主义文化,激发全民族文化创新创造活力,增强实现中华民族伟大复兴的精神力量。"学校作为人类文化传递、发展与创新的重要基地,担负着培育文化的重要任务,这种特殊使命,决定了校园广场文化的目标有着明确的指向,就是以师生群众文化为基础,以师生为主体,以满足师生自身的精神生活和知识需求为目的,为把学生培育成"四有"新人而营造良好的文化氛围。这是校园广场文化建设的根本点和归宿。

(二) 鲜明时代性

21世纪,政治、经济、科学和文化的发展对人才的基本素质,特别是文化素质提出了更高的要求,而有着环境熏陶审美功能的校园广场文化,在文化素质教育方面有着天然的优势,是展示特定时代高校师生精神风貌的重要途径。这表现为,校园广场文化可以营造一种文明、健康、高品位的文化氛围和精神氛围,同时通过一些知识性的文化艺术活动,向学生传播更广泛的时代文化信息,而文化娱乐活动对提高学生的审美情趣以及对科学文化的感受力、领悟力也有着不可替代的作用。

二、香樟广场的创意设计

校园景观设计一直以来都是环境设计中的一个重要部分,它反映了一个学校的办学氛围,文化内涵与底蕴,好的校园景观设计可以让莘莘学子在学习的同时感受到自然带来的轻松环境,对学生的身心健康有极大的帮助。在校生活应该是丰富多彩的,校园景观设计应考虑供师生交流的空间,定期举办文化聚会的重要场所,将这些因素考虑到景观设计中,让在校师生能够深刻感受到文化气息。

校园空间优化设计的目的是促进生活在此环境中的主体"人"的高尚精神追求和积极人生态度的形成,使之健康、快乐、进取、向上。文化广场是学校的重要开放空间和节点,介于中观和微观空间环境之间,其风格应与周围大环境相协调,且丰富、开放,充分体现"场所精神"。起到强化学校人文气氛的作用,为学生提供方便、舒适的户外活动场地,从而对优化校园的整体空间结构作出重要贡献。

(一) 广场设计与周围环境

校园文化的集中体现在校园广场,它是校园规划中的一个重要组成部分,是师生活动的重要场所。校园广场体现校园浓郁的文化特色,使校园的文化得到了传承与发展,也使学校的文化氛围得到了很大的提升。同学们在校园广场文化的熏陶下,激发了对知识的渴望和向往。

浦航实验中学的香樟广场整体布局与教学楼、行政楼相得益彰,在教学楼与行政楼的环抱下熠熠生辉。香樟广场主体由具有百年历史的香樟树组成,香樟广场的南面是善德柱,北面是静心石棋台,东面是办学理念"向着梦想远航"的摆台,西面是智慧谷和春华秋实园。

(二) 绿化种植

校园绿化的建设并不仅仅是绿化面积的提升、树木品种的增加。如果把校园绿化仅仅作为校园美观层面上的问题,那就无法起到校园环境和校园文化互相促进的作用。校园绿化工作要结合校园的特点,它是校园文化的代表,是精神的象征。学校的绿化风格、绿化特征、绿化结果代表了学校,能够向他人展示出校园的格调、品位、形象。

良好的校园绿化环境能够使在校学生拥有健康向上的积极热情,使学生能够在学习生活中感受校园文化,产生对校园的归属感。良好的校园环境也能愉悦学生与教职工的心情,使学生学习高效、教师工作舒适。香樟广场内主要种植了校花——月季花,还有四季常青的竹林;其他区域则覆盖草皮。

景观化校园可以在给予师生愉悦情感体验的同时,给师生的课余生活带来便利,可以提供同学间、师生间交流的场所,更好地释放学业、工作压力,对学生的心理健康起到积极作用。因此,符合校园文化的校园绿化是校园文化传承中不可丢失的重要一环。

(三) 景观小品

围绕香樟广场主要有四处景观小品——静思亭、紫藤花廊、春华秋实园、智慧谷。

静思亭,名字出自清·金缨的《格言联璧》中的"静坐常思己过,闲谈莫论人非"。木质建筑,褐色。冬品梅花香,春探紫藤美。春季里,紫藤花廊下坐满了赏花的同学们。一串串紫藤花垂挂枝头,淡淡的紫、淡淡的香,仿佛一帘幽梦,弥漫着浪漫的气息,令人陶醉。春华秋实园里是各个班级种植的果蔬,桃树、梨树、李树、石榴树,每到收获的季节,这里就是学生的乐园。智慧谷里,垂丝海棠、梅树、红枫树、樱花树,四季常青。

三、香樟广场的实际功用

任何一个文化广场都应满足一定的功能需求,即有一定的目的性,这样的文化广场环境才有实际意义。一般来说,文化广场都具备物质功能、精神功能和审美功能,分别满足学生对文化广场的物质需求、精神需求和审美需求,这三种功能在文化广场中会同时有所反映。但由于学生要求的不同,文化广场的三种功能会分别有所侧重。有些文化广场以满足物质需求为主,如安排步行街、林荫道、座椅、凉亭;有些文化广场则以满足精神需求为主,如一些纪念性和标志性的小环境。文化广场的设施在满足物质需求和精神需求的同时,也具有审美功能。环境不应只是实用、有精神内涵,还应美观,能改善周围的环境。香樟文化广场正是由这三种功能共同作用的有机整体,是满足浦航学子空间需求的行为载体。以学生素质拓展为导向,充分发挥校园文化广场的美育作用,重视建设学生第二课堂文化教育阵地,开展综合性的素质教育,提高学生的整体素质,构建丰富多彩的大学生文化素质教育阵地;以学生社团活动为主体,充分发挥校园文化广场的美育作用,不断开辟校园内的科技文化艺术活动基地,全面提高学生综合素质;以实践能力为中心,开展校内课外实践活动,提高校园广场文化的层次和内涵。

(一) 开展校园文化活动

校园广场文化作为社会文化的一个重要组成部分,决定了校园广场文化建设要沿着主流文化这一正确方向发展。在校园广场文化建设的过程中,一方面要对校园广场文化中的粗俗文化进行清理;另一方面要努力提高校园广场活动的档次,积极组织开展提高学生素质的各种活动,努力把学生培养成社会主义事业的建设者和接班人。

香樟广场建成后,浦航以此为契机,开设"香樟情""临川魂"的系列探究、拓展课程,开启探索被誉为"华夏奇葩"的临川文化之旅,开展了"丹青妙手叶成画"香樟树叶贴画制作活动、"慧心流淌字成章"香樟情小报制作、"访古道今话文人"临川魂探究活动。以此,积淀浦航实验中学人文底蕴,打造学校的文化特色。

(二) 开展校园节庆活动

"节"有所获,节节成长。为进一步深化学生对传统文化的探究热情,丰富学生对临川文化内涵的深层理解,第五届读书节开展了"香樟情"诗歌创作比赛、"临川名人故事我来讲""临川名家名作我来诵""临川特色文化我来说"主题活动;同时还进行了与传统文化密切相关的汉字英雄、成语达人、古诗文能手知识竞赛。

在宽阔平坦的香樟广场前,艺术节的舞台为同学们提供了展示自我的天地。科技节的展品在香樟广场前熠熠生辉。围绕香樟广场上的这棵大树,同学们汲取香樟树坚韧不拔的精神品质,以"学香樟精神,做时代新人"为主题,进行主题班会的评比。善德柱庄严地矗立在香樟广场上,时刻提醒同学们说善言、做善人、为善事。

校园广场文化对生活在其中的师生具有陶冶性情或净化心灵的美育功能。通过校园广场文化的审美活动,师生的情感在释放的同时被导向情感的升华。但是,情感的升华并不完全是自然而然地达到的,而是具体的美育过程中,在有组织、有计划、有针对性的引导和帮助下实现的。引进适合个性发展水平的优秀艺术品和自然景观,开展系列文化艺术活动,可以提高师生欣赏与鉴别的能力,提高他们的审美需要和审美意识水平，促进其感性的自我提升，而这种提升是在超越生理自我和心理自我的过程中实现的。同时，校园广场文化美育功能的实现就在于中介性。如果说体育、智育、德育主要是发展人的相对独立的本质力量的话，那么，校园广场文化所发挥的美育功能则是通过感性自我的培养，使这些力量处于协调平衡的状态。它一方面促进师生个体审美方面的发展，促进个体人格全面发展的实现；另一方面通过中介性的感性自我的发展，使师生个体的肉体与精神之间、诸心理功能之间处于协调状态。由此，我们可以发现校园广场文化美育功能的独特性，其在开发和发展个体某一方面潜能的同时，也具有促进个体全面发展的功能。

总之，校园广场文化作为校园文化的新资源、新时尚，其有效开发和充分利用有助于塑造学校文化品格，开掘学校文化的文化个性，提升学校的文化品位，开创学校文化建设的新途径、新方式；同时，也有利于形成良好的审美文化生态，强化对师生审美意识与文化人格的培养。

第二节　廊道文化:弘扬传统文化

校园廊道作为校园的一部分,除了美化校园,也可以通过设立宣传橱窗、阅报栏、标语牌等呈现校园文化,对隐性学习的帮助也让廊道的每一处发挥出育人的功能。校园廊道既体现了学校文化氛围,也能对学生的审美和价值观进行教育和培养,让师生在不知不觉中放松心情,陶冶情操,营造浓厚的校园文化氛围,使学生在良好的校园环境中健康、快乐成长。

一、廊道空间即校园课程

廊道空间作为校园的一部分,具有潜在的教育价值,可以成为校园课程的延伸和补充。通过精心设计和有效利用廊道空间,学校不仅巩固了学生的学科知识,也为学生提供了更丰富、更多样的学习机会,拓展了他们的知识面和思维方式。

在教室之外的廊道上的展板和海报很容易就成了教室的延伸、学科知识的延伸。所以,学校对于廊道空间的利用首先离不开的就是对于学科知识的阐释和深入。学校根据不同学科的特点和学生的学习需求,在廊道上设置与课程知识相关的展板,呈现各种学科的知识点、实践案例和应用技巧。学校的廊道空间充当了一个教师和学生之间进行学科信息传递和学习引导的角色,学生在通行的过程中可以主动停下来阅读展板上的内容,深化对学科知识的理解和应用。学校目前在学科知识上充分利用廊道上的展板,已涵盖多个学科领域。通过各种方式,发挥教师的引导作用、学生的主观能动性,阐释学生自身对于学科知识的理解和挖掘,包括数学的优秀作业展示,语文读书小报及英语阅读小报的展示等,都很好地展示了学生的动手能力,对于学科知识的理解能力,激发了学生的跨学科思维,促进了综合性学习。

廊道上的艺术装饰和校园文化展示也是廊道空间的重要组成部分。学校通过学生的艺术作品装饰廊道，在美化校园的同时，展示了学生的艺术作品和创造力，让学生在艺术创作中体验到学习的乐趣和成就感。廊道上的艺术装饰涵盖了绘画、摄影、雕塑等多种形式，呈现学生的审美追求和艺术才能。此外，学校还利用廊道展示了校园文化的重要元素，如学校的历史沿革、优秀校友的事迹、特色活动等，激发了学生对校园文化的认同和自豪感。无论是许多往届学生的艺术作品还是近些年学生赠送给学校的礼物都彰显着学生对于本校的认同感、自豪感，也体现了学校对于学生的重视性和骄傲感，是学校发展的记录和文化的积淀。

"廊道空间即校园课程"的概念突出了学校教育的全方位性和多元性。除了课堂教学，学校充分利用了廊道这个特殊的教育空间，将廊道空间视作教室的延伸，为学生提供更多样的学习机会和体验。通过廊道的设计和布置，学校创造了一个充满学习资源、知识展示和创意表达的环境，让学生在日常行走的过程中获得知识的启示和思维的启迪。无论是物理实验室过道中贴着的物理公式还是化学实验室门口直观的粒子微观结构，都能使学生不浪费路上的每一秒时间，通过直观的图形和有趣的话语，将最为基础的学科知识熟记于心，是一种将学科知识潜移默化地融入进学生的日常生活中的非常好的方法。特别是学校楼梯旁边的二十四节气的解释和对应的诗句，为弘扬中华优秀传统文化，切实增强学生对非物质文化遗产的保护意识起到了重要作用，例如，学生利用早晨这个"一日之计"加深对于我国传统文化的理解与经验积累，塑造中华优秀传统文化进校园典型，以增强学生及家长的文化自信，同时，也使学生在早晨做操前在走廊上通过的时间慢下来，减少学生的焦躁感。这种全方位的学习体验不仅有助于培养学生的综合素养和创造力，还能够加强学生与学校的情感联系，促进他们的成长和发展，体现了一个学校整体的文化涵养。

二、廊道空间与校园文化

因为廊道空间不仅仅拥有作为学生通行路径的功能性，还承载着学校的文化和价值观的特殊性。作为学校的一部分，学校通过设计和装饰，使得廊道成了校园文化的展示窗口和传播媒介。廊道空间与校园文化紧密相连，相互影响，共同塑造出学校独特的文化氛围。

也就是说,廊道设计与校园文化息息相关。学校通过廊道的布置和装饰,体现了学校的理念、特色和核心价值观。例如,学校可以在廊道上布置植物和绿色装饰,营造自然和谐的氛围,不仅体现了学校对环境保护的重视,也能让学生在学习之余放松身心。学校也通过班级认领植物的方式,使学生担负起照顾植物的责任,培养学生对于自然的亲近以及责任意识;同时,学校将科技元素融入廊道,展示学校的科技实力和创新精神,体现了学校对于创新的追求,特别是二楼廊道对于航天内容的设计,使学生更能完整、直观地了解到我国航天事业的发展和进步,激发学生对于航天事业的兴趣以及对于国家的自豪感。廊道的设计与校园文化相契合,形成了独特的校园氛围,激发了学生的归属感和认同感。

廊道上的活动展示也促进了校园文化的传承和交流。学校利用廊道进行校园文化主题活动,如艺术展览、社团展示等,为学生提供展示自己特长和交流互动的平台。通过这些活动,学生能够感受到校园文化的魅力,增强对学校的归属感和自豪感,形成积极向上的校园氛围。廊道上的展示包括了许多校园活动的精彩瞬间,使学生了解学校丰富多彩的校园活动,在开阔学生视野的同时,增强对学校的认同感和参与度。

例如,廊道上展示的校园文化活动是学生的作品,无论是学生的泥塑作品、绘画还是摄影作品,都蕴藏着学生们的创造力和艺术才华以及对生活的独特观察力和艺术表达。这种对于学生艺术作品的展示不仅为学生提供了一个展示才华和交流艺术理念的平台,也加深了学校内部的艺术氛围。廊道上还会展示学校每个学期一个主题的文化节时的优秀节目照以及学生参加活动时的靓丽身影,使得看到照片的学生能马上回想起那些美好的活动时光。此外,在举办文化节时,廊道也起到了非常重要的作用,例如,在"传统节日"文化节时,廊道上的花灯、对联等道具,使整个校园成了一个多彩的展示舞台,各种文化展览、舞台表演、工作坊和美食摊位让人目不暇接。学生们展示了他们的文化传统,有些学生穿上传统服饰,展示自己的民族舞蹈,呈现自己民族的特色美食。不仅能够让学生更好地了解和尊重不同的文化,还增强了校园的多样性和包容性。此外,还有学生参加志愿者活动时积极奉献的身影,无不体现着学生们用实际行动践行社会责任的责任感。无论是组织社区清理活动,如清理公园和街道,使周边环境更加整洁;还是举办义卖市场,募集资金支持慈善机构和社区项目的照片。这些志愿者活动都能够体现学生们的关爱精神，也展现了学校对于他们的领导才能和团队合作精神的培养。

除了呈现团体活动中学生的出色表现外，学校廊道还展示了优秀学生的事迹，绝不仅仅包括学生优秀的学科成绩，而是全方面呈现了"德智体美劳"五个方面学生的优秀表现。如学生在学校特色社团中的幸福笑容，特别是照片下的介绍：一位热爱音乐的学生加入了学校的音乐社团，积极参与合唱团的排练和演出。她每天放学后都会和社团成员一起练习，她的努力和激情感染了其他同学，鼓励着他们也加入社团。在她的带领下，合唱团在学校音乐比赛中获得了一等奖，这使整个校园充满了音乐的欢声笑语，校园文化因此更加丰富多元。这些无不体现着学校对于学生个性化发展的关心以及对于学生兴趣的保护和发展。

这些事例展示了学生和学校如何通过校园文化活动和个人行为共同创造了丰富多彩的校园文化。学校也希望通过这些例子能够更好地展示校园文化的多样性，激发学生的积极参与和创造力。

廊道空间与校园文化的结合，不仅仅是装饰和展示，更是一种价值观的传递和文化的传承。通过廊道的设计和活动，学校将校园文化融入学生的日常生活，潜移默化地影响他们的思想和行为。廊道空间成了学生感受学校文化、了解学校历史和价值观的重要途径，帮助他们树立正确的人生观和价值观。所以，学校特别重视廊道空间与校园文化的关系，充分利用了廊道作为展示和传播校园文化的媒介。学校通过廊道的布置、展示和活动设计，塑造了积极向上的校园文化，为学生提供了全方位的教育体验和发展空间，真正做到了使廊道不仅仅是通行的路径，更是校园文化的一部分，能够激发学生的创造力、培养学生的审美情趣，并为学校树立良好的形象和特色。

三、廊道如何提升潜在课程

廊道作为校园的一部分，具有独特的潜在教育价值，可以成为提升学生潜在课程的有效途径。潜在课程是指学生在课堂之外所获得的知识、技能和经验，廊道作为学生日常通行的空间，具备创造性和互动性，学校通过充分利用廊道为学生提供丰富的潜在课程学习机会。

学校通过廊道上的展板和信息展示为学生提供了丰富多样的学习资源，利用廊道空间展示各学科的拓展知识、实践案例和应用技巧，丰富学生的学习内容。同时，学校不拘泥于学科知识，也通过展示与学科相关的实践经验、科技发展、社会问题等内容，促进学生将学科知识运用于现实生活中，切实地感受平时生活中所蕴藏的学科知识，同时也关心家国大事，不仅做到"风声雨声读书声声声入耳"，更要做到"家事国事天下事事事关心"，为国家培养关心家国大事及具有社会责任感的栋梁之材。为响应习近平总书记在首届全民阅读大会上对青少年的寄语："希望孩子们养成阅读习惯，快乐阅读，健康成长"，学校把开展读书活动作为一件大事来抓。学校在设有饮水机的廊道处设立了四大名著有关的介绍展板，包括作品梗概、主要人物介绍、主要情节概括等，不仅使学生在倒水时有所放松，也能潜移默化地引发学生对于整本书的兴趣，使读屏时代的青少年自然而然被经典所吸引，引导学生爱读书、读好书、善读书。不仅如此，校园里，餐厅、宿舍、廊道上处处可见书架、图书，满足了学生随处有书读、随时可阅读的需求。

学校除了意识到廊道对于校园文化建设的重要性，还特别关注了廊道地理位置的特殊性，为了使廊道上的展板能够快速引发学生的兴趣和好奇心，激发他们主动探索和深入学习的动力，也为了使学生更直观地、第一时间接收到学校所传达的信息，学校廊道展板选择创造性地呈现知识，运用图表、图片、文字等多种形式，提供多样化的学习方式和信息获取途径。通过廊道上的展板，学生可以在通行的过程中获得额外的知识，拓宽他们的学习领域，丰富他们的潜在课程。

廊道空间可以鼓励学生进行创造性表达和互动交流。学校在廊道设置展示学生作品的区域，鼓励学生展示自己的艺术创作、科学实验成果、研究报告等，激发学生的创造力和表达欲望。廊道上的学生作品展示可以是绘画、摄影、手工制作等多种形式，让学生展示自己的才华和个性。此外，学校还可以设置互动交流区域，供学生展示和分享他们的学习成果、项目成果等，促进学生之间的互动和合作。廊道空间的创造性设计和互动交流的环境，为学生提供了展示自我、交流经验和启发思考的平台，培养了他们的创造力和人际交往能力。

学校也持续性地在思考，廊道提升潜在课程的关键在于创造性的设计和有效的管理。学校计划通过向学生、教职工等学校人员发放问卷调查师生对学校廊道各板块满意度的方式，对后续如何充分利用廊道空间，设计展示板、互动装置等进行改进和思考,旨在为学生和教师提供丰富多样的学习资源和交流平台。同时,学校持续性地对廊道进行更新和改进,注重廊道的管理,定期更新展板内容,保持廊道的新鲜感和活力。此外,也非常欢迎各位教师和学生为学校的廊道建设提供意见,希望教师和学生可以共同参与廊道空间的规划和设计,从中获得合作和学习的乐趣。

综上所述,廊道作为校园的特殊空间,作为提升学生的潜在课程,学校通过展示丰富多样的学习资源和鼓励学生的创造性表达,激发了学生的学习兴趣和探索欲望,丰富了他们的潜在课程内容。但学校不会就此停步,依然会致力于挖掘廊道空间的潜力,在之后的校园规划中仍然会积极利用和管理廊道,为学生提供全面发展的学习环境。

第三节　教室文化：注重品格塑造

教室作为学生们日常活动的最主要场所，其重要性不言而喻。尤其对于当今的学生而言，其日常学习、锻炼以及社交大多在教室中进行，因此，教室也会逐渐形成所谓的"教室文化"。具体指的是在教育环境中形成的一种特定的价值观、行为规范和交流方式，其会随着教育环境的改变而改变。它不仅包括教室内部的物理环境，还涵盖了师生之间的互动关系、学生之间的交流以及在教室中进行的各种各样的活动。因此，教室文化不仅仅是校园文化的重要组成部分，也是开展道德教育的重要载体，同时拥有提升学生综合素质的潜在能力。因而一个良好的教室文化有助于促进学生养成良好的道德品质和行为规范，进而体现出"载文化人""用情感人""以规导人"的隐性功能，并最终创造出积极的学习氛围。

一、教室文化的育人价值

浦航实验中学构建良好教室文化的目标在于提供积极的学习环境，促进学生全面发展。教室文化不仅关注学生的学术发展，还注重学生的社交发展、情感发展和德育培养。通过构建良好的教室文化，学校可以为学生提供一个安全、有益和积极的学习环境，以培养他们的学习动力和自主性，并创造出良好的学习氛围。

浦航实验中学为了实现构建积极、包容、激励和互动的学习环境，从而达到促进学生全面发展的目标，采取了多种措施。其中非常关键的一环便是构建一个良好的教室文化，进而打造一个鼓励学生成长的理想场所。

（一）教室文化对学生全面发展的促进作用

1. 学术发展

教室文化对学生的学术发展影响深远。充满活力和温暖的教室环境就像一股清新的微风,能够激起学生内心对知识的渴望。在这样的氛围中学习,学生不再将学习视为枯燥乏味的任务,而是积极投入其中。他们愿意主动探索,不断追求知识的广阔边界。这种积极的学术氛围能够助推学生养成良好的学习习惯和态度。

学生在这样的教室文化中也能够感受到师长的关爱和支持,进而敢于表达自己的见解。同时能够做到从容而不急躁,虚心地接受他人的意见。这种开放、包容的氛围让学生感受到自己在学术领域的价值和地位,使得他们能在鼓励中茁壮成长,学业蒸蒸日上。

2. 社交发展

教室文化在学生的社交发展中起到强大的推动力。积极向上的教室氛围能够让学生之间建立起深厚的情感纽带。在这样的环境中,学生们从容自信,敞开心扉,愿意主动与同学们互动,从而共同成长、共同进步,相互鼓励、相互支持。

教室文化也培养了学生们团队合作的意识和能力。他们更加懂得团结的力量,知道只有携手合作,才能攀登更高的峰峦。这种良好的社交发展让学生学会欣赏他人的长处,尊重他人的不同,从而建立起和谐的人际关系。

在这样的大家庭里,学生感受到了温暖的拥抱,他们学会了分享与关怀,成为了更加包容与成熟的个体。这种积极的社交氛围,让学生拥有了在社会大舞台上自信、闪耀的勇气。也让他们拥有了与人交往的智慧,懂得与他人携手共进,共同书写美好人生的华章。

二、创意设计:体现潜在课程与空间即课程的创意做法

(一) 活动导向型设计:教室内活动为优先考量

活动导向型设计是一种以活动为核心的教室文化构建方法。教师可以通过组织多样化的教室活动,如小组讨论、角色扮演、实践探究等,来促进学生的参与和交流。这些活动不仅可以激发学生的学习兴趣,还可以培养他们的合作精神和创造力。这也是浦航实验中学一直贯彻的"空间即课程"概念在打造教室文化中的巧妙运用。比如浦航实验中学的心理教室并不采用普遍的课堂布局,而是有意识地将课桌椅分组,呈圆形摆放,使学生靠拢在一起,提升了学生互相交流讨论的欲望。同时,教师也可以采用与学生交流互动更为亲近的距离,不止在讲台上播放幻灯片

上课，而是走到教室中来，走到学生群体中去，更真切直观地进行教授。这样的编排使得学生踏入心理教室并入座的时候，就能促使他们更加聚焦教师授课与开展心灵交流，在德育方面价值观的培养上有奇效。另外，心理教室的墙面多使用明亮色，入目清新活力，不会感到沉重或压抑。心理教室与普通教室相比面积较大，更显空旷，适合心理课上各类学生活动的开展。许多学生表示，这样大胆设计的教室让他们感到十分新奇有趣，且能在和老师的互动过程中感受到更强的共鸣，在小组讨论环节里也就更积极了。

无独有偶，浦航实验中学的物理教室与化学教室的布置也都区别于普通教室。它们不约而同地扩展了课桌的空间，并且将桌子加长，不再是普通教室内单人单桌的形式，而是真正意义上的"同桌"。将课桌加宽延长的好处首先是能够摆放更多器械。作为有实操实验的课程，需要学生近距离接触并操作，物理与化学的教具材料不能在普通课桌上最大程度地发挥出自己的价值，空间上也限制了学生的实操，会影响最终的成果。其次，将学生的座位简化成可升降的圆凳，不仅可以方便学生们共同实验、缩短观察的距离，还能让学生根据自己的身高自行调整座椅高度，空间距离也更大了。这在合作学习上大大促进了学生们自主学习的热情，也方便了教师在操作过程中能巡逻看护到每个角落。浦航实验中学的物化老师表示，通过这样的教室设计，丰富了教室的文化，大大提升了物理课与化学课的趣味性，间接提高了学生学习的积极性，也方便了教师在课堂上的演示与安全监督。

通过活动导向型设计，教师可以将学生的学习置于中心，塑造一个充满活力和互动的学习环境，达到促进学生主动学习、主动探索的学习氛围，优化了教学模式，激发了学生的学习兴趣与积极性。

（二）学生优先体验：打造促进性的学习空间

学生优先体验是构建教室文化的重要原则之一。这意味着教室文化的构建应以学生为中心，从学生的需求和利益出发，为他们提供良好的学习体验。具体来说，教师可以将德育作为教室文化的核心目标，通过培养学生的品格和道德素质来推动教室文化的构建。同时，教室文化的构建需要全员参与，包括学校、教师、家长和学生在内，共同努力营造积极向上的学习氛围。

浦航实验中学的教室文化中，最醒目也是最普遍的班级环境布置是图书角、标语与班级后方的装饰板，它们都在一定程度上促进了学生在道德品质、核心素养与学习能力上的表现与积极性。图书角放置的是学生平时学习会用到的工具书以及名著读本,品类不作严格规范,在班主任或语文教师的初步筛选下,有益于学习与阅读的书目都可作为图书角上的阅读材料。图书角放置在教室的前方,位置醒目,且有文字标识,委婉地提醒学生养成阅读的好习惯。一般来说,六七年级教室的图书角的书本离不开四大名著以及幽默有趣的儿童文学,到高年级后,探索性科幻性以及经典文学作品的书目会增多,儿童文学减少。图书角也启发着不同年龄段学生在阅读与思维上的转变。

标语一般位于教室的前后与侧面墙壁,大多用红色字体贴于墙面,内容广泛。一般是关于学风学规的提醒或励志打气的语句,字数不长,简单精悍,字体偏大,内涵一目了然。标语的设置是为了让学生们在教室内进行学习生活时能时不时地看到周围的标语,起到隐性教育的效果。最明显的例子是物理教室与化学教室的标语,都很注重安全性与启发性。在教室外的墙面上张贴关于物理化学操作实验时会用到的器皿贴纸及英文单词的装饰,达到不见其人先闻其声的效果,提醒学生此处已经进入物理或化学操作教室的范围了,要做好学习准备;在教室门口都会张贴一则关于实验室操作安全的提示,字大且清晰醒目,让学生进门就能将"操作安全第一"这个意识记在心里,时刻警醒自己。

装饰板一般位于黑板左右侧,风格根据班级情况可作适当艺术性创造。其内容涉及广泛,可以是班集体获得的荣誉、个人的志向理想、关于道德品行的表彰、和班级同学的关系、优秀小组作业展览等。这样的装饰展览板一般定期更新,主题不一,在品德、学习、做人、社交等方面都给予了学生充足的空间去想象、创造、完成以及表彰。多形式、多类目的主题也将浦航实验中学的教室文化不仅局限于学习能力的培养,而是关注学生们的人格发展与品德培养。而这些展览都需要通过小组合作一起手工完成,其间又能锻炼学生的劳技能力,同时也给予他们社会化的训练。比如,读书节时的浦航实验中学教师制作的展览板都将与名著阅读有关,可以是学生们制作的图书小报、人物卡片、思维导图和各类读书项目的奖状,也可以是读书节活动照片,如课本剧表演或相声节目的照片,有时也会张贴相关的名著知识。通过展览板的设置,可以直观地展现出学生们在各个时段和活动中的出彩表现,激发他们参与学习的积极性和动力,鼓励他们在学习、表演、艺术等各个方向的发展。

物理与化学教室的后方还设有展览柜,柜中都是与物理、化学有关的展品,通常供学生观察、普及知识用。比如,一些化学试管、物理观察用的凹面镜、凸面镜、三棱镜、音叉、变阻器、电压表等。通过此类展览品的陈列,营造了浓厚的学科氛围,使学生进出教室上下课时,能观察身边的材料,感受到对应学科的独特魅力,启发他们对于学科的知识探求,间接地激发了他们的学习兴趣与动力,完美印证了浦航实验中学所贯彻的空间即课程理念。

此外,现代技术的应用也可以在教室文化中发挥重要作用。例如,在线学习平台和教学工具的运用,可以丰富教学内容,增强学生的学习体验。因为科技的发展,专用教具大大方便和启发了教师的课堂。比如智慧笔的广泛应用,使得有些过程性学习与作品展示在课堂上的呈现更加方便。而这种表现形式也使得学生在心理上更加重视自己每一次的书写与思维表达,促进其听课效率的同时,也使得学习成果即时化、具象化、可操作化。比如浦航实验中学数学常规课堂的教学就常常会用到智慧笔这一教具,在操练习题时,教师可以观察白板上显示的学生们的答题情况,并将模范答题突出显示,现教现改。通过智慧笔,学生们能更加注重自己的答题规范性与答题内容,教师也可以通过这项技术快速方便地观察学生的答题情况,并及时给予相应的指导。

(三) 重视身体舒适与安全:优化教室物理环境

教室的物理环境对学生的身心健康和学习成效有着重要的影响。为了提供良好的学习环境,教师可以关注教室的舒适度和安全性。首先,舒适的座椅和桌子、合理的照明和空气质量都是构建良好教室文化的重要因素。学生在舒适的环境中学习可以提高他们的学习效果和专注力。其次,教室的安全性也是不可忽视的。浦航实验中学定期检查教室内桌椅的破损情况以及各类硬件设施的运行情况,确保教室设备的安全性,做到了及时检查和维护教室设施,以保障学生的安全。

(四) 降噪策略:创造有利的听觉环境

噪声是影响学生学习的常见干扰因素之一。教室文化的构建应重视降低噪声对学生学习和专注力的负面影响。为了创造安静的学习环境,浦航实验中学采取了一些降噪策略。例如,使用隔音材料来减少外部噪声的干扰;合理控制教室内的媒体设备音量;鼓励学生保持安静并张贴文明标语等。通过降低噪声干扰,可以提高学生的学习效果和集中注意力的能力。

(五) 温度与气候控制:维持适宜的学习环境

适宜的温度和气候对学生的学习效果和舒适度具有重要影响。浦航实验中学通过合理调节教室内的温度和气候,创造一个适宜的学习环境。例如,根据季节和气候变化调整空调或加强通风系统,确保教室内的温度和空气流通;班主任有意识地提醒学生开关窗;打开电风扇促进气流交换。这样的调节有助于提高学生的学习积极性和专注力,营造一个宜人的学习氛围。

总之,教室文化应以人为本,将学生放在核心位置,关注他们的情感需求和成长。积极向上的教室氛围激发学生的学术兴趣与探索欲望,让学生在温暖的环境中感受到师长的关爱与支持,勇敢展示自我,茁壮成长。浦航实验中学在教室文化中巧妙地融入潜在课程和空间即课程的概念,让教室成为一个充满活动和合作的空间。

后 记

夏花秋月，春耕冬藏，这是大自然的律动，也是人类生活的象征。生机盎然的校园，充满了情趣和活力，它是未来与希望的象征，也是每个学子成长的舞台。

《高具身性课程实施：路径、策略与方法》一书是集体智慧的结晶。本书梳理了学校在课程实施方面的路径、策略与方法。可以说，《高具身性课程实施：路径、策略与方法》一书是上海市闵行区浦航实验中学建校十年的献礼之作。

上海市闵行区浦航实验中学是一所年轻的学校。如何基于校情找到一条适合学校发展的课程路径，是学校发展的重要课题。我们有幸结识了上海市教育科学研究院杨四耕教授，接触到了"具身认知"理论，结合学校实际，在"逐梦远航"的核心价值观引领下，学校开发了"启航教育"理念指引的系列课程。

本书的目标是激活学校课程变革能量，围绕高具身性课程实施展开。通过对学校课程实施的全方面探讨，为学校推进素质教育提供有益的思路和方法。书中反映了学校通过推进智慧实践，唤醒主体自觉，优化学习方式，创设支持氛围等方式提升课程实施质量的过程。这一系列的探索引导教师能够系统地推进课程实施，精准地引导学生参与学习，获得更多的发展机会，透过形态多样的项目，呈现特色学科的旋律、社团活动的色彩，反映节庆文化、生涯系列的丰厚与细腻，彰显因材施教的智慧以及校园文化熏陶的魅力。同时，也让教师更好地了解学生的需求和特点，设置具身课程，着力为学生们提供更广阔的发展空间。

在编写本书的过程中，我们得到了许多专家、学者和编辑的指导和支持。他们的专业知识和经验对于本书的完善起到了至关重要的作用。同时，我们还要感谢所有给予我们关怀和鼓励的人们，包括学校领导、教师、学生和家长。没有你们的支持，本书的完成将无法想象。

特别鸣谢以下教师提供案例并参与编写：毛慧玲、曾智、戚双玲、陈聪、陈婷、翟庆阳、王晨、任筱伟、张奕、姜源国、王言言、王洁、孙进、李玉娟、施圣杰、赵慧媛、岳旋、钟霞、蒋圣楠、徐静雯、余浩、孙鹤瑞、唐志成、孙园、曹雪玮、刘露丹、尹倩倩、姚璐、罗若、秦晓静、毛红贞、苏佩雯、张晓羽、李诺贝、米曹伊。

  我们希望通过本次编撰的努力和付出，让读者能从本书中获得启发和帮助，进而将其中的理念和方法应用到实践中，共同推动学校教育发展，也让我们共同见证孩子们在新的教育环境中茁壮成长。

上海市闵行区浦航实验中学　金虹
2024 年 1 月 30 日